教育的时空漫游

博物馆文化课程建设与实践

彭学明 主编

四川大学出版社

图书在版编目（CIP）数据

教育的时空漫游：博物馆文化课程建设与实践 / 彭学明主编. — 成都：四川大学出版社，2023.11
ISBN 978-7-5690-6217-5

Ⅰ．①教… Ⅱ．①彭… Ⅲ．①博物馆－文化教育－研究 Ⅳ．① G266

中国国家版本馆CIP数据核字（2023）第126229号

书　　名：	教育的时空漫游——博物馆文化课程建设与实践
	Jiaoyu de Shikong Manyou——Bowuguan Wenhua Kecheng Jianshe yu Shijian
主　　编：	彭学明

选题策划：李　梅　梁　平
责任编辑：李　梅
责任校对：杨　果
装帧设计：裴菊红
责任印制：王　炜

出版发行：四川大学出版社有限责任公司
　　　　　地址：成都市一环路南一段 24 号（610065）
　　　　　电话：（028）85408311（发行部）、85400276（总编室）
　　　　　电子邮箱：scupress@vip.163.com
　　　　　网址：https://press.scu.edu.cn
印前制作：四川胜翔数码印务设计有限公司
印刷装订：四川省平轩印务有限公司

成品尺寸：170mm×240mm
印　　张：13.75
字　　数：283 千字

版　　次：2023 年 12 月 第 1 版
印　　次：2023 年 12 月 第 1 次印刷
定　　价：78.00 元

本社图书如有印装质量问题，请联系发行部调换

版权所有 ◆ 侵权必究

扫码获取数字资源

四川大学出版社
微信公众号

编委会

主　编：彭学明
副主编：王启波　　庄　玉　　孙祥辉　　苟　涛　　张　婧
编　委：张　敏　　毛俊梅　　陈　洁　　陈　霞　　倪春霞
　　　　王姝苹　　梁　辰　　喻凤霞　　叶子涵　　龙文俊
　　　　柴蕾蕾　　付贤敏

前　言

2007年，国际博物馆协会在修订"博物馆"一词的定义时，将"教育"置于博物馆众多职能的首位，强调了博物馆所承担的社会责任。我国在2015年颁布实施的《博物馆条例》中，也对上述定义进行了确认。2020年，教育部和国家文物局颁布《关于利用博物馆资源开展中小学教育教学的意见》，指出要开发博物馆系列课程，创新博物馆学习方式，鼓励小学在课后时间开设校内博物馆系列课程。博物馆要通过有意义的教学设计，将多种创新学习方式融入课程中，增强学校博物馆课程的学习效果。

全面加快推进教育高质量发展，建设高质量教育体系，已成为新时代教育强国战略的重要任务和目标。党的十九届五中全会明确将"高质量发展"作为"十四五"乃至更长时期我国经济社会发展的主题。高质量发展成为新时代社会发展的新理念、新目标和新课题。教育高质量发展不仅要求了教育在"量"上的提升，还要求了教育内涵质量的提升。落实到基础教育层面，学生的学习场所不应该局限于教室内，校外场所如博物馆、社区等也应是重要的学习场所。学生学习的时间也不应局限于课堂中，而应贯穿学生真实生活的任一时间和场景，也就是说学生的"学习时空"需要得到拓展。"双减"政策的实施推动了传统教育教学方式的转变。博物馆收藏了人类文明发展进程中的珍贵遗存，其丰富的馆藏资源具有优良的教育价值，博物馆作为优质的校外学习和活动场所，能为学生的学习提供良好的支持。

虽然人们已对博物馆具备的教育意义有了充分认识，然而，从现实层面来看，在我国，学校与博物馆之间的联系仍然较弱。在传统的教育教学过程中，校外课程资源往往没有像校内课程资源那样得到重视。教育往往被理解为学校内部的教育，而忽视了学校之外课程资源的教育价值。对学校而言，博物馆似乎是游离于教育体系之外的文物储藏场所。当学校谈及博物馆教育时，往往限于组织大量学生前往博物馆参观，并认为这其中学校承担的安全责任之重已超过博物馆本身的教育价值。

事实上，开展博物馆教育并非只有参观博物馆藏品这一种形式，大量的研究发现，经过博物馆教育工作者和学校教师精心设计后的活动能够有效提升学生的学习积极性，改善学生的学习状况。基于此，成都市锦官城小学开展了一系列的博物馆教育实践，将博物馆教育带入学校。学校开发了西蜀园林、天府名人文化、国学经典、钱币世界、篮球运动、金石拓片和书画七大主题博物馆课程。在校园内打造了古钱币博物馆、金石拓片博物馆、天府名人博物馆、书画博物馆，并开发了一系列的线上课程。学校将核心素养融入博物馆课程中，通过跨学科学习将博物馆教育融入各个学科之中，既丰富了学科教育的内容，又充分发挥了博物馆教育的优势。学校以问题为驱动，深化博物馆项目式学习，培养了学生解决复杂问题的能力、沟通协作的能力、批判性思维的能力等。

为了研究博物馆教育，锦官城小学专门成立了课题组，并号召全校师生参与到博物馆课程的开发和教育实践中。在探索的过程中，不同学科的教师充满研究热情，积极探索如何将博物馆教育与所在学科相融合，以及如何更好地开展跨学科博物馆教育。在探索实践中，教师们也遇到了很多的困难，诸如如何将博物馆教育与学校教育的融合常态化，如何在新课标和"双减"的背景下更好地开展博物馆教育，如何依托线上和线下开展博物馆教育……为了解决这些问题，教师们边实践，边摸索，边改进，初步形成了锦官城小学的博物馆教育体系。

经过全校师生的不断探索，《教育的时空漫游——博物馆文化课程建设与实践》一书终于得以面世，我们诚挚地希望本书能为基础教育领域博物馆教育的发展略尽绵薄之力。

本书编委会
2022 年 9 月 11 日

目 录

绪　　论……………………………………………………………（ 1 ）

第一章　小学博物馆课程建设与实践的理论基础……………（ 11 ）
  第一节　小学博物馆课程建设的政策依据…………………（ 13 ）
  第二节　小学博物馆课程建设的理论基础…………………（ 15 ）
  第三节　博物馆教育从文化传承向文化育人的转变………（ 35 ）

第二章　博物馆课程研究综述……………………………………（ 43 ）
  第一节　国内博物馆教育研究综述…………………………（ 45 ）
  第二节　国外博物馆教育研究综述…………………………（ 55 ）

第三章　小学博物馆课程的目标体系……………………………（ 65 ）
  第一节　小学博物馆课程目标的价值取向…………………（ 67 ）
  第二节　小学博物馆课程的目标结构………………………（ 72 ）
  第三节　小学博物馆课程 与"中国味儿童"………………（ 77 ）
  第四节　小学博物馆课程与小学生核心素养………………（ 79 ）

第四章　小学博物馆课程的内容体系……………………………（ 85 ）
  第一节　博物馆资源的开发…………………………………（ 87 ）
  第二节　博物馆课程内容设计的原则与思路………………（ 92 ）
  第三节　基于地域与学校的课程架构………………………（101）

第五章　小学博物馆课程的创新实施……………………………（105）
  第一节　主题项目式学习……………………………………（107）
  第二节　主题式学习单的设计………………………………（120）

1

第三节　构建灵动性学习场域
　　　　——博物馆学习环境的设计……………………（123）
第四节　建设一座博物馆学校………………………………（129）

第六章　小学博物馆课程的评价体系……………………（135）
第一节　小学博物馆课程的评价原则………………………（137）
第二节　小学博物馆课程的评价体系………………………（139）
第三节　小学博物馆课程的评价标准………………………（141）
第四节　小学博物馆课程的评价内容、方法与工具………（142）

第七章　小学博物馆课程的实践案例……………………（151）
第一节　小学钱币博物馆课程的开发与实践………………（153）
第二节　小学拓片博物馆课程的开发与实践………………（176）
第三节　开展天府文化进校园活动…………………………（195）

第八章　小学博物馆课程的成效及影响…………………（199）

参考文献………………………………………………………（205）

后　　记………………………………………………………（211）

绪 论

一、构建新时代教育高质量发展体系要求"学习时空"的新变革

近年来,我国教育发展步入新时代,教育总体质量已迈入世界中上行列,并朝着更加公平而有质量的方向迈进。迈入新时代,站在新时代发展的根基上,我国教育也迎来了转型发展的时代机遇。

构建新时代教育高质量发展体系,需要整个教育系统的优化与升级,也对学生学习方式的变革提出了更高的要求。传统的局限于教室与课堂内,以教师教授、学生聆听为主的学习方式已不能适应新时代教育高质量发展的要求。更多的校外场所如博物馆、社区等成为重要的学习场所。学生的学习时间也不再局限于课堂之中,而是可以贯穿学生真实生活的任一时间和场景。

二、开展博物馆教育是落实"双减"的有效措施

为深入贯彻党的十九大和十九届五中全会精神,切实提升学校育人水平,持续规范校外培训(包括线上培训和线下培训),有效减轻义务教育阶段学生的作业负担和校外培训负担,2021年7月24日,中共中央办公厅、国务院办公厅印发《关于进一步减轻义务教育阶段学生作业负担和校外培训负担的意见》(后文简称"《意见》")。《意见》指出,要拓展课后服务渠道,充分利用好社会资源,发挥校外活动场所在课后服务中的作用[①]。"双减"政策推动了传统教育教学方式的转变。

博物馆收藏了人类文明发展进程中的珍贵遗存,其丰富的馆藏资源具有深远的教育价值。博物馆作为优质的校外学习和活动场所,能为学生的学习提供良好的支持,为落实"双减"政策提供良好的支撑。积极开展博物馆教育有利于学校落实"双减"政策,拓展学校教育的时间、空间,让教育在浩瀚的人类文明中漫游。

---

① 中共中央办公厅、国务院办公厅:《关于进一步减轻义务教育阶段学生作业负担和校外培训负担的意见》,http://www.moe.gov.cn/jyb_xxgk/moe_1777/moe_1778/202107/t20210724_546576.html。

三、开展博物馆教育是落实国家教育政策的内在要求

当今社会经济与科技发展日新月异，新时代的人才不仅需要具备丰富的理论知识，还需要学会学习、学会做人、学会做事等。

为了满足新时代社会发展对人才的需求，促进新时代我国教育向纵深发展，国家颁布了一系列的政策对教育进行支持和引导。如2006年颁布的《关于进一步加强和改进未成年人校外活动场所建设和管理工作的意见》提出：各级教育行政部门要会同相关主管部门，对校外教育资源进行摸底调查，根据不同场所的功能和特点，结合学校的课程设置，统筹安排校外活动，要把校外活动列入学校教育教学计划。[①] 2010年颁布了《国家中长期教育改革和发展规划纲要（2010—2020年）》，也提及要"充分利用社会教育资源，开展各种课外及校外活动"[②]。2014年《教育部关于全面深化课程改革落实立德树人根本任务的意见》提出："课程是教育思想、教育目标和教育内容的主要载体，集中体现国家意志和社会主义核心价值观，是学校教育教学活动的基本依据，直接影响人才培养质量。"[③] 2016年，教育部联合11个部门颁发《教育部等11部门关于推进中小学生研学旅行的意见》，指出："各中小学要结合当地实际，把研学旅行纳入学校教育教学计划，与综合实践活动课程统筹考虑，促进研学旅行和学校课程有机融合。"[④] 2017年教育部印发的《中小学综合实践活动课程指导纲要》提出："要依据学生发展状况、学校特色、可利用的社区资源（如各级各类青少年校外活动场所、综合实践基地和研学旅行基地等）对综合实践活动课程进行统筹考虑，形成综合实践活动课程总体实施方案。"[⑤] 2019年《中共中央 国务院关于深化教育教学改革全面提高义务教育质量的意见》指出："打造中小学生社会实践大课堂，充分发挥爱国主义、优秀传统文化等教

[①] 中共中央办公厅、国务院办公厅：《中共中央办公厅 国务院办公厅印发〈关于进一步加强和改进未成年人校外活动场所建设和管理工作的意见〉的通知》，https://www.gov.cn/govweb/gongbao/content/2006/content_291935.htm。

[②] 新华社：《国家中长期教育改革和发展规划纲要（2010—2020年）》，https://www.gov.cn/jrzg/2010-07/29/content_1667143.htm。

[③] 中华人民共和国教育部：《教育部关于全面深化课程改革落实立德树人根本任务的意见》，http://www.moe.gov.cn/srcsite/A26/jcj_kcjcgh/201404/t20140408_167226.html。

[④] 教育部等11部门：《教育部等11部门关于推进中小学生研学旅行的意见》，http://www.moe.gov.cn/srcsite/A06/s3325/201612/t20161219_292354.html。

[⑤] 中华人民共和国教育部：《教育部关于印发〈中小学综合实践活动课程指导纲要〉的通知》，http://www.moe.gov.cn/srcsite/A26/s8001/201710/t20171017_316616.html。

育基地和各类公共文化设施与自然资源的重要育人作用,向学生免费或优惠开放。"[1] 2020年教育部和国家文物局颁布的《关于利用博物馆资源开展中小学教育教学的意见》指出,要开发博物馆系列课程,创新博物馆学习方式,鼓励小学在课后时间开设校内博物馆系列课程,通过有意义的教学设计,创新学习方式,增强学校博物馆课程的学习效果。[2]

从上述历年来有关教育发展的指导性文件来看,教育要满足新时代国家对人才的需要,就需要依据学生核心素养的发展要求,从课程层面进行改革。新一轮的课程改革需要在深度、广度和精度三个层面上进行发展和延伸,基础性课程的深化、拓展性课程的开发、课程的多样化是其重要特征,博物馆课程的开发符合新时代国家人才培育的要求。

四、校外课程资源的教育价值亟待唤醒

在传统的教育教学过程中,校外课程资源往往没有像校内课程资源那样得到重视。长期以来,人们一直把教育理解为利用学校内部资源开展的教育活动,而忽视了学校之外课程资源的教育价值。校外的课程资源和文化资源是一座宝库,是人类文明的结晶,具有巨大的教育价值,能更好适应未来社会发展对教育提出的新要求。

构建高质量教育体系对教育教学质量提出了更高的要求,也对教师的教育教学提出了更大的挑战。构建高质量教育发展体系的要求促使教师进行教育教学方面的变革,需要基于"学生中心"进行思考、基于"学生中心"开展教育教学。教师的教育教学不能脱离学生的真实生活,学校的课程资源不能只限于校内。学校应该充分借鉴和引入校外课程资源以弥补校内课程资源的不足,通过课程实施方式的创新变革学校的教育教学方式,积极响应新课改的要求。

在新时代教育发展和课程改革的大背景下,校外机构拥有丰富的教育资源,并有很强烈的意愿参与青少年教育。但是我国的青少年教育与国外的青少年教育有很大的不同,我国的青少年教育很少有校外的文化机构参与。大多数教师使用校外教育资源的意愿较低,也没有高效利用校外教育资源的方法,博物馆、科技馆等校外教育资源没有引起学校以及教师足够的重视,学校内部的

---

[1] 《中共中央 国务院关于深化教育教学改革全面提高义务教育质量的意见》,https://www.gov.cn/zhengce/2019-07/08/content_5407361.htm。

[2] 教育部、国家文物局:《教育部 国家文物局关于利用博物馆资源开展中小学教育教学的意见》,http://www.moe.gov.cn/srcsite/A06/s7053/202010/t20201020_495781.html。

传统教育与校外的教育之间存在着隔阂。在这样的背景下，对于大规模的教育改革，熟悉教师中心和考试驱动的教育系统的教师，通常难以适应[①]。

五、场馆课程开发理论亟待丰富和完善

近年来，如何发展我国学生核心素养的议题开始逐步走进研究者的视野，并逐步进入教育教学实践之中。核心素养从文化基础、社会参与和自主发展三个方面提出了中国学生在未来社会所必需的品格和关键能力。学校要在教育教学实践中培养学生的核心素养，以核心素养引导教育教学变革，以核心素养为指导整合课程资源，开发相应的课程。学校本身的课程资源是有限的，教学方式也比较单一，传统的教师在课堂上单向传输的教学方式愈来愈难以满足发展学生核心素养的要求，也难以适应新时代对学生的要求。

要发展学生的核心素养，学校就要改变传统的教育教学模式，将封闭的校门打开，走向广阔的社会。学校需要尽一切可能积极地开发和利用校外的教育资源，充分发挥博物馆、科技馆、图书馆等优质社会公益机构的教育资源，满足学校师生发展的需要。虽然自20世纪90年代开始，我国就开始实施国家—地方—学校三级课程管理机制，学校拥有校本课程开发的自主权，可根据师生的需求及学校发展的需要开发本校的校本课程。但是，随着新课程改革的逐步推进，学校自主开发课程的深层理论性问题开始逐渐显现，例如：教师作为校本课程开发主体，如何代表学校与社会文化机构建立长期的、稳定的、高效的合作机制，充分发挥各自的优势将校外社会文化机构的教育资源进行课程化加工，转化为系统的、学生可接受的课程；如何针对社会文化机构的资源进行课程化整合；如何将博物馆教育融入学校教育体系之中，使之成为学校教育体系不可或缺的一部分。

同时，博物馆之类的社会文化机构也需要一套相对成熟和完善的课程开发机制，并逐步构建起博物馆课程资源的开发机制，这对于解决我国校外教育的系统性和科学性问题具有十分重要的指导意义。

六、馆校合作是破解博物馆课程开发困境的创新路径

博物馆教育是一种特殊形式的社会教育，与学校教育既有相似之处，也有其独特之处。随着构建新时代教育高质量发展体系日益深入人心，博物馆资源

---

① 康长运：《推进中国课程改革的研究策略和发展计划，教育改革中的大学、学校和政府：一种国际视角》，会议论文，2005年。

的教育价值也被越来越多的教师和家长认可，博物馆和学校基于共同的育人目标，开始进行密切的合作。

但是，在教育实践中人们的教育理念和教育行为并不能很好匹配，博物馆课程资源的开发也面临着这样的困境，虽然博物馆工作人员已经充分认识到博物馆教育的重要性，但其教育行为难以满足学生以及社会公众的需要。馆校合作进行课程资源的开发是破解这种困境的新思路。家长和教育行政管理部门的支持为馆校合作提供了良好的外部环境，学校教师和博物馆的工作人员是馆校合作的操作者和执行者，他们在观念上的认同和行为上的参与是馆校合作的"灵"和"肉"，他们的实践活动对于馆校合作是否能够成功影响重大[1]。构建良好的学校和博物馆合作进行课程开发的模式，提高博物馆课程开发与实施的实效，充分利用好教师与博物馆工作人员的合作，能够充分将教师开发课程的能力和博物馆的优质资源进行结合，为博物馆课程开发提供一种创新路径。

七、学校博物馆建设有利于拓展和优化学生学习空间

博物馆是人类文明遗存的储藏室，尤其擅长展示实物，是优质的教育资源。博物馆不仅可以通过馆内的文物向学生传递一些信息，还可以激发学生探索的兴趣、引导学生独立思考，使博物馆成为学校之外理想的第二课堂。

一般来说，学生主要在教室、实验室、操场等正规学习空间里参与教育教学。此外，学校的橱窗、走廊、墙壁等环境有一定的教育功能和教育价值，也受到了教育实践者的关注。一直以来，学校建设的基本思路和做法都是按照这样的方式进行的：一是基于班级学习的场所（教室）的建设，教室仅仅是给学生提供了一个可以坐着听课的物理空间而非课程空间。二是基于承载某些功能的功能室的建设，比如科学室、美术室、音乐室等，基本也是给学生提供一个物理空间而非课程空间。这些教室和功能室的建设主要服务于教师授课的正式性学习，而缺少服务于空间（学生所处的环境）课程化学习和非正式的学习。三是基于环境和附属设施的一些建设，比如学校校门、走道、绿化地带等。这些附属场所的建设，主要考虑的是实用功能而很少考虑课程功能。

非正式学习是非常重要的学习方式，它更能刺激学生认知和情感的变化，但却被现在的教育忽视。现代教育的发展，对学习空间的变革提出了更高的要求，呼吁学习空间的扩展与开放。这种空间上高度开放的教育，应当走进真实

---

[1] 宋娴：《中国博物馆与学校的合作机制研究》，华东师范大学，2014年。

的自然、社会和生活。学生的学习不应当是"与世隔绝"、孤立于外界的，学生的学习环境应该是生机勃勃、多姿多彩，让学生兴趣盎然的。可是，我们的学校不要说开放校门，让小学生走出校门，走进大自然，走进社会去学习（春游之类的活动主要是"游"而非学，因为它没有课程设计和规划），就是开放教室和校园也是远远不够的。学校里的很多空间都是限制学生的，楼层间的限制，教室间的限制，功能室间的限制，等等。这些限制隔绝了学生的学习空间，缩小了学生的学习场所。

这三种建设方式，从根本上限制了空间课程学习的发生，空间建设缺少课程理念和实施的支撑，其教育和学习的价值没能有效发挥。所以，当下学校空间建设存在这样一个突出问题，即学校空间如何适应甚至参与教育活动。这就需要学校在后续建设中，用课程的理念、开放的教育、非正式学习的课程方式，赋予学校空间课程功能和非正式学习功能，能够达到"空间即课程"，让空间不再是单纯的物理存在，而成为课程本身。要让空间成为课程，必须有课程资源，用怎样的方式获取课程资源，撬动空间课程的开发与实施，也就成为学校需要重视和思考的问题。因此，将学校打造成类似博物馆的学习空间，以"空间即课程"的思路整合学校学习空间建设，将有利于拓展和优化学生的学习空间。

八、学校博物馆建设资源匮乏、空间凌乱的现状亟待改变

如今，虽然很多学校的走廊、墙壁上悬挂或者张贴着各种名人名言或者先进的教育理念，但是这种环境与学生真实的生活存在一定的距离。有的学校会在教室里张贴各种榜单，有的学校会挂上一些书法、美术、体育、科技等类别的作品，让学校有一些艺术氛围。更为用心一点的学校，按照功能室的不同，设计装饰功能室。虽然，学校里悬挂的名人名言和标语口号对学生有一定的教育作用，学生通过耳濡目染总会留下些印象；我们也不能说教室里的榜单不具有鼓励竞争、促进学生学习的作用；更不能说美化和装饰学校空间没有教育价值……但是，我们可以认识到，这些空间资源未能成为课程资源，其基本特征是零乱与无序。

学校本身以书籍资源居多，实践性、开放性、主题性、文化和历史性以及综合性的资源较少，更缺少博物馆资源的建设，结果使学校空间课程资源变得十分匮乏。这些缺少主题引领的空间建设，有的还与学生距离遥远，未能贴近学生的心灵。因为最适合的教育一定是距离学生心灵最近的教育，也一定是源自鲜活体验的教育，一定是与学生自身生活息息相关的教育。一句话，缺乏课程理念的空间建设将会导致学校空间课程资源的匮乏和零乱。

九、从课程开发的视野出发，让"建设"和"开发"共生共长

在现代课程的理论与实践中，学校空间不仅对学生具有熏陶意义，它本身就应当成为课程的一部分。在学校博物馆建设中，首要要考虑的不是建成什么样，而是怎样建，即怎样才能让"建"的过程成为课程的一部分，"建"的发展与变化都要能够开发成课程。也就是说，学校博物馆的建设要适应和参与到教育过程中，成为学校教育的课程内容和组成部分。

博物馆建设不应该只是教师、校长、教研人员、课程专家和文博专家的事，没有学生的参与，是不能成为课程的。同时我们也不能将博物馆的建设完全放任给学生，教师、校长、教研人员以及文博专家必须为课程建设提供设计和规划，为学生的课程学习提供强有力的支撑和服务保障，实现"博物馆建设"和"空间（博物馆）课程开发"共生共长，最终让博物馆（空间）课程成为学校教育教学活动的有效载体。

博物馆课程不是某一个学科的课程，是跨越学科的综合性课程，需要学习者有较强的元认知能力。博物馆给学习者提供了一种真实、开放的情境，让学生的自主学习能力得到提升，个性化发展更加突出。同时，博物馆课程的学习需要多种学习方式和途径的介入，在博物馆的实践活动中，学生需要运用探究、观察、实验、批判、合作等多种方式来完成具有实践意义的任务，这对于学生跨学科综合运用知识，开展深度学习，发展批判质疑能力，培养解决问题的能力都有十分重要的帮助。

十、非正式学习的兴起为学校博物馆建设提供了新思路

近年来，非正式学习的兴起为学校博物馆的建设提供了新思路，学校可模拟博物馆的学习方式，将自身打造成为博物馆式的学校，为学生营造真实的学习情境，学生可以带着生活经验进入课堂。教师的教学方式重视探究活动的设计，鼓励学生在课堂外获得知识和技能，提升学生的学习兴趣，为学校教育提供了新的思路。

如今，教育的外延变得更加广泛。把博物馆作为教育和学习的机构并不是新的想法，很多欧美国家的学校普遍将博物馆作为重要的学习场所，西方国家呼吁基于学生真实的生活情境设计相关的教学情境，以推进学生对教学的理

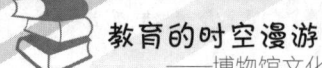

解。2010年美国教育研究协会年会以"在变化的世界中理解复杂的生态"为主题，指出人的行为受到多方面因素的共同作用，这些因素包括各个个体的性格特征、心理特征、生理机能、文化背景等。综合来讲，人的发展是生物性和文化性共同作用的结果，人的发展是相对较为复杂的。人的学习不仅受到自身内部因素的影响，也与其所处的社会环境有很大的关系。

第一章
小学博物馆课程建设与实践的理论基础

  2020年教育部和文化旅游部联合颁布《关于利用博物馆资源开展中小学教育教学的意见》，强调学校与博物馆之间加强合作，充分利用博物馆，做好博物馆教育。博物馆教育是一个跨学科的领域，涉及教育学、心理学、社会学和传播学等学科。情境学习理论、建构主义学习理论、经验学习理论、课程统整理论、观众体验理论、实践性课程理论、分布式认知理论以及非正式学习理论等，都为锦官城小学建设博物馆课程奠定了理论基础。

第一节 小学博物馆课程建设的政策依据

自20世纪90年代我国提出实施素质教育以来,至今已持续开展了多轮课程改革。改革过程中政府颁布了一系列的政策文件,支持教育机构充分利用校外教育资源和教育场所拓展教育的空间,这些文件为锦官城小学的博物馆课程建设提供了政策支撑。

2006年,中共中央办公厅和国务院办公厅印发《关于进一步加强和改进未成年人校外活动场所建设和管理工作的意见》,指出要充分发挥青少年宫、少年宫、青少年学生活动中心、儿童活动中心、科技馆等公益性未成年人校外活动场所的重要作用。"各级教育行政部门要会同相关主管部门,对校外教育资源进行摸底调查,根据不同场所的功能和特点,结合学校的课程设置,统筹安排校外活动,要把校外活动列入学校教育教学计划。"[1] 该文件强调校外活动与学校教育是相互联系、相互补充的,校外活动能够促进青少年的全面发展,对加强青少年的思想道德建设、推进素质教育改革、建设社会主义精神文明,引导未成年人树立理想信念、锤炼道德品质、养成行为习惯、提高科学素质、发展兴趣爱好、增强创新精神和实践能力都有重要的作用。

2010年,中共中央、国务院颁布的《国家中长期教育改革和发展规划纲要(2010—2020年)》指出要充分利用社会教育资源,开展各种课外及校外活动。[2]

2014年,教育部印发《关于全面深化课程改革落实立德树人根本任务的意见》,强调要充分发挥课程在人才培养中的核心作用,进一步提升综合育人

---

[1] 中共中央办公厅、国务院办公厅:《中共中央办公厅 国务院办公厅印发〈关于进一步加强和改进未成年人校外活动场所建设和管理工作的意见〉的通知》,https://www.gov.cn/govweb/gongbao/content/2006/content_291935.htm。

[2] 《国家中长期教育改革和发展规划纲要(2010—2020年)》,https://www.gov.cn/jrzg/2010-07/29/content_1667143.htm。

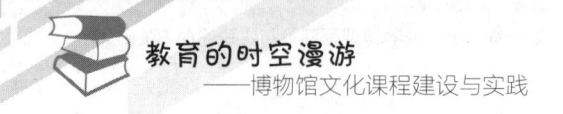

水平,更好地促进各级各类学校学生全面发展、健康成长。统筹课堂、校园、社团、家庭、社会等阵地。发挥学校的主渠道作用,加强课堂教学、校园文化建设和社团组织活动的密切联系,促进家校合作,广泛利用社会资源,科学设计和安排课内外、校内外活动,营造协调一致的良好育人环境。[1]

2016年,教育部联合11个部门颁布了《教育部等11部门关于推进中小学生研学旅行的意见》,指出"各中小学要结合当地实际,把研学旅行纳入学校教育教学计划,与综合实践活动课程统筹考虑,促进研学旅行和学校课程有机融合"[2]。博物馆因其丰富的文物文化教育资源,逐步成为中小学校外研学旅行的重要目的地。

2017年,教育部印发《中小学综合实践活动课程指导纲要》,指出综合实践活动是从学生的真实生活和发展需要出发,从生活情境中发现问题,并将其转化为活动主题,通过探究、服务、制作、体验等方式,培养学生综合素质的跨学科实践性课程。[3] 综合实践活动课程强调综合运用各学科知识,认识、分析和解决现实问题,以提升学生综合素质,着力发展学生核心素养,培养学生的社会责任感、创新精神和实践能力,使之适应快速变化的社会生活、职业世界和个人自主发展的需要,迎接信息时代和知识社会的挑战。综合实践活动课程面向学生完整的生活世界,引导学生从日常学习生活、社会生活或与大自然的接触中提出具有教育意义的活动主题,使学生获得关于自我、社会、自然的真实体验,建立学习与生活的有机联系。综合实践活动课程鼓励学生从自身成长需要出发,选择活动主题,主动参与实践过程,体验并践行价值信念。在课程实施过程中,随着活动的不断展开,在教师指导下,学生可根据实际需要,对活动的目标与内容、组织与方法、过程与步骤等做出动态调整,使活动不断深化。

2019年,中共中央、国务院印发的《中共中央 国务院关于深化教育教学改革全面提高义务教育质量的意见》指出要打造中小学生社会实践大课堂,充分发挥爱国主义、优秀传统文化等教育基地和各类公共文化设施与自然资源的重要育人作用,向学生免费或优惠开放;广泛开展先进典型、英雄模范学习

---

[1] 中华人民共和国教育部:《教育部关于全面深化课程改革落实立德树人根本任务的意见》,http://www.moe.gov.cn/srcsite/A26/jcj_kcjcgh/201404/t20140408_167226.html。

[2] 教育部等11部门:《教育部等11部门关于推进中小学生研学旅行的意见》,http://www.moe.gov.cn/srcsite/A06/s3325/201612/t20161219_292354.html。

[3] 中华人民共和国教育部:《教育部关于印发〈中小学综合实践活动课程指导纲要〉的通知》,http://www.moe.gov.cn/srcsite/A26/s8001/201710/t20171017_316616.html。

宣传活动，积极创建文明校园；健全创作激励与宣传推介机制，提供寓教于乐的优秀儿童文化精品。①

2020年，教育部和国家文物局颁布《关于利用博物馆资源开展中小学教育教学的意见》，指出要开发博物馆系列课程，创新博物馆学习方式，鼓励小学在课后时间开设校内博物馆系列课程。博物馆要通过有意义的教学设计，将多种创新学习方式融入课程中，增强学校博物馆课程的学习效果。②

第二节 小学博物馆课程建设的理论基础

一、博物馆教育的学科基础

与博物馆教育密切相关的理论主要集中在教育学、心理学、社会学和传播学等领域。心理学专门研究人类的心理活动、心理规律及其内在的原理，与博物馆教育关系密切。博物馆教育的主体是人，是来博物馆学习的学习者。学习者在博物馆中不是孤立存在的，会与博物馆的环境进行互动。学习者在与博物馆互动的过程中，会有一定的主观的行为表现和主体活动，这就是学习者的内在心理活动。具体来说，博物馆内的环境和展品会刺激学习者的感官，帮助学习者产生对博物馆的认识和感觉。人类的感觉、知觉、思维和情绪等都是人的心理活动的一种表现。任何心理活动都不是静止不变的，而是一个动态变化的过程。每个人都是独特的，都与其他人有不同之处，每个人的心理过程也是独特的，表现出与其他人之间的差异。每个人之间的差异既与其先天因素有关，也与其后天的成长环境、生活经历有关，从而导致不同的人有不同的性格和个性。

心理学对学习者心理活动的研究，为认识博物馆教育提供了很大的帮助和支持，借鉴心理学的一些概念以及方法能更好地帮助人们认识博物馆教育的独特性。博物馆教育最本质的特征是要通过各种方式吸引学习者，感染学习者，教育学习者。这就需要运用心理学的相关理论与分析方法研究不同的学习者来

---

① 中华人民共和国教育部：《教育部关于印发〈中小学综合实践活动课程指导纲要〉的通知》，http://www.moe.gov.cn/srcsite/A26/s8001/201710/t20171017_316616.html。

② 教育部、国家文物局：《教育部 国家文物局关于利用博物馆资源开展中小学教育教学的意见》，http://www.moe.gov.cn/srcsite/A06/s7053/202010/t20201020_495781.html。

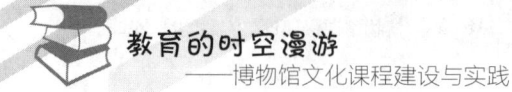

到博物馆后的心理状态，剖析他们在参观博物馆过程中的心理活动，使博物馆教育工作能符合学习者的客观心理规律，以达到最优教育效果。

社会学将社会视为一个完整的整体。在社会的整体构建中通过人类的社会关系和行为对社会的整体结构、功能、运行规律进行研究。社会学在早期阶段，倾向于人类学研究，主要关注人类社会的起源、组织结构、风俗习惯等方面。在当今，社会学倾向于研究现代社会的发展和社会的组织性和团体性，主要关注社会行为。在社会学中，人不仅仅作为个体而存在，也是社会组织机构的一部分，是社会组织中的成员。社会学常采用定量研究的方法对社会结构作描述，通过定量描述研究人类社会的变迁。社会学也会采用定性研究的方法诸如观察法、访谈法等研究人类的社会行为。博物馆教育既要研究团体参观者，也要研究以家庭为单位的参观者，借鉴社会学理论将对博物馆教育大有裨益。

传播学是研究人类一切传播行为和传播过程的发生、发展的规律以及任何社会的关系的学问。简单来讲，传播学是研究人类如何进行信息传递以达成社会信息交流的学科。尽管有人将其分为四个层次（自我、人际、组织、大众），但事实上一切的传递传播现象都是相互联系的。博物馆教育也是一个传播知识的过程，传播学可以帮助我们达成更好的传播效果。

二、博物馆教育的理论基础

在当今社会，教育功能成为博物馆不可或缺的功能之一，教育服务也成为博物馆对外的主要服务内容之一，教育服务贯穿于博物馆的整个工作流程。博物馆教育和博物馆学习在博物馆教育领域被广泛使用，两者之间既有联系，又有区别。教育的实施者是博物馆，而学习的发生者是前来博物馆学习的观众。在博物馆教育的过程中，博物馆为学习者提供教育产品以及教育服务，帮助学习者在博物馆中进行学习。

"教育"与"学习"之间的区别在于，教育更加偏向于教师向学生宣教，过分地强调了教师的权威性，忽略了学生作为能动主体的自主性。而"学习"则强调了学生的主体性，学生可以主动参与到体验过程中，有助于学生认识、理解、自主探究、解决问题能力的提升。高效的学习可以促进学生的学习欲望，激发学生的探究欲望。当学生到博物馆参观学习之后，会收获很多知识，会比他们进入博物馆之前有更大的进步。

博物馆教育崇尚平等的对话关系，而不是像"教师—学生"一样的施教者与受教者之间的关系。因此，在实践中，博物馆教育重视观众的兴趣，引导学习者不要做被动的受教者，而是要做主动的学习者。

博物馆教育的核心特征之一就是参观者在博物馆的情境中进行自我教育，而自我教育的过程正是参观者进行学习的过程，在这一方面，比较有参考意义的教育理论是情境学习理论以及建构主义学习理论。锦官城小学对情境学习理论和建构主义理论进行了详细的研究和探讨。

（一）情境学习理论

约翰·福克（John Falk）和林恩·迪尔金（Lynn Dierking）在其著作《博物馆体验再探讨》中讲到，学习是一个复杂的过程，无法用一个简单的模型或定义进行充分的、完整的概括。因此，学习情境理论并不只是一个单纯的学习定义，而是为教育研究者提供一个学习和思考的模型。情境学习模型力求提供一个真实、完整、多样的学习环境，为学习者还原一个真实、完整的学习过程。

约翰·福克和林恩·迪尔金认为，学习发生于情境之中，个体在学习情境中与环境和他人进行对话，对话的情境主要包括个人情境、社会情境和物理情境，这三种情境也在不断变化，而非固定不变。

情境学习模型为学习者提供了学习的框架，有大量的因素能够影响博物馆的学习效果。约翰·福克和林恩·迪尔金认为，动机和预期，先前的知识、兴趣和信念，选择和把控，群组内的文化介导，社会上的文化介导，定向和先行组织，设计，博物馆外的强化活动和经历对博物馆学习有较大的影响，一个完整的博物馆学习过程应该包括这八个要素。

1. 动机和预期

学习者总是带着一定的目的和预期到博物馆进行学习，每个学习者到博物馆都有其独特的动机。当学习者预期的目的达到之后，真实有效的学习便发生了。但是，当学习者的预期没有达到或者没有完全达到的时候，要么学习是无效的，要么就是有一定缺失的。有预期目的的学习者比起没有预期目的的学习者能够获得更高的学习效率和更好的学习效果。来到博物馆的是一群热爱学习的人，他们不断地探索新的信息，不断地提高认识水平。学习者到博物馆的主要目的是习得某方面的知识。基于此，博物馆与学习者之间产生了紧密的联结。学习者在博物馆学习的预期和动机主要分为地点、教育、生活圈、社会事件、娱乐和实际问题六大类，据此我们可以提出三种博物馆教育的策略：

（1）没有任何目的和规划的体验，学习者可参观博物馆提供的一切展览。

（2）有一定目的和规划的参观体验，学习者会事先了解博物馆的展览内容，但并非为某个特定的展览而来。

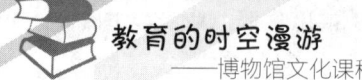

(3) 有明确目的的参观体验，学习者事先制订详细的计划，做好完善的攻略，到博物馆中参观事先计划好的特定展品。

学习者出于何种目的来到博物馆会极大地影响其学习内容、学习方式以及学习结果。另外，研究机构发现，人们去博物馆的意愿与自身的主动学习态度呈正相关，人们的学习态度又受到自身受教育水平的影响，受教育水平较高的人相对而言更愿意去博物馆进行学习。无论人们是否怀有既定目的，来博物馆学习都会有一定的收获，只是不同人的学习内容、学习方法、学习层次和学习结果存在差异。博物馆面临的挑战是如此之多，它需要为不同的学习者提供一个优良的环境，让馆内的展品对不同的学习者都能产生刺激，让不同目的、不同水平的学习者都能产生积极的学习效果，让学习者都能有一定程度的知识收获。

2. 先前的知识、兴趣和信念

学习者先前已有的知识基础，对博物馆内展品的兴趣以及学习者对自身的学习信念都会对其学习方式和学习结果产生很大的作用。学习者依据自己的学习基础、想要学习的内容决定是否要前去博物馆进行学习、参观哪些展品以及参观展品的先后顺序等，这些因素都会影响学习者在博物馆中的学习结果。由于每个参观者知识、兴趣以及信念之间的差异，每个人在博物馆进行学习的结果是高度个人化的。

3. 选择和把控

当学习者能对自己学什么、什么时候学以及如何学进行选择的时候，同时能够主动地把握自己的学习过程和学习方法时，其学习效果将会得到很大的提高。

博物馆是能够自由选择的学习场所，为学习者提供多样的学习机会和选择。但是，博物馆不能像学校一样进行教育，否则其教育效果将会下降。

4. 群组内的文化介导

大部分学习者不是以个体身份到博物馆学习，而是作为社会群组成员的一分子来到博物馆，不同的个体组成学习社群。比如，家庭就可以组成一个学习社群，家长可以帮助孩子在博物馆中进行学习，促进孩子更好理解博物馆展品的意义，家长也为孩子认识世界打开了一扇新的窗户。学习者与同龄人之间也可以构成一个学习群组，通过彼此之间的交流获取对知识的理解。所有在博物馆中构建的学习群组都会有一定的组织，并为彼此理解博物馆展品的内容及意义提供帮助，强化他们来博物馆学习的共同信念。当博物馆引导学习者构建学习群组的时候，就为他们提供了优良的学习环境。

5. 社会上的文化介导

博物馆的社会文化介导不仅发生在家庭成员以及熟人之间，博物馆的社会文化介导还可以帮助个体认识更多的陌生人，让个体与陌生人之间相互交流，更加高效地影响观众的学习。这样的互动会较多地发生在个体与陌生人之间以及个体与博物馆工作人员之间。

6. 定向和先行组织

许多研究表明，当学习者知道预期的学习目标是什么的时候，能够有更清晰的路径进行学习，往往也会取得更好的学习效果。博物馆环境通常比较优美，能为学习者提供良好的视觉体验和听觉体验，能给学习者带来较大的新鲜感。如果学习者没有明确的目标，很容易在博物馆中走马观花，混淆参观的方向，无法聚焦展品。如果学习者能够进行自我引导，将极大地提高自身聚焦博物馆参观内容的能力。为学习者提供先行组织引导，可以大幅度提高其进行意义建构的能力。

7. 设计

不论学习者是在博物馆实地参观还是在网络上浏览博物馆的资源，其学习都会受到博物馆的学习活动设计的影响。尤其是在博物馆内的展览，是需要精心设计的教育活动。合理设计的展览能够吸引学习者的兴趣，也是最为合适的教育媒介，可以加强学习者对真实世界的具体理解。

8. 博物馆外的强化活动和经历

在当今社会，人们的学习时空是广泛和没有边界的，学生的学习不局限于学校和博物馆，可以通过多种渠道和方式拓展学习能力，提升学习能力。比如，学生来到博物馆时是具备一定知识基础的，当学生离开博物馆的时候知识水平又得到了提高。确切地说，学习者在博物馆中所获得的知识和经验并不是完整的，需要完整的"上下文"才能获得完整的知识经验。通常，学习者需要在博物馆外才能对这些信息进行补充。这些在博物馆外的强化性事件和经历，和博物馆内的活动一样，对博物馆的学习活动是十分重要的。

（二）建构主义学习理论

建构主义思想的存在已有两千余年，古希腊的苏格拉底和柏拉图都曾表达过建构主义思想。在建构主义哲学的基础之上，维科、康德和杜威都做出了突出贡献。维科认为人们对世界的理解是基于自己的建构，也只能通过自己的建构去理解世界。康德认为，人在认识世界的时候也在认识自我，这是一个同步的过程；人在创造世界的时候也在创造自我，这也是一个同步的过程。杜威认为，人的经验也是自身与环境相互作用的结果，强调经验的能动性和可持续发展性。在建构主义心理学方面，皮亚杰的结构与建构观，维果茨基的心理发展论和布鲁纳的认知学习理论等都为现代建构主义教育理论奠定了基础。皮亚杰认为认知是人主动建构的结果。维果斯基强调认知过程中学习者要与学习者所处的社会历史环境相联系。布鲁纳认为认知学习是一种积极的过程，学习者以自己的知识经验为基础去构建新的知识和概念，重视学习者的主观能动性对学习活动的重要作用。这些哲学、教育学和心理学的思想成为当代建构主义教育理论的基础。

1. 建构主义的派别及其基本主张

在建构主义理论的发展历程中，由于学者们视野、观点以及研究方法的不同，形成了几个不同的建构主义流派，如果对这些流派进行分析就会发现其基本在讨论学习的本质及其相关问题，有助于人们从不同视角审视教育与学习的本质与规律，为教育实践提供支撑。目前，具有代表性的建构主义派别主要有激进建构主义、社会建构主义、信息加工建构主义和控制系统论。

激进建构主义认为人们作为能动的主体主动建构认知，认知建构的过程就是新旧知识之间顺应与同化的过程。激进建构主义非常强调个体的主观能动性，强调个体充分发挥自身的主观能动性，在特定的环境中建构自身的知识体系。

社会建构主义以维果茨基的"最近发展区"和"历史文化发展论"为理论支撑。与激进建构主义不同的是，社会建构主义不强调个体的主观能动性，而是突出群体的作用，更加看重人与人之间的交互关系，认为知识是在社会情境里进行建构并且不断地被改造，强调意义的建构与社会建构以及互动、合作等，社会环境对于个体的知识建构具有十分重要的影响。

信息加工建构主义遵循信息加工的相关理论与实践操作方式，认为知识是个体以信息为媒介主动积极建构而形成的，是个体从外界接收的信息同自身已储备的信息进行交互作用而形成的。但是，并不是个体主动去适应客观世界的结果。因此，信息加工建构主义也被称为弱建构主义。

控制系统论认为个体是知识的参与者而非旁观者，个体需要积极让自身置于真实的学习情境中，主动观察与反思。控制系统论将知识的建构视为一个系统，强调不同参与者之间的交互，不同参与者之间相互提问、交流，在这个过程强化对知识的认识。

以上的建构主义流派虽然提出问题的角度及对知识本质的描述侧重点不一样，但是对于知识本质的理解是相通的。不同流派的建构主义认为知识是个体主动建构的，学习的过程是对旧知识的重组、改造以及对新知识的接受的过程。不同的人对知识有不同的理解，知识并不存在唯一的标准。换而言之，知识的习得不是一个简单的知识传递与转移过程，而是学习者主动地吸纳经验，建构主义强调知识在学习者内部的生成，知识生成的动力来自学习者本身。

2. 建构主义学习理论与博物馆教育

建构主义学习理论是将学习者放在中心的位置，学习者在学习过程中主动建构知识，建构主义学习理论尊重学习者的差异性，基于个体的差异可以选择不同的学习方式。个体在学习的过程中是自主的、能动的，而非受他人驱使的，个体在学习时，自身的主体性得到充分发挥，创造性也能够得到激发。建构主义学习理论关注的不是将知识完整不变地传递给学习者，而是注重使学习者在学习的过程中发现问题，分析问题，并通过合作解决问题，基于问题解决培养学习者的能力。学习不是一个横向知识转移和传递的过程，而是学习者主动建构，将原有的旧知识与新知识相互作用，以丰富和完善自身的经验体系。建构主义学习理论非常适合应用于博物馆教育领域，在应用过程中，我们可以从学习者视角、展览品视角进行思考。

（1）学习者视角——学习者如何在博物馆中学习。

在博物馆中的学习者是多种多样的。基于建构主义学习理论，可以将学习分为积极的学习、建构性学习、积累性学习和目标导向性学习四种，这也符合博物馆学习的基本特征。

学习是积极的。从建构主义视角来看，学习不是枯燥的，而是积极的，充满乐趣的。学习者将获得的信息通过有意义的方式进行加工，就会引导自身积极地做事。学习者积极的学习态度对于学习具有很大的促进作用，学习型的参观者在来到博物馆进时是抱着积极和认真的态度的。

学习是建构的。建构主义认为学习本身就是建构的。在学习过程中，学习者接受信息的时候必定会将信息与认知结构中已有的信息相联系。在保持简单信息的同时还可以理解较为复杂的信息。相比较而言，观众对于那些和他们已有认知结构中有关系的东西更感兴趣，而对那些完全陌生的东西不感兴趣。

学习是积累性的。在建构主义学习理论看来，学习是一个积累的过程，任何新的学习都是建立在旧的知识基础之上的。学习内容、方式及层次都受到之前学习基础的影响。学习者参观博物馆的过程也是一个学习积累的过程，学习的积累超越了知识叠加，使学习者实现了对原有知识的超越、突破和重构，促

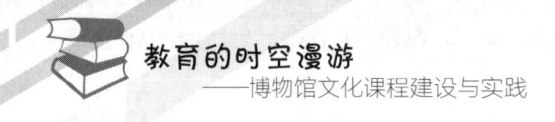

进知识从量变到质变。

学习具有目标导向性。学习者是带着一定目标进行学习的，通过学习达到自己的目标。当学习者在博物馆中进行学习时，其学习目标对于聚焦学习内容、开展高效学习具有重要的支撑作用。因此，在参观博物馆的动态学习过程之中，博物馆应该引导学习者设立参观的目标，通过不同的手段和途径达到自己的学习目标，并且能够对自己在学习过程中的收获进行客观的评价。

学习者的知识背景对其参观学习有着很重要的影响。因此，博物馆的展览和陈列需要尽可能在观众以往的知识结构中找到立足点，让观众主观能动地从已有的经验基础出发，调动思维，保持旺盛的求知欲。

博物馆要努力创造适宜的参观学习环境，使观众能积极主动地建构自己的知识体系，从传统的帮参观者"了解世界"向"鼓励参观者对博物馆的事物进行主动的建构"转变，促进观众在学的过程中实现新旧知识的结合。

建构主义为小学博物馆课程的建设提供了理论支撑。构建博物馆课程体系需要对学校现有的学习空间进行优化和改造，为学生的发展提供适宜的环境，帮助学生在博物馆教育的过程中建构自己的知识体系。

（2）展品展览视角——博物馆怎样向学习者提供精神食粮。

建构主义学习理论强调以学习者为中心，充分发挥学习者的主体地位。学习者主动建构获得的信息，可以有更好的学习效果。建构主义不仅十分重视学习者的主观能动性，也没有忽视教育者的作用。我国博物馆教育活动采取的主要教育模式是"主导—主体相结合"。观众的自主学习是在博物馆的精心引导之下开展的。没有博物馆的精心策划、周到组织、用心制作以及对观众的有效引导，参观者的学习活动就会很低效。

在建构主义学习理论的指导下，参观者在博物馆的学习主要分为两个过程。学习者在参观的过程中处在主动思考、自由探索和主动进行建构意义的认识主体地位。博物馆本身在协助学习者参观的过程中也发挥着很大的作用。换一种说法，博物馆内的一切教育活动并不是自由发生的，而是在博物馆的规划、控制和引导下开展的，学习并不完全是学习者自己的事情。

总体而言，建构主义学习理论采用了较多的情景化教学，在博物馆展品的展览中采用情境化的陈列方式代替毫无规则的摆放以及抽象的文字描述。博物馆的展品是最形象的，除了展品之外，一些辅助的展品也要形象化，杜绝抽象化。声光电技术在博物馆展览中的应用都是在这种背景下诞生的，但不能过分地强调情景化而忽略了展品本身，从而导致本末倒置。建构主义提倡的情境创设是为了让学习者更好地建构知识。因此，博物馆教育需要精心设计，重视情境化的展览，以取得良好的效果。

三、博物馆课程开发的理论基础

相较于较为系统的学科课程，博物馆课程更加倾向于从学生的经验出发，这就与杜威提出的"经验课程论"不谋而合。杜威有关经验学习的理论可以为博物馆课程的开发提供重要的参考。就课程的组织形式而言，博物馆课程并不属于某个独立的学科，而是一门具有较高综合性的课程，亦可称为统整课程。詹姆斯·比恩（James Beane）的统整课程理论建立在杜威的经验课程理论基础上，它不仅能为博物馆课程开发提供一套可借鉴的方法，也对博物馆课程开发有一定的促进作用。

从博物馆教育活动的内在特性看，博物馆教育区别于一般的教育活动，是一种基于真实情境和自我导向的情境学习。对博物馆教育来讲，馆内展品就是知识，学生参与的互动就是其学习过程，而博物馆本身则是教育场。约翰·福克的"博物馆观众体验"理论和妮娜·西蒙的"参与式博物馆"理论都对博物馆课程的开发有较强的参考价值。"博物馆观众体验"理论强调以观众为中心进行教育研究，从展馆活动的"技术理性"向倾向于馆藏理解的"解放理性"转变，明确博物馆课程的开发价值取向。"参与式博物馆理论"则强调博物馆体验中的"参与式文化"，认为博物馆的使命是创造信息、传播信息和消费信息，通过大范围的参与，博物馆课程能为不同的参观者提供不同的实现价值的机会。

（一）杜威的经验学习理论

杜威解释了自古希腊以来西方学界普遍存在的理性和经验之间的争论。"经验"这一意涵在杜威的教育思想中占据重要地位。

1. 教育、课程与经验

杜威早期的教育思想体现在1897年出版的《我的教育信条》，这本书阐述了教育与经验之间的关系。杜威指出教育应该被认为是经验的继续改造，教育的过程与目的是完全相同的东西[1]。杜威在1902年出版的《儿童与课程》一书中揭示了儿童与课程之间的脱节，并指出只宣扬儿童的兴趣片面地注意到了儿童经验的心理层面，若是夸大学科的作用则又是过分强调经验的逻辑层面，

---

[1] 吕达、刘立德、邹海燕：《杜威教育文集·第5卷》，人民教育出版社，2005年，第15页。

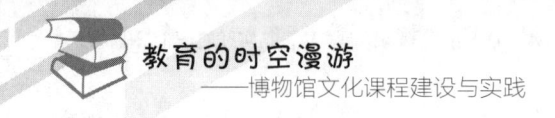

这两者属于单一的两个极端，这样的"二元对立"割裂了儿童经验的完整性。基于此，杜威从经验的角度对课程进行了解释，即"需要把各门学科的教材或知识部分恢复到原来的经验。它必须恢复到它所被抽象出来的原来的经验"[①]。

2. 经验的本质

杜威在1916年出版的《民主主义与教育》一书中系统阐述了经验的含义，将经验概括为以某种特定形势相结合的一个被动因素和主动因素；在主动因素层面强调"尝试"，在被动因素层面强调"承受结果"。

3. 经验的标准

杜威指出，经验的标准是连续性和交互作用彼此积极生动的结合。经验正像是经纬一样，经验的连续性是"纬"，回望过去，立向现在又面向未来；经验的交互则是"经"，形成结合外部客观因素与内部主观因素的特殊情境。

4. 经验的性质

杜威在1938年出版的《经验与教育》一书中对经验之于教育的意义进行了总结和创新，并系统地分析了传统教育与进步教育之间的对立。杜威认为，任何经验都具有两面性，一个方面的经验是直接的，另一方面的经验则没有体现在外，即经验既有显性的一面，也有隐性的一面。以经验为基础的教育的核心问题，就是从现实生活中选择那些具有创造性的生活经验。

从杜威对经验的相关论述可以看出，经验可以被概括为三个维度和六大要素，即概念维度（主动性与被动性）、标准维度（连续性与交互作用）、性质维度（外显的与内隐的），这些维度共同组成了经验的结构。

首先，儿童的生长规律就像地球的运动规律一样，如果没有主动的自转抑或公转，儿童的生长就不能具有主动性。其次，儿童的经验的形成正如给地球标记经纬线，每一个经线和纬线的交织就形成了一个经验。经线连接的是儿童自身内部的条件与儿童发展的外在条件；纬线面向的是时间线，连接过去、现在和未来。儿童经验发展的整体性就像地球板块运动的整体性。地表上的沧海桑田的变化都离不开地壳内部的运动，那些可见的变化能够直接影响人类的生存与繁衍，但是对人类活动起决定性作用的还是地壳内部不可见的运动。

基于经验的学习不仅可以广泛应用到学校教育，还能被广泛运用到博物馆教育之中，为博物馆教育提供更多的支持和指导。首先，在经验的主动方面和被动方面，要改变博物馆的传统教育方式，不能一味地告诉学习者该参观什

---

① 吕达、刘立德、邹海燕：《杜威教育文集·第5卷》，人民教育出版社，2005年，第15页。

么、该做什么、该学什么,也不能完全取消标签,让参观者无从下手。其次,要根据学习者经验的连续性和交互性,将学习者的每次参观组合在一起,形成连续的体验,这样的体验具有内在性和主体差异性;而交互作用则是学习者与博物馆内环境的互动,博物馆内的温度、噪声水平以及观众之间的互动都会对参观效果产生影响。把握经验的外显性质和内因性质,对如何设置博物馆参观的目的、如何评估参观效果以及如何在参观的娱乐性和学习性之间做好协调,具有重要的参考意义。

杜威关于经验学习理论的阐述可以在博物馆教育领域形成两种模式(如图1-1所示):博物馆的展品能与参观者相互作用,产生一定的经验;观众吸收了这种经验能够促进有效学习的发生。

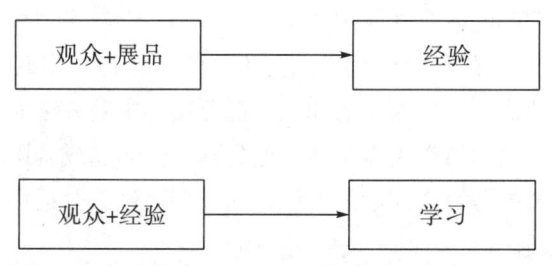

```
观众+展品 ──→ 经验

观众+经验 ──→ 学习
```

图 1-1　杜威的经验学习理论在博物馆教育中的应用

基于这种理解,我们可以认为博物馆学习实际是更加宽泛的学习,包括认知学习、感觉学习以及心理运动等。概括而言,在博物馆中的学习是一个持续的过程,是在展馆中发生的活动和参观者对此的看法相结合的结果。

(二)詹姆斯·比恩的课程统整理论

詹姆斯·比恩的课程统整理论深受杜威思想的影响。比恩将增强人和社会的统整性作为课程的最终目标,并强调课程统整过程中的民主参与,期待不同背景的学习者可以获得共通的教育经验,进一步帮助青少年在学校中形成民主、尊严、尊重差异等概念以及价值观,进而推进构建民主社会。比恩认为课程统整就是课程设计,在突破学科界限的情况下,由施教者与受教者共同制定学习主题,然后根据这些课程主题进行设计课程,以增强人与社会之间的统整性。按照这种理解,课程设计不仅是编制课程的方法,还包含了如何理解课程的哲学基础以及课程开发的基本逻辑,重构了人们对育人目标、学习本质、内容组织、知识运用与迁移的理解。比恩认为,课程统整应该包括"经验统整""社会统整""知识统整"和"课程设计统整"四个维度。

"经验统整"的课程观遵循以学生为中心的原则,学生对课程内容的选择

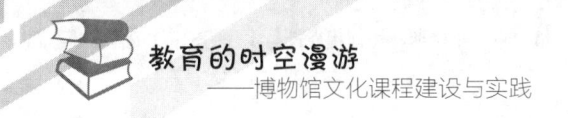

是基于自己已有的生活经验和真实的生活情境。学生从对已有经验的反思中习得新的知识与观念,为在未来生活中面对各种各样的问题提供资源,为学生在未来的生活中解决问题提供帮助。除此之外,课程的规划应该有学生的参与,通过对学生的观察和理解,发现学生学习的需求,了解哪种经验对学生学习是有利的。

"社会统整"传递着以建立民主社会为核心的价值观,融合社会或者是世界共同关注的主题。社会统整主要有三个层面的含义:一是,在学校里面开展通识教育,提供给不同学习背景、文化背景的学生可以共享的经验;二是,教师与学生之间应该保持一种广泛的合作以及参与的原则,这种原则应该贯穿于课程设计的始终;三是,知识的运用不是对于权威的重复和复制,而是去解决真实问题,每个人都能平等地应用知识。

"知识统整"象征的是以课程主题为中心的工具性知识观,无论是个人知识还是社会知识抑或是建构而来的知识,都遵循了主题脉络而不是学科逻辑来进行理解和运用。因为当学生在生活中遇到真实的问题或者困境的时候,并不会根据学科的逻辑思考解决问题的办法,而是会通过综合运用自己学过的知识去解决真实的问题。

"课程设计统整"主要有四个特点:一是,组织课程目标要以对个人和社会有意义为核心;二是,课程内容的选择以组织为中心,选择适当的知识;三是,课程知识的发展要以现行的组织为中心;四是课程需要在真实的环境中进行运用。

比恩的课程统整理论对博物馆课程的开发具有重要的指导意义,博物馆的教育工作者在进行分工协同教学的同时,应基于学生的需要,设置参与性的活动,跨学科组织相关的知识与概念,为学生创造条件,让知识在真实的情境中得以发挥和应用。

(三)约翰·福克的博物馆观众体验理论

约翰·福克早期作为博物馆的教育工作者时提出了"学习境脉模型"。福克通过一系列的实证研究,对观众在博物馆中的身份认同进行观察。他认为,人们倾向于利用博物馆来建立和加强自己先前的知识和兴趣,而不是将其作为产生新知识和兴趣的工具。福克的"学习境脉模型"认为,所有人参观博物馆的行为都是基于普遍的参照系开始的,这个参照系体现为学习者相信博物馆能为学习者提供良好的教育。博物馆体验最重要的价值在于帮助体验者得到身份认同。因此,参观体验不只是有形的,也并非是不可改变的,而是在学习者参观博物馆的过程中构建一种短暂的、独一无二的联系。要理解博物馆的参观体验，就需要意识到参观体验是在学习者进入博物馆之前就已经开始了。福克的博物馆体验理论可见图1-2。

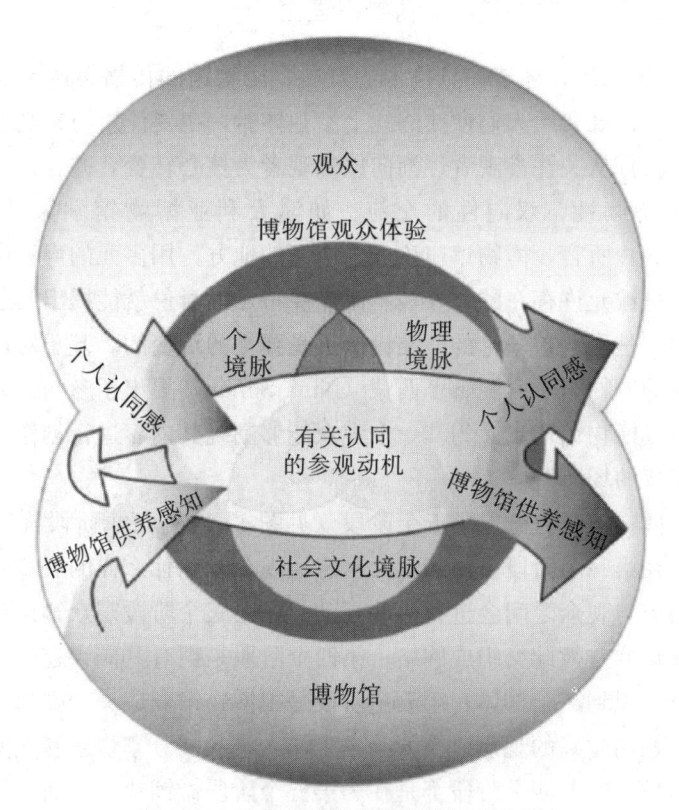

图1-2 约翰·福克的博物馆体验理论

福克将多数与身份认同相关的动机分成了五大类：一是探索者（explorer），二是引导者（facilitator），三是寻求体验者（experience seeker），四是职业或者爱好者（professional/hobbyist），五是休闲放松者（recharger）。福克认为，根据以上五种动机，尽管学习者实际看到的和所做的事情受到学习环境脉中所描述的很多因素的强烈影响，但是如果学习者的身份认同和博物馆提供的教育支持是互相匹配的，那么学习者的博物馆体验是可以达到其预期的。福克的博物馆体验模型表明了学习者的很多学习行为是可以被预测的，据此可以判断博物馆可以为学习者提供什么样的内容，如何根据学习者的需求做出适当回应，对博物馆教育而言具有十分重要的指导意义。

从非正式学习情境下的境脉学习理论到博物馆体验模型，福克的理论在聚焦博物馆教育情境的同时，也抓住了观众在博物馆学习的体验性，体现了对人

的主体性的关怀。福克构建的理论视野十分广阔,涵盖了博物馆教育的诸多要素,是教育者分析博物馆教育实践和复杂学习情境的有力工具。

(四)妮娜·西蒙的参与式博物馆理论

进入21世纪后,随着信息技术的发展,博物馆的传播渠道也发生了巨大的变化,博物馆既要给人们便捷的线上参观体验,也要注重与参观者之间的交互。博物馆教育从关注参观者逐渐向以参观者为核心转变,并且强调了博物馆与观众之间持续性、双向性的交流。如澳大利亚博物馆学家马戈·尼尔(Margo Neale)所言,博物馆应该成为协商的地方,用多元的声音讲述多元的历史,冲突是被允许存在的,参观者不需要特定的身份就能提出问题,答案也不是唯一的,是可以被争论的,结论永远是弹性的可变的。基于对这种文化的认同,美国的博物馆学家妮娜·西蒙(Nina Simon)提出了参与式博物馆。西蒙将"参与式博物馆"定义为"一个观众能够围绕其内容进行创作、分享并与他人进行交流的场所"[①]。

西蒙将博物馆教育分成了五个阶段(见图1-3),每个阶段都有独特的目标和任务。在第一个阶段由博物馆展示想让观众看到什么样的展览内容;在第二阶段博物馆与观众之间会进行一些互动;在第三个阶段观众知道自己的兴趣适合哪个观众群并彼此交织成网络;第四个阶段是把有共同兴趣的观众和博物馆工作人员组织到一个群体;第五个阶段是把博物馆变成一个文化机构和社交场所,让有相同爱好的观众以及博物馆工作人员共同分享快乐和充实的社交活动。博物馆教育的前四个阶段都是在为第五个阶段做铺垫。然而,正如西蒙所说,目前大多数博物馆都停留在第一个阶段和第二个阶段,还不能充分满足参观者的需求。

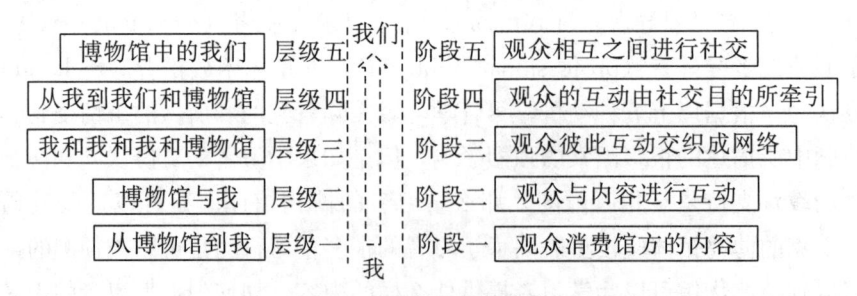

博物馆中的我们	层级五	阶段五	观众相互之间进行社交
从我到我们和博物馆	层级四	阶段四	观众的互动由社交目的所牵引
我和我和我和博物馆	层级三	阶段三	观众彼此互动交织成网络
博物馆与我	层级二	阶段二	观众与内容进行互动
从博物馆到我	层级一	阶段一	观众消费馆方的内容

图1-3 妮娜·西蒙的参与式博物馆理论

---

① 妮娜·西蒙:《参与式博物馆:迈入博物馆2.0时代》,喻翔译,浙江大学出版社,2018年,第25页。

设计参与式的项目，既要满足学习者的需要，还要考虑项目本身对博物馆的价值。要协调二者之间的关系需要牢记体验式教育的三重意义，即：学习意义、社交意义、工作意义。学习意义是使观众获得新的知识与技能；社交意义是让学习者与博物馆之间的关系更加密切，更有信心为文化机构做出贡献；工作意义是学习者的参与行为对博物馆的建设是有帮助的。显然，学习者在博物馆中的参与活动并不是空虚无物的，而是有坚实后盾的，是以博物馆的实物为基础的，因为人与人只有靠实物才能紧紧联系在一起，这种能提升社交体验的实物被称为"社交实物"。"社交实物"具备个性化、话题性、刺激性和关联性等特征。西蒙的参与式博物馆理论不仅为博物馆教育提供了新的理念，他提出的五个阶段的参与模式以及社交实物的概括化特征，也为博物馆课程的开发提供了广泛的、可供借鉴的路径。

（五）施瓦布的实践性课程理论

施瓦布提出了实践性课程理论，主张课程的研究应立足于实际，基于事实而非某个科学理论。他认为课程是一个交互的有机的生态系统，强调课程要素之间的交互以及相互作用。实践课程理论强调师生的主体地位，由教师主导开发课程，教师在课程编制的过程中起主要作用，充分激发教师在课程设计中的创造性。另外，学生虽然无法参与到课程设计的过程中，但是可以为课程的开发提出需求和建议，学生有选择课程的权利，学生以这种方式将自身的经验投入课程开发，从而得到发展。

（六）分布式认知理论

分布式认知理论指的是认知分布在个体、群体、社会、文化以及环境之间。分布式认知理论强调关注认知活动的全貌，重视个体在环境中与学习资源的交互，分布式的要素需要相互配合才能圆满地完成任务。交互是分布式认知过程中的必要环节，通过互动才可以进行知识的扩展和思维的提高[1]。该理论把人类的学习过程和大脑的自然学习过程进行类比，强调要设计合适的学习环境以使人类的学习过程与大脑的自然学习过程相一致[2]。博物馆教育为学生提供了学习环境，学习者在博物馆的学习环境中与展品、他人、环境构成了一个

---

[1] 武冰星：《博物馆教育中的非正式学习环境模型构建研究》，山西师范大学，2015年。
[2] 李志河、师芳：《非正式学习环境下的场馆学习环境设计与构建》，《远程教育杂志》，2016年，第6期，第95页。

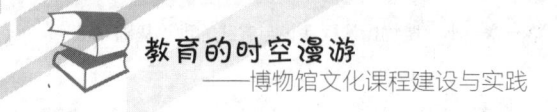

有机的生态系统，这也是一个分布式的学习系统。

（七）斯滕豪斯的过程模式

劳伦斯·斯滕豪斯（Lawrence Stenhouse）认为，与目标模式比起来，课程的过程模式更加重视以知识和理解为中心建构课程，其基本主张是课程开发者可通过详细描述课程资源内容及开发过程中所应用的方法，合理地设计课程，而不是用根据预设的目标开发课程。课程开发者可从具有内在价值的知识中挑选表现其形式的内容。这些内容在一定程度上能代表课程开发最重要的过程，最核心概念以及最基本的准则。对课程内容的选择并非基于这些内容将会引起学生怎样的反应，而是基于它能多大程度反应知识的形式。在斯腾豪斯的过程模式中，课程并非线性的而是多元的，教师的自主性被放在很重要的位置。在相关的实践中，过程模式也存在弊端，一是难以评价学生的学习情况，二是对教师的课程内容筛选能力存在很高的要求，没有经过专业训练的普通教师难以胜任这种要求。但是，过程模式也为促进教师的专业发展提出了更高的标准，在一定程度上有助于教师的成长。

四、非正式教育与非正式学习

非正式教育是作为传统的正式教育的补充而产生的，与正式教育形成互补（如表1-1所示）。正式教育的教育目的明确，教学计划完善，教学实践有序，系统、科学、高效地向学生进行教育并施加影响。正式教育有固定的教学场所、持续的教育周期、固定的师生，还有一定的学制要求与培养目标要求。非正式教育则是个人从社会经验、生活环境中学习知识，提升技能，增加修养，是无组织、无系统的活动过程。非正式教育理论也为锦官城小学的博物馆课程建设提供了理论支撑。

表1-1 非正式教育与正式教育的区别

	非正式教育	正式教育
学习场所	不固定，多元化教育场地	较为固定，一般为学校教室
教学模式	学习者有较多自由，可自由选择	有一定的强制性，以教师教为主
教学设计	没有固定的方案	有固定的教学周期，预设的连续课程
师生关系	无明确的师生关系	正式的师生关系
教学资源	随机、碎片化、不系统	配套教材，内容多，偏理性抽象

续表1-1

	非正式教育	正式教育
教学环境	适当结构化的教学活动	高度结构化和严密的教学组织

显而易见，博物馆教育属于非正式教育的一环。

从学习目的来看，学习者来到博物馆既可能出自休闲娱乐的需求，也可能出自鉴赏文物的需求，还有可能出自学校组织的专题学习。

从学习内容来看，博物馆拥有丰富的馆藏资源，可为学习者的学习提供良好的支撑，学习者也可根据自己的兴趣选择需要参观的内容，带有一定的随意性，所以学习者在博物馆中参观时可能会忽略博物馆教育的系统性。

从学习的过程来看，大部分的学习者来到博物馆学习并没有确定的参观路线以及流程，通常都是自行组织的参观，至于学习者想要参观的内容以及想要参观的活动都是具有一定随机性的。

从学习效果来看，博物馆教育面向社会开放，不同学习背景、不同学习能力以及不同年龄阶层的人对博物馆资源的理解能力都是不同的，对同一个展品的知识储备及理解存在很大偏差，很难用统一的标准衡量每个学习者的学习效果。

从师生关系来看，大部分学习者在博物馆中都是自行参观，并未得到博物馆讲解员的详细讲解、操作指导以及实验表演等。有的博物馆并没有为学习者提供讲解服务，学习者在参观完之后很容易淡忘在博物馆中学到的知识。因此，博物馆的教育人员与学习者的师生关系是短期的和临时性的。

从博物馆教育的这些特性来看，博物馆教育属于非正式教育。然而，从国内外一些博物馆教育的优秀案例中可以看到，博物馆教育项目有明确的目标，对参观学习的效果有着明确的要求，并针对不同年龄、层次的观众群体设置不同的教育目标，教育活动设置丰富多彩，包括讲解辅导、参观引导、主题活动、专题讲座、实验表演等。

近些年来，非正式学习逐渐兴起，并在博物馆教育领域中广泛应用，受到愈来愈多的关注。教育环境是一个较为广泛的空间，包括学校、家庭、社会等。虽然非正式学习作为正式学习的补充已经逐渐被人们所接受，但是较为传统的仍然是正式学习，即教师在课堂上向学生讲授知识。近年来的大量研究表明，学生能够在非正式学习环境中获得较多的学习机会，其学习体验更加直观，视觉、听觉、触觉等感官体验更加具体。如果学生能够将非正式学习同正式学习相结合，在课堂学习之后再到博物馆参观学习，这样学习效果将会更好。学校是获得知识的最佳场所，但绝对不是唯一的场所。学生的大量学习需要依托于校外的非正式学习。

根据《非正式环境下的科学学习：人、场所与活动》一书，非正式学习可以分为三类。

第一类是日常生活环境中的非正式学习。人们在日常生活中的学习都不是正规教育的一部分，并不需要明确的教育目标或者学习目标。人们在日常生活中也没有刻意去学习知识的事先准备。学习者在偶然、非刻意的情况下就进行了思考，参与了实践。在这种情况下，学习就被穿插到了日常生活中。比如，在闲谈、看电视、阅读等环境下都能学习到一些知识和观点，但是在日常生活中大多数人并没有将其当成是一种学习，这种融入家庭、社区以及各种文化之中的学习常常被人们忽视掉了。

第二类是经过设计的环境中的非正式学习。人们可以在经过设计的社会文化机构中进行学习，比如博物馆、科技馆以及各类科学中心，在这类非正式学习环境中，学习者既能主动参与构建，又能实现教育设计者预设的教育目标。与服务于学生群体且被验证过能够周期性重复的学科课程学习不同的是，在经过设计的场所中的学习通常是偶发的，并且具有一定的流动性。虽然在类似博物馆的环境中有较为丰富的导览系统，但是却缺乏工作人员对学习者进行引导和辅导，学习者自行安排自己的学习活动，最终的学习结果如何也取决于学习者自身。经过精心设计的环境依赖于实物、空间环境、展品标签、录音和简洁的介绍来促进学习者的学习，有时候还需要博物馆工作人员的讲解进行辅导。

第三类是面向特定群体的非正式学习。这类非正式学习面向的主要群体是儿童、青年人以及老年人等，这种学习可以发生在学校、社区以及其他的非正式学习机构中。这种学习的时间和周期也是不固定的，可以每天安排一次，也可以每周或者每月安排一次。这些项目可以包括暑期项目、俱乐部项目以及博物馆学习项目等。这些项目的共同点是都有相同的学习目标，即完成项目的课程。一般来说，学习者是依据自身的兴趣来选择参与的项目，项目通常在专业人员的指导下完成，并给学习者提供一些交流的机会。在理想的状态下，项目是由学习者内部驱动的，是建立在学习者的兴趣和动机的基础之上的，用建设性的和形成性的评价给学习者提供有价值的信息。

总而言之，这三类非正式学习有五个共同特点：一是，学习者以多种形式开展学习，既可以通过身体感知来学习，也可通过情感认知来学习；二是，鼓励学习者与学习环境互动；三是，为学习者提供多层面动态教学；四是，学习效果与学习者先前的知识基础有较高的关联性；五是，允许学习者自由学习或者在他人的干预下进行学习。

非正式学习的发生没有明确的界限，在日常生活中的任意时空都可以发生，它能随时融入人们的日常生活、自然而然地发生。非正式学习有以下几个显著特征：

一是自主性。非正式学习的学习主体是学习者本身，学习者如何获得经验并不是由其他人所预先设定的。学习者具有学习主动性，学习从自身发起，自己控制和监督整个学习过程。

二是社会性。非正式学习的知识来源并不像正式学习那么单一，正式学习的知识来自教师、教材，非正式学习可以通过社会、社区、家长、同伴等多种渠道在社会交往中获得。

三是灵活性。非正式学习比较灵活，不像正式学习那样受到较多因素的制约。非正式学习没有对学习场所的固定要求，可能发生在咖啡店中，可能发生在观看电视节目的过程中，也可能发生在与朋友的聊天之中。

四是协作性。非正式学习强调学习是一个协作的过程，在为学习者创造宽松、自由、富有探究性的学习环境的同时，还需要引导学习者之间相互对话、沟通以及协作，提升团体的智慧，提升学习效果。因此，非正式学习重视的不仅是每个个体的成长，也重视团队之间的交流协作，最终达到共同成长的目的。

五是情境性。非正式学习常在教师的控制之外，也常发生在人们的真实生活环境中，与我们的工作、生活联系十分密切。

五、场馆学习

场馆是非正式学习环境的典型代表，发生在场馆里的学习和与场馆相关的经历是一种非正式学习。场馆不仅具有丰富的展品资源，且其营造的学习氛围相对来说更加自由开放，学习者在这种情形下常常通过小组的方式，开始自我引导式的学习，学习者之间交流互动的机会也是比较多的。因此，作为学校教育的补充，场馆的教育功能受到越来越多的学校的关注。场馆学习理论对锦官城小学的博物馆课程建设具有指导意义。

（一）场馆的定义

通常来说，人们将"场馆"定义为：各种与科学、历史、艺术等教育机构有关的公共机构，如博物馆、科技馆、天文馆、历史博物馆、美术馆、植物园、水族馆等。场馆学习是连接学校学习体验与学生日常生活的重要部分。

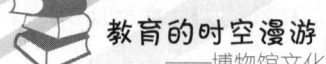

场馆是在结构化的环境中提供非结构化的学习方式。场馆通过展示模型、实物，配合文字、图片等为学习者搭建结构化的学习内容。但是学习者的学习是具备自主性的，学习者可以根据自己的兴趣进行自由选择。这种有意识的、为一定教育目的而创造的物理空间，就是场馆的"设计环境"。博物馆、科技馆、植物园以及青少年活动中心都属于这类机构。场馆的教育既不像学校那样有着严密的计划和组织，也不像与家人或者朋友吃饭闲谈那么随意，其学习的自由性和组织性是介于这两者之间的，它不仅兼具了家庭学习和学校学习的一部分特点，同时还扮演着不同的学习形态。

（二）场馆学习环境的特征

1. 环境真实自由

场馆学习的发生场所并不是传统的课堂，而是在多样化的展厅及展台上发生的。其学习内容来源于真实的问题和具体的事件，与学习者的切身生活体验联系更加紧密。场馆学习的学习环境相对来说是比较自由的，学习过程不是刻意的，而是自然而然发生的。

2. 以学习者为中心

在场馆学习中，学习者对自身的学习提出要求，自主选择学习场所和学习内容，整个学习过程以学习者为中心，学习者对自身的学习负责。

3. 提供多样的知识获得途径

场馆内部环境的复杂性决定了获取知识途径的多样性，学习者既可以在参观中通过图片和文字获得相关的信息，也可以通过聆听讲解获得相关的信息，亦可通过自身的体验、自由探索和切身感悟获得知识。

4. 协作与共享

场馆是一种非正式的学习环境，重视学习者之间的合作学习，为学习者提供充足的协作学习机会和合作交流机会，以提升其学习效率。

（三）场馆的教育特质

场馆教育的特质就在于开放的教育环境，学习者的多样性，主题内容的多元化以及教育资源的丰富性。

1. 教育环境

与学校严谨的教育环境不同，场馆的学习环境更加开放，学习者拥有选择权,可以进行自我导向。场馆教育可以被视作是学校教育的补充。

2. 学习者

广泛地说,到场馆来参观的人都是学习者,不仅来自学校的师生是学习者,来自社会、企业、家庭的人员也是学习者。场馆面临的学习者的身份是多样的,学习者的知识背景、文化背景、年龄分层、参观目的等都存在很大的差异,这也是场馆教育需要重点考虑的因素。

3. 主题内容

场馆教育的多元主题内容可为学习者的自由选择提供支撑,常见的主题内容有爱国主义主题、食品安全主题、历史文化主题等。场馆还需要发展学生的"场馆素养",帮助学生学会如何欣赏场馆的展品。

4. 场馆教育资源

场馆最大的教育价值在于其拥有多元丰富的教育资源。场馆为学习者提供的学习材料一般包括导览手册、导航地图、解说词和任务卡等,也可以是以图像、音频、动画等为代表的多媒体系统。场馆蕴藏着丰富的教育资源可以组织不同类型的活动。场馆提供的教育资源与学校的教育资源有所不同,场馆提供了更多的非正式课程,这些课程资源是学校课程的良好补充。

第三节 博物馆教育从文化传承向文化育人的转变

近年来,我国教育发展步入新时代,我国总体教育质量已迈入世界中上行列,并朝着更加公平而有质量的方向迈进。2020年,党的十九届五中全会指出要构建高质量发展体系。迈入新时代,站在新时代发展的根基上,我国教育也迎来了转型发展的时代机遇。要构建新时代教育高质量发展体系,需要整个教育系统的优化与升级。传统的局限于教室的学习方式已不能适应新时代教育高质量发展的要求。校外场所如博物馆、社区等成为重要的学习场所。学生学习的时间也不再局限于课堂之中,而是贯穿在学生生活中,学生的"学习时空"应得到拓展。基于此,锦官城小学提出博物馆教育应从文化传承向文化育人转变。

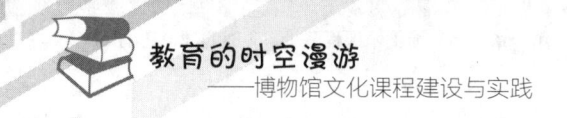

教育的时空漫游
——博物馆文化课程建设与实践

一、文化传承与文化育人的逻辑关系

（一）文化传承的内涵与特征

"文化"，从广义上讲，是指与历史、政治、经济有关的一切人类精神活动及其附属产物。文化是人类社会独有的现象，是人类社会发展的产物，是国家和民族发展历程的优秀结晶。文化传承就是人类对文化的继承和传递。从内容层面上看，文化传承包括对物质文化、制度文化和精神文化的传承；从传播媒介上看，文化传承有口耳相传、文字传播、网络传播等多种传播形式。

（二）文化育人的内涵与特征

文化是学校不同于其他社会组织的因素，是学校所特有的。文化影响力是学校不可替代的教育力量，文化育人是最高层次的育人。文化育人就是通过"人化"的文化来"化人"。目前，学界对文化育人的概念还没有形成共识。从文化学的角度看，文化育人就是文化在传承和创新的过程中，取其精华，去其糟粕，将社会文化内化为个体特征，从而实现人的自我发展、自我完善。从教育学的角度看，文化育人是具有文化传承责任的学校选择优秀文化，有意识地打造特殊的文化氛围，使受教育者浸润其中，由他律形成自律，从而实现自我发展、自我教育。再具体一些，文化育人就是学校通过营造良好的文化环境和氛围，使学校里的每一个人都时时被浸润，处处被熏陶，事事受教育。文化育人既是立德树人根本任务的落实途径，也是深化学校教育改革、进行文化建设的需要。

文化育人具有以下特征：

1. 文化育人不同于显性教育，它具有隐性特征

怀特海说过："文化是思想活动，是对美和高尚情感的接受。"[1] 文化育人是一种思想活动，是看不到，摸不着的；是一种无意识的文化熏陶，一种无形的、隐性的教育。从学校角度看，校园是学生进行生活学习的主场所，校园环境建设就是一种隐性的文化，潜移默化地影响着在这里生活学习的每一个人，塑造着学习者的人格，促进学习者的自我发展、自我完善，提升其精神境界，唤醒其生命意义。其实，文化育人就是教育者有意识地设计和营造浓厚的校园

---

[1] 怀特海：《教育的目的》，徐汝舟译，生活·读书·新知三联书店，2002年，第1页。

文化氛围，使学习者在潜移默化中受到启迪和影响。

2. 文化育人不同于灌输式教育，具有渗透性特征

美国学者约瑟夫·奈（Joseph Nye）曾说过，文化应以一种谦卑的方式影响人，即一种吸引人的方式，而不是一种强制的、强权的方式，否则就不能称其为文化，抑或不是我们所倡导、追求的文化[①]。文化，不应该是学习者被迫接受的内容，它应该是春风般柔和的，春雨般润物无声的，它像空气一般，无声无息地环绕在学习者身边，让其无法觉察，却又不知不觉中接受它，吸纳它，从而完善自我。

3. 文化育人不同于直接传授教育，具有间接性特征

文化本身并不会促进人格形成、促进自我发展，只有当学习者积极主动地参与思维活动，才能起到教化的作用，才能影响其发展。于是，文化的内化显得尤为重要。在文化育人中，我们需要关注文化从客观的物体到主观的认识，然后再返回到客观的物体的过程，这个过程就是从"人化"到"化人"的过程。因此，文化本身并不会直接作用于个体，只有当个体接纳了文化，使文化渗透到个体中，使个体的行为得到文化的指导，个体人格得以完善时，文化育人的意义才产生了。

4. 文化育人不同于碎片化教育，具有整体性特征

我们的学校教育是分科教育，知识点显得零散，这些只能称作知识。文化不等同于知识，它有一定的广度和深度，是整合的。文化育人是整体协作的，注重"修身养性"，侧重于"育心"，旨在促进人的身心和谐。文化育人需要受教育者调动自己的知识体系，融入情感，在整个过程中需要学生全力配合。与传统的知识教育相比，文化育人更强调对学生文化整合能力的培养。

5. 文化育人不同于短期输入教育，具有长期性特性

爱因斯坦说过："在你离开学校后忘记了学到的一切，最后剩下的就是教育。"当今，越来越多的功利性目标使教育空间不断被压缩成知识学习空间，在其中的学习者经常是教师讲的听到了，考过之后就忘了。这种短效的知识教育与文化育人是不同的。文化塑造人的灵魂。文化育人就是让受教育者浸润在丰富的文化环境中，通过这种潜移默化的影响，深深地影响受教育者的心灵。文化育人是持久稳定的，是影响受教育者一生的重要内容。

---

① 参见成尚荣：《学校文化呼唤"深度建构"》，《人民教育》，2011年，第20期，第8~11页。

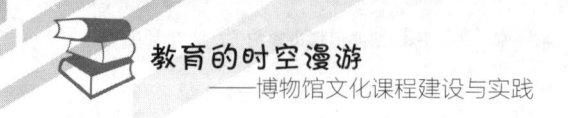

(三)文化传承与文化育人的价值区别与联系

从理念来看,作为文化传承的校外博物馆是通过学习者的认知和感受进行知识传递,从而进行文化传承,而学校博物馆课程则是通过跨学科学习来传承文化。从目标来看,校外博物馆重在使学习者获得知识,主要通过讲解、参观,面向大众进行文化的传播。而校内博物馆课程是一种跨学科的文化体系的创新与构建,它根据学习者的年龄特征,进行分龄化的教育,其学习方式以体验式学习、探究式学习及项目式学习为主,要求师生通过参观、查阅资料、调查访谈、报告分析等方式构建起知识体系。文化传承与文化育人的区别见表1-2。

表1-2 文化传承与文化育人的区别

	文化传承与文化育人的区别	
	文化传承	文化育人
教育理念	通过认知和感受进行知识传递	通过跨学科探究进行理解
教育目标	获得知识本身	建立创新知识体系
教育对象	大众化	分众化与分龄化、大众化与跨龄化结合
教育方法	讲授式	探究式、项目式、体验式等
教育形式	参观为主	参观、访谈、调查、报告分析撰写等

二、文化育人视角下博物馆空间的转化

(一)物化空间向文化空间的转化

物化空间即物理空间本身,而文化空间是不可见的。以锦官城小学钱币博物馆为例,馆内展示的每一个钱币虽然都有详细的介绍,但它不是一种深层次的文化,我们所看到的仅仅是表层的内容,看不到它背后的历史,触摸不到它背后的文化。如何让学生看到背后的文化呢?依旧以钱币博物馆为例,除了简单介绍钱币的形状、颜色、材质等外,我们还需要了解它存在的社会背景,要了解它的艺术价值,让学生看到这个钱币背后的社会群体,这样就为学生打开了历史的窗户。

在带领学生进行钱币课程学习的过程中,我们发现学生对钱币的形状很感兴趣。学生进入博物馆,看到了饼形、刀形、铲形、圆形方孔、圆形圆孔等各

种样式的钱币，这里学生看到的是作为物质的钱帛。随后，他们产生疑问：这么多的钱币样式，为什么圆形方孔的钱币却成为主要的钱币形式呢？于是他们开始对这些钱币背后的政治、经济、文化等展开探究。这样一来，物化的空间就转化成了文化的空间了。

（二）单一空间向多元空间的转化

要打开历史的窗户，了解文物背后的文化，就需要把单一的简单知识的学习空间，转化为一个可供学生探究的空间。在钱币博物馆中，我们不再是让学生看看中国有多少枚钱币，它的形状、材质发生了什么变化，而是追问钱币背后的文化。这样，博物馆的文化空间功能就升级了。在科技日新月异的今天，获取知识的途径变得更多也更简单了。当学生们拿着一部手机、一个平板电脑走进博物馆，很容易就能获取钱币的相关知识。比如，当学生们看到精美的"王莽钱"，他们通过电子设备，就能查询到钱币品种、制作工艺、钱币文字等相关信息，而且这些钱币背后，是一次轰轰烈烈的货币改革。通过探究了解钱币背后的文化，博物馆这个单一的空间就转化为了可供学生探究的多元空间。

（三）封闭空间向开放空间的转化

一般说来，由于担心物品损坏，学校里的部分空间只是偶尔开放给师生看看，又或者有些学校的开放只是形式上的开放。而我们需要的是实质性的开放。实质性的开放就是让所有师生可以将博物馆藏品作为可供学科课程开发的资源。让师生与博物馆产生互动，在互动的过程中整合资源。小学博物馆课程的主角是学生。教师需要在课程中营造创新的互动的具有趣味的氛围，让学生在博物馆中感受展品、产生思考并进行表达。小学博物馆课程可以将博物馆与不同学科相结合。例如锦官城小学开创的"博物馆+美术"课程，学生可以画绘本、捏钱币、拓钱币；"博物馆+数学"课程，学生为自己拓印的钱币作品设计装裱框；"博物馆+语文"课程，学生争当博物馆展品的小小守护者、为钱币代言……这样的开放空间，使学生的学习有了更多可能性，学习的成果也更丰富多样。

三、文化育人视角下博物馆课程的开发

（一）文化向课程转换的模型

我们把学校课程的建构分成两条线。第一条线是文化传承，第二条线是文化育人。横向看，文化传承有三个层级。第一个层级是感官体验。所谓感官体验就是因看到了什么而产生了热情。学生在钱币博物馆看到钱币后对其产生了热情，这就是感官体验。第二个层级是分析鉴赏。学生对钱币的形状图案进行分析，并将其与历史联系起来。第三个层级是创新传承。即学生知识建构起来之后，可以进行写作或口头表达，从而将知识传达给其他人。纵向看，文化育人也有三个层级。第一个层级是多元认知，即对事物多角度多方面的理解；第二个层级是文化理解，通过了解文物的社会背景来理解文物；第三个层级是精神塑造，这是文化育人最高的境界。文化育人与文化传承互相整合形成了课程（见图1-4）。

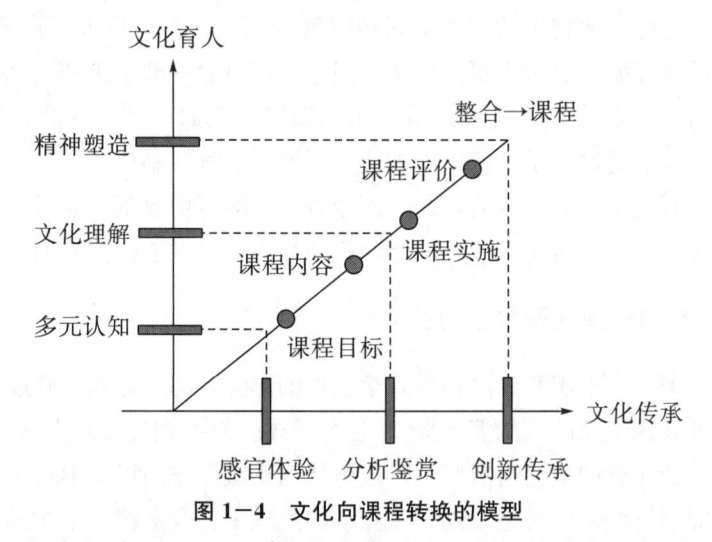

图1-4 文化向课程转换的模型

(二) 课程目标的全面设计

根据博物馆课程的文化内涵，锦官城小学开发的博物馆课程注重突出学生的真实学习体验，课程的总体目标如下：

（1）通过在学校开设博物馆文化教育课程，帮助学生认识中华优秀传统文化、传统美德，充分了解中华优秀传统文化的历史渊源、发展历程，了解中华优秀传统文化的内在价值和基本内涵。

（2）学生能够利用博物馆资源进行自主学习，提高自身收集和处理信息的能力，自主获取知识的能力、独立进行问题分析和问题解决的能力、与同伴合作表达和交流的能力等，提高学习能力和思维能力。

（3）使学生热爱祖国的历史文化，有强烈的民族自豪感。

根据学生的年龄特征，锦官城小学博物馆课程将总目标进行分级：低年级以感官体验为重点，引导学生观察博物馆藏品，借助视、听、触觉等感官体验，对藏品的形态、色彩、材质等外在特征信息进行认识感受，从而认识和感受中华传统文化，并对其产生兴趣；中年级以多元认识、分析鉴赏为重点，引导学生初步进行文化理解，通过探究式、项目式学习等方式了解馆内藏品，使学生对中华传统文化形成理性认识；高年级以文化理解、创新传承为重点，对学生进行精神塑造，学生通过探究式、项目式学习方式进行跨学科融合学习，通过对藏品价值的解读和表达，树立科学的历史观，传承中华优秀传统文化。

第二章
博物馆课程研究综述

站在巨人的肩膀上才能看得更远，国内外学界对博物馆课程进行了持续而广泛的研究，这些研究为锦官城小学构建博物馆课程提供了良好的借鉴。国内学界对博物馆教育的研究起步相对较晚，侧重研究了博物馆教育的功能、教育现状、课程开发模式、学习空间建设以及博物馆教育实践案例。国外学界从博物馆的起源与发展开始，对博物馆教育的基本理论以及博物馆与学校之间的合作进行了系统研究。

第一节　国内博物馆教育研究综述

一、国内关于博物馆教育的研究

国内关于博物馆教育的研究还处于初始的阶段，有少数学者针对博物馆的教育功能进行了宏观研究，梳理了博物馆中可用来开展教育活动的相关资源。也有一些学者研究了国外博物馆教育的理论、方法与实践，为国内的博物馆教育提供了参考。

（一）中国博物馆的起源与发展

中国博物馆事业起源于 19 世纪中期，伴随着中国社会的现代化进程而产生。19 世纪，西方列强入侵中国，中国逐渐沦为半殖民地半封建社会，在这个时期，博物馆被引入我国。随着我国与西方国家交流的日益频繁以及海外留学人员的日益增多，中国人对博物馆的了解也日益加深。一些人吸取了国外博物馆教育的精髓，将国外的博物馆教育理念及方法引入国内。在这种背景下，博物馆教育成为维新运动中"开民智"的重要举措，但随着维新运动的失败及清政府的不支持，中国的博物馆教育未能落地。到了 19 世纪末，西方国家的一些进步人士将博物馆教育引入中国，在国内建设了一些博物馆。直到 1905 年，中国人才独立建造了第一座博物馆——南通博物苑，为中国博物馆事业开启了新的起点。

中国人对博物馆教育的认识是一个从无到有、由浅及深的过程，对博物馆相关概念的认识也在不断深化。20 世纪 30 年代，中国博物馆学会提出，博物馆不单是一个保管文物的物理场所，还是一个文化机构，同时也是一个以实物为依托的开展学术研究的机构，随后人们又多次对博物馆的定义进行调整。1979 年全国博物馆工作座谈会发布并通过了《省、市、自治区博物馆工作条例》，明确规定博物馆是文物和标本的主要收藏机构、宣传教育机构和科学研究机构。

（二）中国博物馆教育研究现状

联合国教科文组织在20世纪70年代就认识到了学校与其他机构联合开展教育的重要性，并强调了要加强学校与博物馆之间的合作。但是，从实践层面来看，国内学校与博物馆的联系却很弱，广大的一线教师并没有博物馆教育的相关理念，也没能将自身的教育教学同博物馆教育相结合，学生难以有机会进入博物馆学习。除了教育理念的缺失，还有很多因素导致学校与博物馆之间的连接推进缓慢。

博物馆自成立之初就肩负着重要的教育使命。在西方国家两百多年的博物馆发展史中，博物馆的教育功能一直在变。与国外相比，我国博物馆的教育功能没有得到充分发挥，博物馆教育只是名义上存在，实际效果微乎其微。政府及博物馆管理部门往往更加关注博物馆展览数量及观众数量的增长，忽略其对观众的教育影响。另外，博物馆教育人员的数量不足和专业度缺失是导致我国博物馆教育开展情况不佳的主要原因。学校对博物馆的漠视以及国内博物馆教育专业人员的缺乏更是凸显了博物馆教育"有名无实"的状况[1]。

国内关于博物馆教育的相关研究主要集中在以下几个方面。

1. 博物馆教育与学校的关系

国内有学者将学生接受的教育分成两类，一类是程序性教育，另一类是非程序性教育。程序性教育指的是学生在幼儿园、小学、初中、高中、大学所接受的纵向教育。程序性教育有固定的场所、固定的教材、固定的目标和固定的教学方法。而非程序性教育指的是博物馆教育、课外阅读教育、工作外的社会教育以及研学旅游等。程序性教育是按照同一模式对大家进行教育，强调的是教育的系统性和规范性，而非程序性教育更加突出受教育者的个体性和差异性。这两种教育各有优缺点，都是教育的重要组成部分，但要培养创新型的人才就必须重视非程序性教育[2]。邹慧玲认为博物馆是一个社会教育机构，其服务对象应该包含学生，且学生群体应该占相当大的比重。博物馆教育与学校教育有很多共通之处，博物馆教育是学校教育的必要补充[3]。

我国的博物馆教育与学校教育之间存在严重的脱节。究其原因，主要有以

---

[1] 张曦：《英国博物馆教育的初步研究》，吉林大学，2008年。
[2] 董志强、邢晓霖：《博物馆教育与学校教育》，《青海师专学报》，2001年第4期，第110页。
[3] 邹慧玲：《论博物馆教育与学校教育的关系》，《南昌高专学报》，2001年第2期，第29页。

下几个方面：一是受传统观念约束以及教师的不当引导，学生更加重视在学校里的学习而忽略了在校外环境的学习，学生缺乏主动去校外学习的欲望；二是博物馆本身的教育服务意识不强，教育方法也较为落后，不能满足学校和社会的需求；三是博物馆的宣传工作不到位，导致学校师生对身边的博物馆不熟悉，也缺乏主动探索和学习的欲望。因此，博物馆要想与学校教育产生联合与协作，为学校教育提供良好的辅助与支撑，就需要多举办与学校课程内容有关的展览，同时采取多种方式促进学生对展览内容的理解，也可以组织博物馆的专家到学校举行专题讲座等。总而言之，博物馆要和学校保持积极的沟通，加强合作，努力为学生创造学习环境，实现博物馆与学校的双赢[1]。

2. 对博物馆教育的系统分析

我国的博物馆教育处于粗放发展的阶段，还未形成相对科学、完整、协调的运作体系。如何整合博物馆的资源，让博物馆教育从粗放走向精细，从封闭走向开放，从单一走向立体，从零散走向科学，从而建立一个科学、系统、有序、高效、立体的博物馆教育体系，是我国博物馆教育领域亟须解决的问题。博物馆是一个拥有大量人类历史文化遗存的系统。要建立完整的博物馆教育体系需要对其内在的各个要素进行系统的梳理与分析。陈卫平根据学习的四种模式将博物馆划分为相应的四种模式，提出博物馆要通过展品促进参观者建构自己的知识体系[2]。兰国英运用马斯洛的需求分析理论，分析了参观者的学习需求，从而多视角地对博物馆教育进行了评析。她提出根据参观者的需求来提升博物馆的教育功能，依托参观者的学习需求为其提供相关的教育服务，从而实现"从物的对照"向"对人的关怀"的转变[3]。刘卫华对博物馆教育中的重要因素进行了系统的分析，并对前往博物馆的学习者的特征进行了分析，认为其具备广泛性、无序性、自发性和自由性的特点，而博物馆的教育者的工作则具有复杂性、桥梁性和服务性的特点。博物馆教育的效果受到教育设施、藏品质量和数量、教育手段的多样性、教育活动的特色等方面的影响[4]。

宋庆林、高凯军等认为我国的博物馆教育的价值没有得到充分的挖掘和利用，社会和学校不重视博物馆。博物馆与政府、社会和学校的沟通欠缺，导致博物馆只了解自己内部的事情，而不了解外部的事情，只了解专家学者的需求

---

[1] 董志强、邢晓霖：《博物馆教育与学校教育》，《青海师专学报》，2001年第4期，第110页。
[2] 陈卫平：《建构主义与博物馆教育》，《中国博物馆》，2003年第2期，第18页。
[3] 兰国英：《从观众的需求浅析博物馆教育服务功能的提升》，《中国科技信息》，2005年第5期，第111页。
[4] 刘卫华：《博物馆教育的特点初探》，《文物春秋》，1997年第3期，第68页。

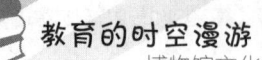

而不了解参观者的需求①。他们提出要加强博物馆与社会、学校之间的关联，使社会和学校更充分利用博物馆的资源，要对博物馆教育的要素及其教育全过程进行剖析，充分发掘博物馆的科学价值、艺术价值、思想价值、教育价值等，变革博物馆教育方法，提升博物馆教育的效率。

3. 如何有效发挥博物馆教育功能的相关研究

在我国，学校教育系统具有内在封闭性，与校外的教育机构联系较少。而博物馆也很少关注学校的教育需求，造成博物馆资源闲置，教育活动效率低下。1984年美国博物馆协会发布了《新世纪的博物馆》(*Museums for a New Century*)的报告，对博物馆教育的意义进行了阐释：藏品是博物馆的心脏，教育是博物馆的灵魂。因此，教育是博物馆不可或缺的功能，应该被置于非常重要的地位。但是，我国博物馆的教育功能发挥得并不理想，虽然博物馆偶尔会组织一些具有教育性的活动，但是这些活动相对零散，缺乏计划性，也没有依据学习者的实际情况来设计，只是简单地引导学习者粗浅地欣赏博物馆展品。除此之外，博物馆—社区—学校之间没有形成稳定、良性的合作机制，博物馆教育处于零散开展的状态，这种状态为发挥其教育成效带来了较大的阻碍。

王绍中在谈到博物馆教育与学校教育之间的关联时指出，要充分发挥博物馆的教育功能就需要做到以下几点。一是需要将博物馆变成学校教育的辅助课堂，要从实践层面多与学校联系开展扎实的工作而不能仅停留在理论上。博物馆的工作人员需要走出博物馆的大门，深入大中小学，了解学校的教育教学内容，掌握针对不同年级学生的教育教学方法，甚至同教师一起研究，参与备课，了解中小学教育的大纲，再结合博物馆的特点，制订适合学生参观的学习计划。二是当不同学段的学生到博物馆来参观学习时，博物馆应该针对学生的年龄、已有的知识基础以及学习前的心理准备状态，适当灵活地调整教学与讲解方式。三是博物馆教育应当与学校教育有机融合，在重点分析学校教育教学特点的基础上，充分发挥和利用博物馆内已有的研究成果，制订出一套特色的博物馆教育方法，解决博物馆教育职能欠缺的当务之急②。

宋向光认为博物馆教育具有展览性的特点，在实际操作层面，博物馆教育首先需要寻找目标观众，然后再确定展览的过程，制订展览计划，确定展览知

---

① 宋庆林、高凯军：《博物馆馆长谈：博物馆的教育功能和创新》，《中国文物报》，2004年8月6日第7版。

② 王绍中：《博物馆教育与学校教育》，《伪皇宫陈列馆年鉴》，1986年，第38页。

识点，制订展览的教育策略，谋划如何发挥展览的教育性，强化学习者的学习行为，制订教育评估策略，增强展览对学习者的黏性。博物馆教育者应自始至终参与展览的构想、组织以及评估工作①。

博物馆教育不仅需要展览计划，还需要博物馆工作人员的讲解分析，这在教育过程中起着至关重要的作用②。因此，博物馆教育对博物馆工作人员的专业素养提出了较高的要求。博物馆工作人员除具备必要的文物方面的专业知识之外，还需要具备良好的语言组织能力及语言表达能力，这样才能清晰地为观众进行讲解。

4. 对国内博物馆利用经验的总结

教育功能是博物馆的基本功能之一，何为博物馆的教育功能？《中国博物馆学基础（修订本）》对这个问题进行了比较全面的概括：大量将文物标本、模型等实物资料作用于观众的感官，这种教育方式生动形象，与其他教育方式相比有其特有的长处③。

博物馆教育和学校教育有本质区别。博物馆教育没有严密的计划与组织，也没有固定的教材。博物馆教育的关键之处一是在于教育理念，二是在于教育方法，三是在于教育活动设计。学校教育是系统的、长期的、有明确目标的教育方式。博物馆教育十分重视教育观念，这一教育观念已经被国内外的相关理论与实践研究证实是有效的，博物馆教育的理念也随着社会文化理念的更新而更新。

李元彪、雷松美、马磊认为，自然博物馆有丰富的教育资源，利用自然博物馆里的教育资源辅助开展科学教育是博物馆的重要任务。他们以浙江自然博物馆为例，总结了青少年创新教育方面的成功经验，指出自然博物馆是青少年创新教育的有效场所④。除了自主尝试和探索，国内的很多博物馆也大量借鉴了国外的实践经验，比如有的学者通过研究发现英国的一些博物馆采用戏剧表演的形式，开创了一条特色的博物馆教育之路⑤。英国诺丁汉的"犯罪博物馆"利用自身资源开展法治教育，为学生提供了鲜活生动的学习场景，将博物馆打造成了良好的法治教育课堂。这些经验对国内博物馆教育具有良好的借鉴

---

① 宋向光：《博物馆教育性展览的特点及相关问题》，《中国博物馆》，1999年第1期，第43页。
② 蒋琳：《有声语言在博物馆教育中的运用》，《东方博物》，2004年第3期，第110页。
③ 王宏钧：《中国博物馆学基础（修订本）》，上海古籍出版社，2006年，第152页。
④ 李元彪、雷松美、马磊：《自然博物馆与青少年创新教育之探讨》，《东方博物》，2007年第2期，第117页。
⑤ 蒋琳：《有声语言在博物馆教育中的运用》，《东方博物》，2004年第3期，第110页。

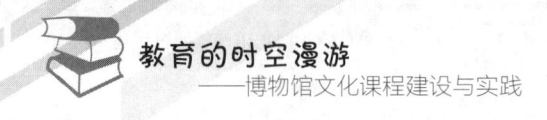

价值。

通过对国内博物馆教育的分析可以发现，国内关于博物馆教育的研究还处于起步阶段，大多数只是对博物馆的教育功能进行了宏观讨论，对具体采用什么方法开展博物馆教育，如何设计博物馆教育活动，博物馆教育受哪些因素影响等问题，都还缺乏实践研究的支撑。

二、关于博物馆课程开发的研究

博物馆拥有较为丰富的教育资源，学校的师生则是这些教育资源的利用者。有的学者将学校与博物馆的这种资源利用关系视为商店和顾客的关系[①]，这种类似于商品交易的属性有悖于"教育"的公益性准则。究其根本来说，博物馆教育的关键不在于其拥有多少藏品和资源，而在于其是否能用其所拥有的资源满足师生的教育需求，实施系统化、科学化的教育。

（一）课程开发主题研究

博物馆和学校显而易见是博物馆课程开发的两个最主要的主体。虽然通过馆校合作可以更好地促进博物馆课程的开发，充分发挥博物馆的教育价值与功能，有针对性地为学生提供高质量的学习课程，帮助学生在学习的过程中合作探究、学会思考，但是，从实践层面上来看，国内还很缺乏学校与博物馆共同开发课程的相关实践，大多数的馆校合作停留在学校粗浅而零星地组织学生到博物馆参观展览上，或者博物馆将一些展览放在学校里进行，高效的、系统的、便捷的和可落地的馆校合作课程开发模式尚待探索[②]。基于馆校合作开发课程的研究主要有"基点研究""模式研究"以及"机制研究"三个方向。

1. 馆校合作开发课程的基点

有学者以研学旅行为基点设计了场馆课程资源。例如王牧华等从学校与博物馆合作的价值、教师、资源、课程平台和机制等方面，研究博物馆与学校如何以研学为基点进行课程开发与建设[③]。为了深入探讨馆校合作开发小学综合实践活动课程，也有学者从课程目标设计、课程内容选题、课程实施技巧以及

[①] 仓田公裕、姜罗香：《博物馆学的含义及博物馆的组成、机能、分类和管理》，《中国博物馆》，1985年第1期，第18页。

[②] 王乐、涂艳国：《馆校协同教学：馆校合作教学模式的理论探索》，《开放学习研究》，2017年第5期，第14页。

[③] 王牧华、付积：《论基于馆校合作的场馆课程资源开发策略》，《全球教育展望》，2018年第4期，第42页。

课程评价反馈等维度，系统地介绍了一些主题课程。

2. 馆校合作进行课程开发的策略

常见的博物馆与学校合作进行课程开发的策略主要有三种，一种是"博物馆主导"策略，一种是"学校主导"策略，还有一种是"博物馆—学校—研究者"策略。例如，刘雅竹等学者以上海自然博物馆为例，分析了博物馆与学校合作开发课程的现实，探索了博物馆馆藏学习资源与学校课程标准进行对接的方法。博物馆为学校教师开发课程提供了便利条件，为教师提供准员工待遇，方便他们进出博物馆，鼓励教师变被动开发课程为主动开发课程①。钟樱等学者采取馆校合作的方式开发了博物馆课程，建立起基于博物馆资源体系的校本课程体系，并提出了包括"发现—分析—解读—筛选—转化—利用—评价"的博物馆课程开发路径和与之相对应的馆校合作实施方式②。饶琳莉等学者提出了构建博物馆工作人员、学校教师以及课程开发专家相合作的课程开发团队，并以在上海自然博物馆开展的实践为例提出了博物馆课程开发的六个步骤，主要包括确定主题—考察场馆—撰写方案—修改方案—试用方案—实施方案。博物馆课程实施的主旨包括学段分布、学科分布、博物馆展区的布置与利用、学时安排等③。刘嵩萍以物理学科为例，以帮助学生在课后拓展物理学科内容为目的，对科技类博物馆的资源进行了梳理，并实地考察了科技馆在教育中的实际应用情况，提出了"科技馆—教育研究者—物理教师"的馆校合作课程开发思路④。

3. 馆校合作开发课程的机制研究

博物馆与学校的合作是多主体长期博弈的结果，不同的利益驱使主体自身做出不同的行为决策，也助推馆校课程开发合作模式的转变。宋娴在其博士论文中构建了包含"投入—运行—激励—评估"的馆校合作一般机制（如图2-1所示）。

---

① 刘雅竹、顾洁燕：《博物馆展览资源与学校基础课程内容相结合——上海自然博物馆基于课程标准的教育活动开发思路》，《自然科学博物馆研究》，2017年第3期，第23页。

② 钟樱、周刚、赵德钊：《基于博物馆教育资源的校本课程开发研究》，《教育科学论坛》，2016年第13期，第37页。

③ 饶琳莉、于蓬泽：《上海自然博物馆校本课程的开发与实施》，《科学教育与博物馆》，2018年第4期，第270页。

④ 刘嵩萍：《科技馆物理课程资源开发利用研究》，西南大学，2014年。

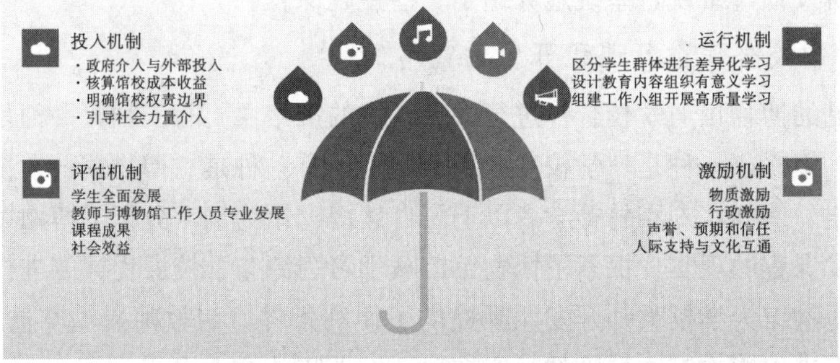

图 2-1 博物馆教育的馆校合作机制

（二）课程开发内容研究

在博物馆课程开发的实践中，博物馆工作人员和学校教师都喜欢基于学科进行课程开发，相关的研究者与实践者将博物馆的馆藏资源同学校所开设的课程大纲相结合，依据教学大纲进行分析。从一定程度上来讲，学科知识体系是连接博物馆与学校之间课程开发的桥梁，通过学科内容的延伸与拓展，学生和博物馆的馆藏品之间建立了真正的认知与情感上的联结。

将博物馆教育视作学科课程教育的补充，服务于学校的学科教学，是提高博物馆课程开发效率的有效措施。有的研究者根据空间的分布将博物馆的课程资源划分为馆内课程资源和馆外课程资源，从而强调博物馆课程资源利用的完整性[1]。从学科的视角进行博物馆课程的开发，有利于调动学科教师积极参与，将泰勒经典模式（课程目标—课程内容—课程实施—课程评价）运用于博物馆课程开发之中。例如，良渚博物院与杭州安吉路良渚实验学校围绕博物馆的馆藏资源和文化资源，运用泰勒经典课程开发模式，共同开发了良渚文化美术课程，并从完善顶层设计、加强学术研究、建立第三方课程评价机制和建设课程教学信息资源共享平台的角度提出了博物馆课程开发的几个关键环节。

虽然学科类博物馆课程的开发模式具有较高的普遍性，但是不同类型博物馆与学科知识体系的联结是有很大区别的，并且呈现出明显的不均衡性。张利娟从完善中学历史课程的角度出发，提出在课表中附上相应的博物馆资源，用来活化历史教科书中的知识[2]。顾祝群从语文课程资源出发，在语文阅读教学

---

[1] 王晶：《中学历史课程开发利用博物馆资源研究》，苏州大学，2018 年。
[2] 张利娟：《博物馆课程资源的开发与利用——以中学历史学科为例》，《教学与管理》，2014 年第 16 期，第 64 页。

中引入了博物馆课程资源，包含阅读教学、作文教学和口语交际三大环节①。

历史、科学、政治、美术等学科的课程资源也与一些博物馆资源有着天然的联系，也就自然而然成了教育关注的对象，但是遵循学科逻辑开发博物馆课程仍然有不可忽视的先天缺陷。诸如语文学科、英语学科和音乐学科就很难同博物馆的资源进行直接衔接，这是由这些学科内容的特殊性以及博物馆资源的特殊性造成的。博物馆应该成为民众的大学，好的博物馆应该成为一所面向民众开放的综合性大学，博物馆的藏品讲述着人类的历史，博物馆的每一处环境都是多维社会空间的组成部分。因此，综合性的学科整合，以跨学科和学科融合的视角进行博物馆课程资源的开发是需要学界深入研究的问题。

（三）关于博物馆课程实施途径的研究

博物馆课程的实施途径是多种多样的。从我国目前的博物馆教育状况来看，最主要的博物馆课程实施方式有以下几种：一是组织学生进行集体参观，二是安排相关的讲解报告，三是组织学生开展冬（夏）令营活动以及研学旅行活动。对学生而言，博物馆教育不同于在教室学习的课程，它是学校课堂之外以及在学校的教学大纲之外拓展的有意义的教育活动。通常来讲，学校内的课程叫作第一课堂，学校外的有教育价值的教育活动被称为第二课堂。因此，对很多学校来说，开展第二课堂成了博物馆教育较为常见的做法。例如，杭州市教育局在 2018 年公布了 114 家第二课堂的活动基地，众多的博物馆便被纳入其中。

现在越来越多的博物馆认识到了课程开发对于博物馆教育的重要性，因此，博物馆也基于自身的资源优势开发了一系列针对性的课程，组织开展了一些教育活动，产生了一定的社会辐射效益。例如，广州南越王博物院和广州市中学的历史教研组进行合作，开发了《走进南越王国》的历史校本课程②。南越王博物院为学生开展第二课堂提供了有力的支撑。与之类似的，广西壮族自治区博物馆也为大中小学提供了第二课堂教育的资源，博物馆以其丰富的馆藏资源及教育活动向学生传递中国传统文化、文物基本知识，开展了爱家乡爱祖国的教育活动。

考虑到我国城乡发展的差距，有些学者敏锐地意识到，与较为发达的城市

---

① 顾祝群：《小学语文课程资源的利用与研究》，苏州大学，2009 年。
② 李妍：《博物馆与青少年教育的第二课堂：以西汉南越王博物馆为例》，《企业导报》，2013 年第 12 期，第 170 页。

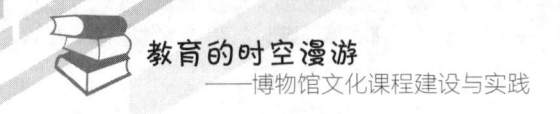

相比，农村利用博物馆开展第二课堂教育存在不小的难度。有的学者指出，位于城市的博物馆应该主动走进农村开展第二课堂教育，为新农村建设增添能量①。

第二课堂是学校教育方式的创新，也为博物馆发挥其教育功能提供了良好的途径，也为学校向外拓展教育资源提供了有效的路径。在开展第二课堂的过程中，有很多学校采取"讲解＋探索活动"的形式，形成了较为科学和系统的教学方式，使得第二课堂的教学效率得到了提高。但是很多第二课堂的探索活动还是停留在对知识进行复述、传递、记忆这种浅显的层面，甚至成了传统灌输式教学方式的新"变脸"②，以致博物馆在进行第二课堂教育实践的过程中出现教学内容单一和机械的问题，难以让学校教师及家长满意。在这种情景下，博物馆很容易沦为学习者休闲娱乐的场所而非教育场所。缺乏专业人员指导是导致这种现象的最主要原因。只有当广泛的一线学校教师对博物馆教育有了浓厚的兴趣，掌握了关键的教育方法与措施，能够积极地利用好博物馆的教育资源、文化资源，才能真正地将博物馆资源转化为教育资源。

（四）关于学习空间的相关研究

学习空间指用于学习的场所，具体可以划分成为正式学习空间、非正式学习空间和虚拟学习空间。正式学习空间大多数为学校的教室、实验室等，非正式学习空间（环境）主要包括室外的走廊、操场等，虚拟学习空间是在网络上开展学习的云空间。"学习空间"概念是从"教学空间"概念发展而来的。教学空间指的是教师在教学过程中所涉及的空间，也可以泛指进行教育教学活动的场所，也可以特指学习空间。"学习空间"这一概念的出现伴随着学者对学习活动认识的转变而来。随着建构主义学习理论的兴起，教师开始将注意力从教师中心转向学生中心，研究者不仅关注学生在教室等正式空间的学习，还关注学生在非正式学习空间的学习。非正式学习空间拓展了学生的学习视野，学习可以在任何场所发生，也可以在任何时期发生。学习空间以学生的学习为中心，鼓励学生主动学习，通过教师的教学、同伴的协作以及自身的探索建构自己的知识体系③。

---

① 杨丽敏：《营造乡村中小学生的"第二课堂" 为新农村建设增添正能量》，《中国校外教育（理论）》，2014年第28期，第12页。

② 邱磊：《站高望远才能活用博物馆资源》，《中国教育报》，2018年第2期。

③ 许亚锋、尹晗、张际平：《学习空间：概念内涵、研究现状与实践进展》，《现代远程教育研究》，2015年第3期，第82页。

非正式学习相对于教室、实验室等正式学习空间中的正式教育而言，指在非正式的时间和地点获得知识的形式[1]。在学校里，学生不仅可以在教室以及实验室里进行学习，还能在操场进行学习。在校外，学生可到图书馆、博物馆、科技馆、工厂、农场以及社区等空间进行学习。国外学界对非正式学习空间进行了广泛的研究，这些研究在高校范围内运用得更加广泛。相比中小学校，高校的学习空间也更大。在校园的非正式学习空间中，学生能够获得更多的学习自由，他们能够自主探索，可以与同伴进行交流，并在课后完成在课堂上无法完成的任务。

第二节　国外博物馆教育研究综述

一、博物馆教育的兴起与发展

博物馆的产生源于人们对重要物品的收集和收藏。公元前4世纪左右，亚历山大大帝在东征的过程中把掠夺来的珍贵文物交给他的老师亚里士多德进行研究。亚里士多德细致地研究了这些文物，并将其运用于教学之中。公元前290年左右，托勒密在亚历山大城建立了世界上第一座博物馆，即亚历山大博学院中的缪斯神庙。作为公共社会机构和具备教育功能的现代博物馆出现的历史相对较晚。早期的博物馆主要用于博览会展览，比如英国维多利亚时代的水晶宫世界博览会以及1878年法国巴黎的世界博览会，这种方式促进了博物馆作为对外开放机构的形成[2]。在同一时代的美国，现代博物馆的先驱建设者乔治·布朗·古德（George Brown Goode）从中受到了启发，提出了博物馆应该向社会公众传播知识和人类文化，博物馆应该更加贴近社会民众，应该发挥其像世博会以及公共图书馆一样的职能。基于这种理念，古德将史密森博物馆打造成了美国国家博物馆，他在全世界的范围内收集大量的藏品，并向社会公

---

[1] 余胜泉、毛芳：《非正式学习——e-Learning研究与实践的新领域》，《电化教育研究》，2005年第10期，第19页。

[2] Rydell R W：World fairs and museums//Macdonald S.：A companion to museum studies. Oxford：Wiley-Blackwell，2006.

众开放。在19世纪初期，很多博物馆在美国建立，并向公众开放[①]。

在19世纪中后叶，社会公众已经能从自然物品中获得知识，即人们可以在展览中获得良好的学习结果。古德相信通过设计一个形式良好、内容丰富的展览，并辅之以相关说明，是向公众传播知识的最佳途径，对于学生来讲也是一种重要的学习方式。同一时期的另一位美国博物馆先驱本杰明·吉尔曼（Benjamin Gilman）认为，古德的博物馆对公众教育起到了良好的作用，但是单纯的静态文字展示难以发挥全部的教育效力，他在波士顿博物馆首次将讲解员引入博物馆中，很好地提升了博物馆的教育效果。在公共博物馆逐渐建立的过程中，其教育价值受到了社会的重视。在20世纪，国外博物馆教育的主要形式是向观众介绍自工业革命以来的成就以及科技革命给人类带来的改变等。在1920年，英国博物馆协会发布《博物馆与教育的联系》报告，该报告通过调查130多家博物馆，发现博物馆藏品的教育功能并没有得到充分的发挥，博物馆的工作人员以及学校的教师应该更加关注如何寻找合适的方式以充分发挥博物馆藏品的教育功能。

19世纪30年代，在以古德为代表的博物馆先驱的推动下，格雷丝·拉姆齐（Grace Ramsey）和劳伦斯·科尔曼（Laurence Coleman）在美国开展了大规模博物馆实践教育研究，他们认为博物馆教育已经渡过了起步时期，现代博物馆教育应该加强与学校、社会的合作，充分发挥博物馆联系学校以及社会的功能。有学者认为师生应该在博物馆教育中发挥重要的作用。除此之外，博物馆还应为特殊儿童提供学习的机会，针对残疾学生设计特别的教育活动和展览，某些有天赋的儿童也需要博物馆的专门照顾。拉姆齐认为在现代的博物馆教育中，最为重要的是将人类在历史文明中所积淀下来的真实文物、器具以及科学发明成就等真实地、鲜活地呈现给学生，并以适合学生发展情况的方式进行呈现，使之符合学生的发展经验[②]。与之相反的是，科尔曼从博物馆的财政与经济情况对博物馆教育进行研究，自19世纪以来至第二次世界大战前夕，全世界博物馆的数量有了较大增长，投入博物馆建设的经费持续增加，不断出现的新技术也被应用到博物馆建设中，为了提升博物馆的观赏体验，大量的交互手段与技术开始被运用在博物馆建设中。

第二次世界大战之后，全世界的博物馆教育又得到了大发展。博物馆数量

---

① Conn S. Imperial discourses: power and perception: an epistemology for empire: the Philadelphia Commercial Museum, 1893—1926. Diplomatic History, 1998, 22 (4): 533.

② Ramsey G F. Educational work in museums of the United States: development, methods and trends. Amsterdam: Leopold Classic Library, 2016.

随着全球战后经济的繁荣进一步增长,博物馆教育的重要性日渐深入人心。博物馆在履行自身教育职能的同时加深了与学校之间的合作。博物馆的工作人员开始为学校的师生提供课程,以期博物馆能够更好地发挥教育功能。到了1969年,全球超过90%的博物馆都会考虑自身的教育功能而开设教育活动,在这个阶段博物馆教育的评价体系相继建立。例如美国联邦政府于1965年通过教育法案资助建设了博物馆评价体系。博物馆教育评估大致分为两类,一是形成性评估,二是终结性评估[1]。这两种评估方法有助于博物馆检视自身展览活动的教育效果,指导博物馆改进自身的教育方法,但是作为评价方法,其并没有为改善博物馆教育方法提供具体的思路,也没有为学习者改进学习方式提供新路径。

总体来看,直到20世纪80年代,国外虽然在博物馆教育的宏观理论层面取得了一定的进展,但是在实践层面博物馆教育还处于不温不火和无序发展的状态,学校和博物馆之间缺乏有效的连接和互动。美国博物馆协会于1984年发布了《新世纪的博物馆》报告,对20世纪30年代以来的相关教育活动进行了大规模的研究和梳理,指出博物馆教育应该更加关注参观者的游览体验,而非单纯地强调开展特定的展示活动[2]。在这个时期博物馆教育的研究对象开始由博物馆转向在博物馆内学习的学习者。学界试图探究学习者在博物馆内学习的全过程,刻画学习者学习的要求,探究其学习的心理体验。美国博物馆协会在1992年发布了一份对博物馆教育十分重要的研究报告《卓越与公平:教育与博物馆的公共维度》[3],试图挑战将博物馆教育行为紧凑化、专门化的观念,认为博物馆应该将教育贯穿到日常工作的每一部分。博物馆教育作为重要的社会公共服务组成部分,其属性并非仅仅局限于社会公共服务本身,而应当同社会变革相连接。

二、西方博物馆教育理论综述

社会公共博物馆教育理念是伴随博物馆的诞生而来的,在某种程度上来讲两者是共生的。在20世纪早期,吉尔曼《博物馆追求的理想目的和方法》[4],

---

[1] C G Screven. Exhibit evaluation: a goal-referenced approach. Curotor, 1976, 19 (4): 271.
[2] P M McManus. Topics in museums and science education. Studies in Science Education, 1992, 20 (1): 182.
[3] American Association of Museums. Excellence and equity: education and the public dimension of museums: a report from the American Association of Museums. American Association of Museums, 1992.
[4] Gilman B I. Museum ideals of purpose and method. Boston: Museum of Fine Arts, 1918.

亨利·肯特（Henry Kent）《我所认为的教育》[①]，约翰·达纳（John Dana）《新博物馆的计划》[②] 等一大批学术著作都论述了教育属性对于公共博物馆的重要性，并初步阐述了博物馆教育的基本原理。之后，美国博物馆协会等机构发布的相关报告都对博物馆的教育价值做了进一步的肯定，但是这些报告基本上只是论述了博物馆教育属性的重要性，并没有对博物馆教育价值发挥的内在机制、原理以及实践策略进行深入研究。

博物馆教育面对的人群不仅是成人，还面向学生等更为广泛的群体，其教育对象的多元性也决定了成人教育理论对博物馆教育的相对狭隘性。博物馆教育领域在20世纪90年代才开始形成自身独特的教育理论，其中比较具有代表性的理论建构人物是塞缪尔·泰勒（Samuel Taylor）、福克以及乔治·海恩（George Hein），这些学者开创性地提出了在科学场馆开展博物馆教育的基本理论，为科学博物馆教育活动的开展奠定了基础。泰勒认为博物馆的收藏环节、展示环节和教育环节是脱节的，并提出了信息模式（Information Model）和经验模式（Experience Model）这两种博物馆教育模式。基于信息模式来看博物馆教育，其首要目的在于信息传递，即向参观者介绍自己的展品，这种模式的缺点在于如何才能让这种介绍更好地表达展品所蕴含的最大价值。经验模式强调参观者的意识、兴趣以及经验。在经验模式下，博物馆与参观者之间的互动显得尤为重要，展览的目的需要与参观者的兴趣及经验相协调。泰勒更加倾向于经验模式，并认为其代表着博物馆教育向非正式教育的转向。与之相反，在信息模式下博物馆的展览陷入了机械性的信息传递怪圈。虽然博物馆也面临着提升学生某方面知识水平的具体任务，但是博物馆无法像学校那样长期性、系统性地为学生提供教育，所以其在提升学生某方面知识水平的效果上是不能与学校教育相提并论的。因此，博物馆教育与学校教育需要进行必要的区分，博物馆教育不能同学校教育纳入同一分析框架。博物馆应立足于自身的资源优势，形成自身独特的教育方式，促进学生智慧生长。博物馆教育不能仅仅停留在向观众展示藏品这个层面，只有当场馆从机械地传递信息的困境中真正走出来，为参观者提供环境和经验支持，从自身出发形成自己的教育理念，才能成为一个具有独立教育功能的机构。

海恩把博物馆教育分成了四个范畴，分别是说明教育（Didactic，

---

① Kent H W. What I Am Pleased to Call My Education. New York：Grolier Club，1949.

② John Cotton Dang. A plan for a new museum, the kind of museum it will profit a city to maintain. London：Forgotten Books，1920.

Expository Education)、刺激反应教育（Stimulus ）、发现学习（Discovery Learning）和建构主义学习（Constructivist learning）[①]。这四种理论与泰勒的模式相比较更具理论操作性，也更贴近参观者认知发展的内在规律。博物馆教育的开展需要课程的支撑，需要遵循教育规律，构建以课程为中心的场馆教育模式。以课程为中心的教育模式有着事先的、既定的课程目标，其知识也是来源于科学、紧密、严谨的知识假设。海恩认为，很多博物馆倾向于采用讲解、解说作为其教育方式（说明教育），这种方式在历史类的博物馆中应用最多。这种方式的优点在于可以向公众更好地传递知识，完整地组织知识结构，但其缺点也是显而易见的，即其仅仅为参观者提供了一种单一的、机械的知识传递路径，具有一定的霸权和垄断性质，忽略了参观者的独立思考、判断和创造能力。

刺激反应式的博物馆教育是依托于学习者在参观过程中自我指导的教育模式，这种教育模式以行为主义为指导，其重点在于博物馆通过精心的展馆设计，逐步引导学习者进行自我思考和自我教育，从而实现既定的教育目标。海恩认为刺激反应教育以学习者为中心建构，博物馆所有教育活动的设计都从学习者的需求出发，依据学习者的特点而设计。博物馆针对学习者设定的特殊学习活动能够帮助工作人员观察学习者的学习行为变化。但是，海恩认为刺激反应模式只能针对学习者的学习行为进行分析，博物馆的工作人员只是观察到了学习者的学习行为，并不能反应学习者其他方面的情况。

说明式博物馆教育和刺激反应式博物馆教育的争论在于知识是否是严格的、理性的，以及学习者的刺激反应是不是确切的。研究者通过观察可能发现与学习者行为相反的结果。学习是一个复杂的过程，并非是单纯的目标、知识、课程或者展览就能完整呈现的[②]。

发现学习法致力于提高学生对知识的理解，这种方法被广泛运用在工作坊、实验室和体验活动中，具有较高的互动性。发现学习法比较适合成人，实验发现，这种学习方法有利于成年人提升自己的能力并且不会对以前的经验产生负面影响[③]。这种学习方法的优点是很明显的，缺点就是博物馆很难将发现

[①] George E Hein. Learning in the museum. London：Routledge，1998.

[②] Colette Dufresne-Tasse, Lefebyre A. The museum in adult education：a psychological study of visitor reactions. International review of education，1994，40（6）：484.

[③] Richard Lachapelle, Deborah Murray, Sandy Neim. Aesthetic understanding as informed experience：the role of knowledge in our art viewing experiences. The Journal of Aesthetic Education，2003，37（3）：98.

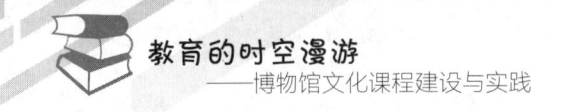

学习的理念应用在实践中。发现学习法需要理念、资源和技术的支持，操作难度也相对较高，学习者可能注意不到研究者之前预先设计的内容。

海恩认为运用建构主义学习方法在科学场馆内开展学习是最有效的。建构主义学习法关于知识的认识有别于发现学习法。构建主义学习法认为知识本身就存在于学习者的认知结构之中，学习并非是发现知识的过程。从建构主义学习法视角来看，博物馆教育主要具有以下两个特征：一是学习者基于自己的经验主动进行建构，通过学习完善自身的认知结构；二是不论学习内容和学习方式与接受式教育多么相似，学习者不论出于何种目的而进行的建构都是有意义的。对海恩而言，学习者意义的建构需要我们从不同的视角加以审视。但是海恩忽略了所有认知都是一个建构的过程，不论是有教师指导的教育还是没有教师指导的刺激反应式教育，其本质都是学习者自我建构的过程。海恩并没有提出区别于其他路径的博物馆教育实践策略，仅只是描述了一些博物馆教育的基本理念。

海恩将进步主义教育思想吸收至建构主义理论中并对其进行了延伸。杜威的进步主义教育思想主张将教育需要建立在公民理论的基础之上，引导公民批判、思考。博物馆需要充分借鉴杜威的公民教育理论，改变自身的社会行动能力。

海恩相信需要对博物馆对民主社会的进步作用进行评估。但是，不论是建构主义教育理论还是经验主义教育理论，它们都是以结构主义为理论基础的。

在海恩和泰勒之后，福克和迪尔金提出了背景性学习模型（Contextual Model of Learning），背景性学习模型主要对个体的学习背景、社会文化背景和博物馆的环境背景进行讨论和分析。学习者的学习背景是其学习的内在基础，学习背景主要包括学习者的学习动机、学习目的、已有的知识基础和认知结构、兴趣爱好及个性需求等。社会文化背景指的是学习者所处的社会文化基础及其与社会的交往、互动等。环境背景主要指的是博物馆的物理环境、设施设备、建筑与装修风格等，包含了与博物馆活动设计相关的外部情景设计等。

福克等人利用背景性学习模型对博物馆教育开展了大规模的实践研究，证实了学习、社会文化及环境背景因素对博物馆学习的效果有着重要的影响，在博物馆中开展非正式学习需要考虑这些因素对学习的影响，相关的活动设计、课程开发也需要考虑这些背景因素。

上述研究所代表的研究趋势主要体现在这些基本理论都强调了学习者的参

与、建构以及互动等非知识层面的东西，反映了国际上关于博物馆教育功能的研究并非仅仅停留在传统的知识传递层面，国外的博物馆追求超脱于知识之外的更大的价值体现。这些研究的共同信念是博物馆承担了更为重要的学习功能，为社会公众提供了更为广泛的知识学习平台，扩大了社会公众的知识学习范围。博物馆不再以知识学习为主，而是以多元的面貌呈现在参观者面前。博物馆提供了学习者主动构建自身知识结构的场所，并注重与参观者互动的多元化。

三、博物馆与学校合作的相关研究

西方学者善于运用实证研究法而非叙事研究法对博物馆教育进行研究。一定程度上来讲，实证研究是具有明确指向性的，它证实了学校与博物馆之间进行合作的有效性。

安德森（D. Anderson）等对先导性学习进行了研究，并指出，如果给学习者一些先导材料，让其具备一定的知识经验基础，在一定程度上会降低学习者对博物馆学习的新鲜感。因此，在给学习者一些先导材料的时候需要充分考虑其对学习者学习效果的影响。他们建议，在科学类的博物馆教育中，在正式学习前，学习者如果至少可以前往博物馆进行一次参观，并有计划地参加场馆内的向导活动，可以使得学习者的学习效果达到最佳[1]。

耶尔·班伯格（Yael Bamberger）等研究了科技场馆的学习类型，将其分为四类，即没有选择性、强制性选择、弱限制性选择以及自由选择，并从任务性质、任务难度、已有知识基础与学校课堂上所学课程的关联以及与学习者自身生活经验的匹配程度等角度进行研究。该研究认为限制选择更有利于学生在科技馆中进行有效的学习[2]。但是也有相关研究证明，如果过度限制学习者的学习体验会对学习效果造成较大的负面影响。也有学者认为，如果场馆中的教育者仅仅采用以任务为导向的教学策略，那么学生就不能很好地利用博物馆里的学习场景。相较而言，自我导向教学模式（learner-oriented）能够更好地激发学生的探知欲望和学习兴趣，更有利于促进学生对知识的理解和吸收[3]。

---

[1] Anderson D, Lucas K B. The effectiveness of orienting students to the physical festures of a science museum prior to visitation. Research in Science Education，1997，27（4）：495.

[2] Yael Bamberger, Tali Tal. Learning in a personal context: levels of choice in a free choice learning enviroment in science and natural history museums. Science Education，2007，91（1）：95.

[3] Grififn J, Symington D. Moving from task-oriented strategies on school excursions to museums. Science Education，1997，81（6）：779.

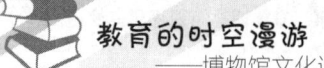

安德森研究了学生博物馆学习的概念框架，主张小组合作共同画概念图。该研究发现，概念图能强化学生对某些概念的理解，学生通过小组合作，互相交流对概念的理解，并通过合作画出概念图，使其更加具象化，可以增强学生对概念的认识[1]。部分学者对学生原有的知识水平以及学生的家庭互动因素进行了探究。对于已有较多经验的学生来说，他们更加喜欢以家庭为单位到博物馆参观，学生在家庭的对话中扮演了重要的角色。对于缺乏相关经验的学生来讲，他们更倾向于在家长的指导下进行参观[2]。

巴尔托洛内·苏珊（Baritone Susan）的相关研究认为，开展文化性游览比如艺术类博物馆等有助于学生学习和学校文化氛围的提升。苏珊通过案例研究和定性研究的方法，研究了学习者在博物馆中的游览活动及学习之后的作品等。苏珊认为，到文化类的博物馆进行学习能够提升学生的文化理解、文化包容能力，帮助学生提升文化自信，还能提升合作学习能力和探究能力。该研究还对不同种族背景的学生的学业成就进行了研究[3]。

四、西方馆校合作的影响因素研究

国外大量的相关研究表明，当博物馆将其丰富的展览资源与学校进行联动，将能很大程度地丰富学习者的学习体验，博物馆和学校都能从彼此之间的合作中受益。

安德森提出在博物馆开展教育需要基于完整的课程开发，以扩大学生的受教育面，促进预期学习目标的达成。学校与博物馆之间的合作有良好的效益，使得博物馆的课程能与每一个学生的日常生活经验密切相关，有助于激发学生的学习兴趣和提高学习效率。尤其是学生在学校课程里面已经有了充分的准备之后，更加能够在博物馆中积极地参加各种教育活动[4]。

在众多的研究中，博物馆与学校之间互动的重要性得到了广泛认可。有的学者关注博物馆与教师之间的互动，博物馆内的工作人员作为博物馆内的"教

---

[1] Anderson D. Visitors Long-term memories of world expositions. Curator: The Museum Journal, 2003, 46 (4): 420.

[2] Palmquist S, Crowley K. From teachers to testers: How parents talk to novice and expert children in a natural history museum. Science Education, 2007, 91 (5): 804.

[3] Bartolone SuSan. How embedded cultural visits affect perception of student learning, teacher practice and school climate in a public high school. Doctoral dissertation, Columbia University, 2005.

[4] Anderson D. The development of science concepts emergent from science museum and post-visit activity experiences: Students' construction of knowledge. Unpublished Doctor of Philosophy thesis, Queensland University of Tecnology, 1999.

师"需要对课程标准有着深刻的理解,了解学生的学习现状,明确学生现在的学习水平,让博物馆成为促进学生成长的桥梁。有的学者以学校和博物馆之间的组织结构为起点,认为学校与博物馆之间的教育合作应该基于自身的组织结构,基于两者之间的定位和文化背景差异,促进两者的密切合作。

相关研究表明,博物馆的位置,展览的好坏,学生的安全,校外参观与学校之间的结合性是教师在参观博物馆的过程中较为关注的要素。学者的相关研究验证了学校教师对于博物馆的认识,发现博物馆与学校之间的合作对于鼓励教师组织一次参观活动具有非常重要的作用[1]。学校教师非常认同参观博物馆对学生的教育价值,阻碍教师前往博物馆参观的主要因素是学校行政管理者的不支持,以及缺乏准备博物馆学习活动材料的相关经验。詹姆斯·基谢尔(James Kisiel)对洛杉矶从幼儿园到七年级的教师参观博物馆的课程表的调研显示,超过90%的教师认为将学生所学的课程与博物馆相联系是十分重要的。基谢尔的研究认为,学生的课表排得过满以及缺乏较高可行性的教育材料,是阻碍馆校合作的最主要原因,教师感到没有足够的时间为参观博物馆进行准备以及进行后期的跟踪评价[2]。

总体来看,西方国家对馆校合作的相关研究是基于其运行已久的博物馆系统开展的,且更加重视实践层面的研究。而国内研究则大多是停留在理论层面,以及将博物馆教育作为课外活动的一部分进行研究。但是中国的博物馆与西方国家的不同,一些西方的研究成果无法在国内推广应用。因此,中国学者有必要对中国博物馆教育的主题、机制、课程、方法等方面进行系统的研究,这样才能更好地促进博物馆教育的发展。

---

[1] Michie M. Evaluating teachers' perception of programs at a field study centre. Science Teachers Association of the Northern Territory Journal,1995 (15):92.

[2] Kisiel J F. Teachers museums and worksheets: a closer look at a learning experience. Journal of Science Teacher Education,2003,14 (1):21.

第三章
小学博物馆课程的目标体系

  人们一般认为，课程目标是一个描述性指标，指的是学生在学习课程之后身心发展所能达到的水平，是预设的教育目标的实现。或者说课程目标是指在教师的指导下学生经过一段时间的学习所能达到的阶段性学习结果。课程目标随着课程的发展不断演变。基于以上认识，小学博物馆课程目标的设计首先应顺应国家课程标准及要求，同时还应符合未来课程发展的趋势。锦官城小学在融合中国学生核心素养与学生个人发展需求的基础上，凝练出了实践性价值取向、探究性价值取向、多样性价值取向、文化性价值取向与一致性价值取向等小学博物馆课程建设的目标取向，构建了锦官城小学自己的博物馆教育目标。

第一节 小学博物馆课程目标的价值取向

所谓价值取向，是指价值标准取舍的方向，主要体现在对事物进行价值判断的过程中，其价值标准带有某种指向性，涉及以谁为价值主体、满足价值主体的需求以及满足何种程度的需求等问题。这种因价值标准而形成的较为明确和相对稳定的指向性，简称价值取向，是价值观的重要构成内容。文化价值取向是指从文化的角度对事物进行价值判断形成的价值指向性，区别于从政治的、经济的等角度对事物进行价值判断形成的价值指向性。

课程目标是教育目的在课程领域的具体化，课程目标体现了教育价值，并呈现于教学领域。因此，任何课程及教学都是有目标取向的。斯宾塞认为："在开发合理的课程之前，我们必须确定通过课程指导什么东西。"培根认为："我们必须弄清楚任何知识之间的比较价值。"这就界定了课程的价值取向。明确课程的价值取向能够更好地反思课程本身，提升课程制定的自觉性。目前，学界以美国学者舒伯特的分类为主流分类，将课程的目标取向分成普遍性目标取向、行为性目标取向、生成性目标取向、表现性目标取向四类。

小学博物馆课程相较于其他学科来说，更偏重于综合性与实践性，注重内容上的多元化与形式上的探究性，对于培养学生的核心素养等要素具有重要的引导意义。在开发小学博物馆课程时，要注意课程目标的价值取向，在课程目标的引领下，充分实现基于博物馆资源的课程开发。

一、实践性价值取向

实践性价值取向指的是在课程设计时，强调在真实情境里的学习，重视培养学生的实践能力，发展学生的核心素养，不灌输理论知识。

博物馆课程在小学课程分类中属于活动课程，活动课程强调学生在实践活动中的成长。学生在真实的情境中，通过"考察""探究""参与"等活动，在真实的世界中感受生活，提升获取信息与应用知识的能力，在实践活动中培养

解决问题的能力。同时，培养学生的核心素养也要求学生真正能参与课程，在未来的生活中具备较强的动手操作能力，学会手脑并用。锦官城小学博物馆课程的设计也强调在博物馆中发现知识、学习知识和检验知识。

锦官城小学结合建校以来学校篮球运动的发展历史，将五育并举政策真实落地，建设了篮球博物馆，在此依托之上，力求挖掘其育人内涵，弘扬、传递、延续体育文化，激发学生的体育兴趣，增强学生意志品质，并在课程实施中培养学生核心素养。

高水平篮球队伍的建立，就是锦官城小学博物馆课程目标实践性价值取向的体现。目前锦官城小学已建立一、二、三、四、五、六年级男子篮球高水平队伍，每学期有计划地开展学期常规训练和假期集训，现梯队建设已经完备。锦官城小学高水平篮球队伍的建设，可以给家长和学生持续带来篮球文化的影响。篮球博物馆是篮球文化传承的载体，在篮球博物馆的建设中，以体育文化为基础，让锦官城小学师生树立健康第一的思想，更愿意参与到篮球运动中，让学生动起来，让每一个生命如花绽放。

二、探究性价值取向

创造性和探究性是人的本质属性，小学博物馆课程的目标取向，应聚焦于充分发挥学生的主体性，培养学生的创造精神和实践能力。探究性的原则是指课程设计时，注重以任务为中心的课程活动安排，主要有探究性强、参与度高等特性，而非传统课堂的听讲。

传统课堂课程是以教材为中心进行学习的，主要的学习方式为教师在讲台上讲授，学习者在台下听讲。这样的学习方式，效率极其低下，有调查显示，这样的学习方式往往使学习者只能接收5%的知识。

例：锦官城小学将拓片文化与数学课堂的结合，具体如下：

将拓片资源引入数学课堂，通过分析拓片图案的特点，学习长方形、正方形、三角形等图形，发展学生的动手能力和空间想象力。例如，教学北师大版数学一年级下册第四单元《认识图形》一课时，可以适当增加拓片教学资源。本课需要认识长方形、正方形等图形，知道这些平面图形是从立体图形的面上取出来的。而拓片正是从金石上拓印下来的，也体现了"面从体来"的思想，可以引导学生观察拓片，或者通过观看微课了解拓印的过程。也可以让学生操作体会拓印的过程，让他们有深切的体会，这对发展学生的空间观念有很大帮助。

锦官城小学的拓片文化与其他学科的结合，具体如下：

拓片课程可以与小学科学课结合，让学生在课前收集信息，课中交流信息，课后运用信息。这既能强化学生的信息意识，培养学生的信息处理能力，也为学生的学习和发展提供丰富的教育环境及有力的学习工具。在课上，教师如果用一系列的语言理论让学生去理解，那么，课堂上学生的听讲就如同走马观花。实践性的教学，是让学生在科学实践活动中通过动手动脑在自己的思维中形成自己的科学价值观。例如，小学实践性科学的学习，是让小学生的学习氛围更加轻松、更加灵活，对于小学生来说，其先天兴趣是玩而不是学。通过拓片这一载体，学生可以了解古人的智慧，在当时的条件下为了让文字、图片得以保留并进行传播，拓印这一技艺应运而生。而拓印又为后面的雕版印刷术的产生提供了参考，从而进一步推动了印刷术的发展。学生了解、学习拓印的方法，不仅仅在拓片这一内容当中涉及，在认识植物的课程内容当中，除了进行实物观察外，拓印也是一种非常好的记录方法，通过拓印可以复制叶子表面的纹理，在活动中认识植物的根茎叶等部位。

锦官城小学博物馆课程是以任务式和项目式学习开展的，学生在真实环境中学习、成长、发现问题、解决问题，提高学生的参与性和探究性。学生在博物馆中自主探究，能够学会安排自己的学习进度，提高自主学习能力。并且通过小组探究提升与同伴之间的沟通和交流能力，符合发展学生核心素养的要求。

三、多样性价值取向

多样性价值取向指在课程设计中重视目标、主题、内容、评价、实施等方面的多样化。锦官城小学博物馆课程是一门综合性课程，是基于博物馆的资源整合学校的学科课程。对于锦官城小学而言，学校拥有了更多的资源，这种资源不止是场馆类的、课程类的，更是文化类的、平台类的，这也是多样化课程内容生发的基础。多样的课程形式，也可以让学生获取多样化的知识，体验多样化的文化，培养多样化的能力。

例：锦官城小学的英语课堂与博物馆课程的结合，以古钱币文化素材作为切入点展开。其课程目标设定如下：

1. 通过对基于古钱币文化的英语口语的训练，开发出更多有意义的古钱币文化素材。

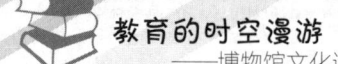

2. 通过对基于古钱币文化的英语口语的训练，实施行之有效的、具有可操作性的教学模式，提升教师自我的口语交际教学能力。

3. 通过对基于古钱币文化的英语口语的训练，增加学生对中华悠久历史文化的了解，激发学生对璀璨文化的探索欲望，提高民族自信心。

4. 通过对基于古钱币文化的英语口语的训练，提升学生的口语交际能力，提高学生学习英语的兴趣。

锦官城小学博物馆课程的多样性价值取向，体现在课程设计的每一个环节中，从培养学生多样能力的课程目标开始，到课程评价的多主体、多形式，都在传统的基础上进行了多样化的处理。

四、文化性价值取向

文化性的价值取向，顾名思义，就是在课程内容设计的时候重视课程的文化属性，重视历史文化的传承和人文底蕴的培养，让学生在学习的同时了解优秀传统文化，提升家国情怀。

学生能够在课程中感受文化，感受社会进步的成就，尊重人类历史文明成果，都是锦官城小学博物馆课程对于课程目标文化性价值取向的具体体现。同时，结合学校自身的育人目标，充分利用博物馆的资源，挖掘博物馆资源的文化价值，也是对于博物馆课程文化价值取向的内在要求。锦官城小学基于博物馆课程，力求学生能够在当前经济迅速发展的时代，坚定中华民族文化自信不动摇，尊重中华民族的优秀文化成果。

在设计"钱币会说话"这一活动方案时，博物馆课程结合语文、美术、数学学科的特点，分别设立了如下目标。

学科目标：

语文：学会认真倾听，抓住要点简单转述；能根据博物馆场合，进行简单的讲解。

美术：通过课前对相关资源的收集和调查，了解博物馆藏品的概况；通过典型案例的分析，探讨博物馆文化的价值和意义；通过现场体验活动，强化对钱币知识的掌握。

数学：探索分析博物馆内蕴含的简单数学问题，学会与他人合作，尝试独立思考解决问题。

通用素养目标：

1. 通过查阅相关史料，增强学生的民族自豪感。

2. 品味艺术欣赏之美，使学生掌握钱币知识。
3. 能够用丰富的形式向大家介绍钱币，能够创造性地解决问题。

五、一致性价值取向

一致性价值取向最开始是在批判学生的最终表现与预期价值目标不一致的现象中产生的。虽然价值目标是多元的，但是目标是否实现还取决于每个人的需求，兴趣爱好和理想信念等个性倾向是否与价值一致。一致性指的是在设计课程的时候，课程的目标要与学生各学段的培养目标及课程内容相匹配。

核心素养是学生为了适应未来社会应具备的必备品格和能力。各学段学生所处的身心发展水平有一定的差异性，因此各学段的培养要求不同。例如，小学阶段所需要培养的品质及能力与初中、高中阶段肯定是有所不同的。因此，在设计课程目标时，必须与学生所处阶段的水平保持一致。

以锦官城小学的"拓吧拓吧"活动方案为例，这是一节面向五六年级学生的活动课，五六年级的学生在思维发展方面已经能够逐渐分辨出概念中的本质问题与非本质问题、主要内容与次要内容，逐步理解概念的科学定义，能独立进行分析和论证。但是五六年级学生的思维活动有很大的具象色彩，在想象能力的发展方面，学生想象能力和创造能力都在快速地发展。因此将目标设定为以下几点（如表3-1所示）。

表3-1 锦官城小学博物馆课程目标设定

	目标维度	学习目标
学科目标	学科知识与能力	语文：知道作为小导游如何进行口头表达，学会撰写地方简介，了解文字的演变 美术：能用创新手法对作品进行美化，制作门票和海报；了解传拓技艺
	学科核心素养	创造性实践　审美性实践
通用素养目标	高阶认知	问题解决　学会学习
	个人成长	自我认识
	社会性发展	沟通与合作

小学博物馆课程只有遵守一致性的课程取向，在实施过程中才真正有落实的可能性，才是完整的、科学的课程。

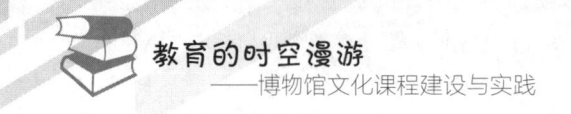

第二节 小学博物馆课程的目标结构

小学博物馆课程的目标结构，就是对博物馆课程培养什么样的人的总体规定，它是在总目标指导下产生的，是综合各学科课程目标，与博物馆资源相结合的目标系统。同时，作为一门课程，要为实现国家教育目标、落实国家教育方针而作出努力，因此课程目标的设定必须符合国家政策要求，符合小学生身心发展规律。

一、课程目标制定依据

（一）政策依据

博物馆作为公共资源之一的典型场馆，在教育中的运用越来越广泛，从国家政策导向来看，2008年2月国家文物局颁布的《博物馆评估暂行标准》就明确规定博物馆要有教育工作人员，同时制定相应的教育工作方案，以服务学校、工厂、社区和农村等不同观众群体。紧随其后，同年3月，在强调保护文化遗产的重要性问题上，国家又明确指出"教育部门要将优秀文化遗产内容和文化遗产保护指示纳入教学计划，编入教材"。2015年9月，国家文物局和教育部进一步指出，要"突出博物馆教育特色，紧密结合国家课程、地方课程与学校课程"，为博物馆和学校之间的合作提供了纲领性的指导。

教育部、国家文物局在2020年发布《关于利用博物馆资源开展中小学教育教学的意见》（后文简称"《意见》"），其中特别提到"开发博物馆系列活动课程"——结合中小学生认知规律及学校教育教学需要，充分挖掘博物馆资源，研究开发自然类、历史类、科技类等系列活动课程；同时要将学科教学和综合实践活动，有机融入博物馆教育内容。博物馆系列活动课程应涵盖小学、初中、高中不同学段，明确不同类型课程的教学目标、体验内容、学习方式及评价办法。

各省教育主管部门根据教育部、国家文物局颁发的《意见》，因地制宜纷纷出台了各省的实施方案，比如，陕西省的《关于利用博物馆资源开展中小学教育教学的实施方案》中指出，要建立政府主导、博物馆与中小学为主体，以场馆主动为先的工作机制，以期达到将文物保护利用常识纳入中小学教育体系，博物馆资源与学段、学科及学校课程深度融合、衔接，实现中小学生利用博物馆学习中华优秀传统文化、党史、新中国史、改革开放史、社会主义发展史等目的，引导广大青少年树立和坚持正确的历史观、民族观、国家观、文化观，增强做中国人的骨气、底气和爱党、爱国、爱社会主义的热情。

（二）现实依据

1. 对小学生群体的研究

小学生是基础教育的主体，小学阶段的课程开发也应该以学生为核心来开展。一切教育活动都是为了学生的发展，为学生的需求服务。因此，要开发小学博物馆课程就需要对小学生进行研究，特别是对学生的学习需求、身心发展规律、认知发展规律和情感形成等方面开展研究与调查。虽然教育是将人类在认识和改造世界过程中积累的经验传递给下一代，但是教育的有效性取决于教育的方式是否符合儿童的认知发展规律及身心发展规律，在此基础上，才能选择合适的课程内容。例如，儿童相对于成人来讲，其信息接收与处理速度都比成年人慢，所以在短时间内不能给儿童提供过量信息，否则儿童无法顺利接收和处理信息。小学博物馆课程开发的目的是支持、引导小学生学习，促进其健康发展。为了设置合理的课程预期，课程目标的确定必须关注小学生群体的发展情况，并对其进行研究，找到小学生实际发展需要与身心发展规律的差距。例如，对小学低段儿童发展指标的研究，如表3-2所示：

表3-2 针对小学低段儿童的发展指标

项目	具体指标
语言	1. 培养口头语言能力 2. 培养书面语言能力 3. 培养内部语言能力，即发言或写作前先独立思考和构思
动作与活动	1. 培养良好的学习动机和态度，即适当减少纯粹的活动项目，提高知识与活动的融合度 2. 激发学习兴趣 3. 培养学习能力
认知能力	1. 培养观察能力、注意力和记忆力 2. 培养逻辑思维能力和判断力 3. 发展想象力
情感与社会性	1. 发展儿童情感和意志 2. 培养自我意识和团队意识 3. 发展儿童兴趣特长

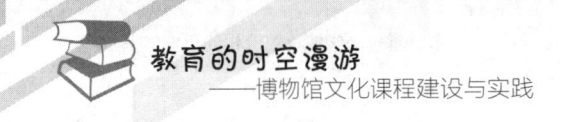

2. 对博物馆课程资源的研究

相比于学校，博物馆最大的优势之一便是其丰富的课程资源。学习的结果是受学习目的预期、已有知识经验基础、社会文化背景的影响。除此以外，在博物馆中学习还要受到博物馆内部展览布置和物理环境的影响。因此，博物馆课程并非仅仅为课程目标服务。博物馆的课程资源不仅是课程资源，还能产生课程目标，引导课程设计的理念。对于博物馆课程来说，我们应当重新审视博物馆资源的内在功能和价值。

综上所述，博物馆资源与学校课程资源的结合，是学校与社会结合的体现。教师与家长对于博物馆资源与学校课程资源的融合也表示了高度的认可。但是随之而来，也出现了一些困境。例如，学校的教学和价值观念与作为社会资源的博物馆价值观念有一定的差距，无法有机进行整合。也就是说，这种合作形式究竟以一种什么样的呈现形式出现在公众视野中，还有待继续研究和考证。在此困境下，现行已有案例课程的呈现效果，也就无从考究。基于以上依据及困境，锦官城小学博物馆课程的开发，也应该是建立在认同基础之上的，是落脚于教育实践的。

二、目标结构

（一）总目标

根据国家课程标准要求，以地方相关政策为依据，结合小学的课程理念与实际发展情况，制定出小学博物馆课程的总目标。

锦官城小学以"博物致知，文以化成"为办学理念，并在此理念引领下确定了"睿智堂正君子　健康渊博栋梁"的育人目标，力求以博物馆为特色，建设"一所坐落在博物馆里的学校"。在学校"让每个生命如花绽放"的课程建设目标之下，将小学博物馆课程的总目标确定为：引导小学生了解历史、了解文化、了解人类社会的发展历程，培养小学生的生命、尊重、责任、创造意识，成为"自信、自强"的"中国味儿童"。

了解历史。在我国课程体系中，历史作为一门独立学科出现在课程标准中，是在初中阶段。但小学阶段并非不需要学习历史，一方面小学阶段涉及人文历史的学习，实际上是在为中学阶段做铺垫；另一方面，"以史为镜"是我国自古以来的人文传统。历史的学习，是不断提升学生核心素养的有效途径，也是强化学生对社会发展、人文知识了解的有效途径。理论自信、制度自信、文化自信、道路自信是习近平总书记在庆祝中国共产党成立95周年大会上提出的，而文化自信的构筑，离不开对历史的学习。通过了解历史，小学生掌握有关中华优秀传统文化，了解我国优秀传统文化的丰富内涵以及它对世界文明做出的贡献，了解我国在世界历史的长河中，是如何发展的。在这样的学习过程中，逐渐构筑起文化自信。

了解文化。文化体现了一个民族发展过程中留存下来的历史底蕴。中华优秀传统文化是中华民族在数千年的实践活动中创造积累起来的文明成果，见证了中华民族的发展，见证了中华民族五千年的辉煌历史，也是世界文化的宝藏。学习中华优秀传统文化，弘扬中华民族的精神，是基础教育阶段的重要任务。在这种理念的引领下，小学博物馆课程目标是为了加强小学生对于中华优秀传统文化的认识，加深对中华优秀传统道德和人文知识的理解，充分认识中华优秀传统文化的价值理念，热爱祖国的历史文化，提升民族归属感和自豪感，增强对中华民族的认同。同时，培养小学生自主利用博物馆的资源，学会收集信息、分析信息、处理信息的能力，提升小学生的自主学习能力、问题分析和解决能力、表达和交流能力等，不断提高学习能力和思维素质。

了解人类社会。在了解自然和历史的基础之上，提高小学生对人类社会的认识是这一层面的最后一个目标。每个人都是社会的一分子，社会化就是个体在社会环境中，学习掌握知识、语言、规则、观念、理念等社会行为方式和人格特征。个体在社会中积极适应社会，并为社会的发展贡献自己的力量。社会的进步与发展正是人与社会共同作用的结果，通过社会化，个体习得了社会的价值、规则和标准，个体的社会化是一个持续终身的过程。儿童时期，是个体社会化的初始时期，儿童社会化的发展主要包括社会性认识与社会性交往两方面，儿童开始从外部特征的注意向深刻品质特征的注意转变，从单个方面看问题逐渐向多维度分析问题转变，从对事物具体的思维到对事物抽象的思维转变。历史的发展中有很多典型的案例，对于儿童人际关系的建立、为人处事能力的提升有着积极的作用，为儿童树立良好的为人处事观打下基础，为日后的成长提供人文素养而助力。

综上所述，这一层面课程目标，主张学生通过课程走进自然、走进社会，认识人类发展的历史，认识文明进步的原因和发展的规律，认识人与社会、自然和其他社会成员的关系，从而建立起对自然、历史、人类社会的认知。

（二）分解目标

锦官城小学的博物馆课程目标以具体培养内容及方向为结构，确立出目标

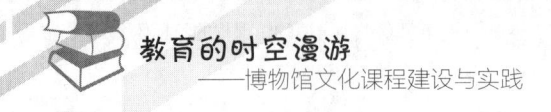

框架（如表3-3所示），具体如下：

根据学生的年龄特征，锦官城小学将总目标进行分级：低段以感官体验为重点，引导学生通过观察博物馆藏品，借助视、听、触觉等感官体验，对藏品的形态、色彩、材质等外在特征信息进行认识感受，从而认识和感受中华传统文化，并对其产生兴趣；中高段以多元认识、分析鉴赏为重点，初步进行文化理解，引导学生通过探究式、项目式学习等方式，了解馆内藏品，引起情感共鸣，产生对中华传统文化的理性认识。在此基础之上，以文化理解、创新传承为重点，进行精神塑造。学生通过探究式、项目式学习等方式进行跨学科融合学习；通过对藏品价值的解读和表达，对藏品背后蕴含的历史、政治、经济、文化的理解，批判地看待，树立科学的历史观，传承中华优秀传统文化。

表3-3 锦官城小学博物馆课程分段目标

学段	年级	知识与技能	过程与方法	情感态度与价值观
低段	1~2年级	1. 引导学生初步了解博物馆的地理位置，学会通过建筑物外形判断博物馆类别，初步了解博物馆重要藏品蕴含的故事 2. 参与小组心得交流，培养思维能力、表达能力和合作探究能力	1. 学会用"说一说、读一读、写一写、画一画"等形式描绘藏品 2. 在教师（家长）的指导下，通过网络了解相关资源与藏品，完成博物馆的实践学习	1. 培养学生积极的学习态度和浓厚的学习兴趣，养成良好的学习习惯，掌握适合自身的学习方法，初步具有自主学习的意识和能力 2. 培养学生热爱自然、爱护生态的思想情感
中高段	3~6年级	1. 引导学生知晓博物馆的地理位置、交通路线 2. 参与课程成果展示，初步了解研究方法，培养实践动手能力	1. 学会用"查一查、写一写、讲一讲、拍一拍"的形式开展学习与交流 2. 在教师（家长）的指导下，能够通过网络、调研等多种方式收集材料，拓展思路，完成学习	1. 培养学生热爱学习、勤于反思的习惯，善于发现和提出问题的能力以及解决问题的兴趣和热情 2. 初步培养学生的国家意识和文化自信，养成健康的生活方式，激发学生关注社会、服务社会的责任意识

第三节 小学博物馆课程与"中国味儿童"

小学博物馆课程在培养儿童综合素养的同时，也在影响着儿童成长的每一个方面，结合学习者本位的价值观，以促进学习者的认知、情绪情感等方面的发展为原则，笔者认为"中国味儿童"是健康、自信、包容、有创新意识的，这些特质虽然不能完全概括"中国味儿童"的所有特质，却都与小学博物馆课程的目标指向一致。

儿童是正在发展的个体，在社会、教育、环境等多种因素的作用下，无论是生理还是心理上，都在发生着变化。同时，儿童生活在真实的社会情境中，无时无刻不在接受着真实的直接体验。锦官城小学博物馆课程在设计时，首先考虑的是如何建立文化自信，让儿童慢慢成长成为"中国味儿童"。

一、小学博物馆课程与"健康"

锦官城小学通过博物馆课程的实践，促进学生身心发展，帮助学生在认知、价值、情绪、探究精神和生活自理等方面的发展。为了有效促进学生身心健康发展，达成儿童各年龄阶段的健康目标，在小学博物馆课程的实施过程中，针对学生的年龄特点，锦官城小学通过不同形式的活动进行支持与落实。

"健康第一"的理念，不仅仅是教育的理念，也是习近平总书记高度关注、全社会高度关切的一个最重要的问题。国家一直在强调"健康第一"，那么"健康第一"对学校意味着什么？对家庭意味着什么？对社会意味着什么？对我们每个人又意味着什么？对于学校来讲，对于学生来讲，锦官城小学不仅要让学生对自己的健康负责，社会、家庭和学校也要担负起这种职责，最突出的就是在课程理念与目标中融入健康的理念。

二、小学博物馆课程与"自信"

自信基于学生对自身的理解、认知，指的是一个人在评价自己的价值以及能力的时候产生的一种心理体验。自信为学生实现自己的理想提供了动力支撑，是学生成长过程中的精神核心。

学生除了需要具备本身的自信，还要在文化上具有高度的自信。文化自信体现了一个国家、民族对自身文化价值的认同与践行，并对文化的生命力保持

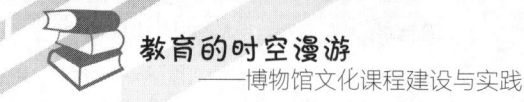

自信，不断发展本国、本民族的文化，没有文化自信的一代新人就不可能有发自内心的责任担当，就不可能完成中华民族伟大复兴的历史使命。因此，必须将文化自信融入小学博物馆课程的实施环节中，融入育人的全过程中。这样才能使学生在学习专业知识的同时，受到文化的启迪和价值引领，从而坚定中国特色社会主义道路自信、理论自信、制度自信和文化自信，践行社会主义核心价值观，成长为德智体美劳全面发展的社会主义建设者和接班人。

三、小学博物馆课程与"包容"

包容性原本是发展经济学概念。包容性是指人与人、人与社会、人与自然的和谐；包容性发展是指以人为中心的，人与人、人与社会、人与自然的和谐发展。课程的包容性是指在课程实施过程中，应该具有一定的开放性，要融入更多的教育思想、教育内容、教育元素和教育方法，体现课程的"大教育"特点。

"和实生物，同则不继"，这种辩证法思想在两千多年前就已经存在，宇宙之所以存在，其根源在于"和"，"和"的核心要义就是包容。因为"和"，不同的事物才能共存，彼此和谐，各自有各自的位置。如果世界万物都去"和"而求"同"，那么世界就不会发展。正是因为"和而不同"的包容，在小学博物馆课程中，展现了非传统课程。锦官城小学博物馆课程不仅仅是一个载体，更是具有人文内涵，因为课程的指向与生活息息相关，并且是与学生社会化的培养方向有着较高的契合度，也正是这样，才赋予了锦官城小学博物馆课程强大的包容性。

四、小学博物馆课程与"有创新意识"

创新意识是指人们根据社会和个体生活发展的需要，引起创造前所未有的事物或观念的动机，并在创造活动中表现出的意向、愿望和设想。创新是人类意识活动最积极、最有效的表现方式，人们进行创造活动的起点就是创新意识，创新意识也是进行创造活动的前提。

课程是创新素养培育落地最重要、最直接和最有效的载体。传统分科课程的弊端已成为教育界普遍关注的问题。小学博物馆课程是对课程的构成要素进行整合，形成要素间有意义的联系，从而增强课程整体育人的功能。相比于传统的分科课程，小学博物馆课程打破了学科的边界，开展学科融合，促进了学科间的联系。锦官城小学博物馆课程将国家、地方、学校三级课程进行统整、贯通，将创新意识的培养纳入课程目标中。同时，在完善创新素养课程体系的过程中，基于不同年龄、不同学段学生的特点，充分考虑创新素养的进阶，不同年级有不同的要求。

第四节 小学博物馆课程与小学生核心素养

  从理论层面讲，小学博物馆课程的理论与学习金字塔理论、活动课程理论，以及中国学生发展核心素养有一定的重合之处，可以相互结合。但是在具体实施的过程中，核心素养的外延较为宽泛，仅仅靠博物馆课程不能培养学生的全部核心素养，所以在设计博物馆课程的时候需要侧重某方面的核心素养，而不能面面俱到。相较于学生在校内所上的学科课程而言，博物馆课程在内容上更加多样化，在形式上更加灵活化。这些特点使得博物馆课程有利于发展学生的人文底蕴、科学精神、责任担当等核心素养。

  锦官城小学博物馆课程设计既考虑发展小学生的核心素养，又体现了博物馆课程的育人特色，体现新时代对学生发展提出的最新要求，并融入课程目标之中。近年来，关于学生核心素养培养的相关研究已经被广泛运用。实践证明，跨学科性、融合性、综合性和活动性的课程能够较好地发展学生的核心素养。小学博物馆课程正是以综合性、跨学科性为建设原则而开发的课程，其课程目标的设定势必要与小学生核心素养相结合。

  2016年，中国学生发展核心素养研究成果发布，公布了《中国学生发展核心素养》总体框架（如表3-4所示），以科学性、时代性和民族性为基本原则，以培养"全面发展的人"为核心，共分为文化基础、自主发展、社会参与三个方面，其中又分为人文底蕴、科学精神、学会学习、健康生活、责任担当、实践创新六大素养，并具体细化为人文积淀、人文情怀、审美情趣、理性思维、批判质疑、勇于探究、乐学善学、勤于反思、信息意识、珍爱生命、健全人格、自我管理、社会责任、国家认同、国际理解、劳动意识、问题解决、技术运用18个基本要点。

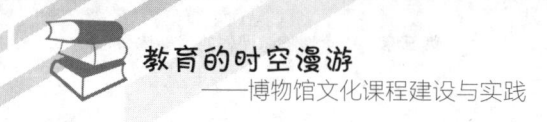

表 3-4　中国学生发展核心素养

三个方面	核心素养	基本要点	主要表现
文化基础	人文底蕴	人文积淀	具有古今中外人文领域基本知识和成果的积累，能理解和掌握人文思想中所蕴含的认识方法和实践方法等
		人文情怀	具有以人为本的意识，尊重、维护人的尊严和价值；能关切人的生存、发展和幸福等
		审美情趣	具有艺术知识、技能与方法的积累；能理解和尊重文化艺术的多样性，具有发现、感知、欣赏、评价美的意识和基本能力；具有健康的审美价值取向；具有艺术表达和创意表现的兴趣和意识，能在生活中拓展和升华美等
	科学精神	理性思维	崇尚真知，能理解和掌握基本的科学原理和方法；尊重事实和证据，有实证意识和严谨的求知态度；逻辑清晰，能运用科学的思维方式认识事物、解决问题、指导行为等
		批判质疑	具有问题意识，能独立思考、独立判断；思维缜密，能多角度、辩证地分析问题，作出选择和决定等
		勇于探究	具有好奇心和想象力；能不畏困难，有坚持不懈的探索精神；能大胆尝试，积极寻求有效的问题解决方法等
自主发展	学会学习	乐学善学	能正确认识和理解学习的价值，具有积极的学习态度和浓厚的学习兴趣；能养成良好的学习习惯，掌握适合自身的学习方法；能自主学习，具有终身学习的意识和能力等
		勤于反思	具有对自己的学习状态进行审视的意识和习惯，善于总结经验；能够根据不同情境和自身实际，选择或调整学习策略和方法等
		信息意识	能自觉、有效地获取、评估、鉴别、使用信息；具有数字化生存能力，主动适应"互联网+"等社会信息化发展趋势；具有网络伦理道德与信息安全意识等
	健康生活	珍爱生命	理解生命意义和人生价值；具有安全意识与自我保护能力；掌握适合自身的运动方法和技能，养成健康文明的行为习惯和生活方式等
		健全人格	具有积极的心理品质，自信自爱，坚韧乐观；有自制力，能调节和管理自己的情绪，具有抗挫折能力等

续表3-4

三个方面	核心素养	基本要点	主要表现
自主发展	健康生活	自我管理	能正确认识与评估自我，依据自身个性和潜质选择适合的发展方向，合理分配和使用时间与精力，具有达成目标的持续行动力等
社会参与	责任担当	社会责任	自尊自律，文明礼貌，诚信友善，宽和待人；孝亲敬长，有感恩之心；热心公益和志愿服务，敬业奉献，具有团队意识和互助精神；能主动作为，履职尽责，对自我和他人负责；能明辨是非，具有规则和法治意识，积极履行公民义务，理性行使公民权利；崇尚自由平等，能维护社会公平正义；热爱并尊重自然，具有绿色生活方式和可持续发展理念及行动等
		国家认同	具有国家意识，了解国情历史，认同国民身份，能自觉捍卫国家主权、尊严和利益；具有文化自信，尊重中华民族的优秀文明成果，能传播弘扬中华优秀传统文化和社会主义先进文化；了解中国共产党的历史和光荣传统，具有热爱党、拥护党的意识和行动；理解、接受并自觉践行社会主义核心价值观，具有中国特色社会主义共同理想，有为实现中华民族伟大复兴中国梦而不懈奋斗的信念和行动
		国际理解	具有全球意识和开放的心态，了解人类文明进程和世界发展动态；能尊重世界多元文化的多样性和差异性，积极参与跨文化交流；关注人类面临的全球性挑战，理解人类命运共同体的内涵与价值等
	实践创新	劳动意识	尊重劳动，具有积极的劳动态度和良好的劳动习惯；具有动手操作能力，掌握一定的劳动技能；在主动参加的家务劳动、生产劳动、公益活动和社会实践中，具有改进和创新劳动方式、提高劳动效率的意识；具有通过诚实合法劳动创造成功生活的意识和行动等
		问题解决	善于发现和提出问题，有解决问题的兴趣和热情；能依据特定情境和具体条件，选择制定合理的解决方案；具有在复杂环境中行动的能力等
		技术应用	理解技术与人类文明的有机联系，具有学习掌握技术的兴趣和意愿；具有工程思维，能将创意和方案转化为有形物品或对已有物品进行改进与优化等

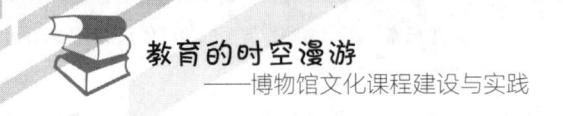

小学生的年龄一般分布在 6~12 岁，其身心发展还处于早期阶段，与初中阶段的青少年或者是成年人相比，小学生的身心发展有着较大的差异。在发展小学生核心素养时需要针对小学生的身心发展特点进行具体分析，更加贴近小学生的身心发展实际。比如，要培养小学生的信息意识，需要详细分析小学生的基本特点。小学生的信息收集、处理能力是明显比中学生及成年人弱的，其分辨是非的能力也弱，所以要引导小学生学会分辨信息，自觉抵制不良信息，并能学会分辨和预防电信网络诈骗等。

我国惯用的传统的课程目标通常采用知识与技能、过程与方法、情感态度与价值观的三维模型表述。这种表述虽然至今仍有一定的实用性，但是无法适应新时代的要求。小学博物馆课程具有很高的综合性，其在课程目标设计上不是单纯地为了让学生掌握哪些知识或者技能，抑或是简单地提升某方面的情感。当前，将发展学生的核心素养融入课程中已经成为新时代的必然趋势。此外，不同阶段的核心素养发展有不同的特征和要点，课程设计者在设计课程时，需要依据实情对发展学生核心素养的目标进行科学的阐述。泰勒强调，在描述课程目标时需要体现学生将在哪些方面产生怎样的变化，为了达成目标应该采取哪些方式才能促进学生的转变。课程目标的表述应该至少包含"内容"和"行为"两个部分，同时也应该指明学生的这些变化可以在哪些领域运用。

一、夯实小学生文化基础的铺垫

从课程目标的知识与技能维度考量，小学博物馆课程与国家课程、校本课程的不同在于，不能仅仅关注学生基本知识与技能的传输，要更加强调通过跨学科的视角综合运用各学科知识的能力；不仅仅关注基础知识的学习与基本技能的培养，而是更加注重学科融合、知识的综合运用与丰富拓展。

作为一门以综合性、融合性为建设原则的课程，小学博物馆课程在目标的设定与开发过程中，有意识地打破学科壁垒，强调多学科在这一课程中的交叉运用与实践。例如，以古钱币为课程资源素材，与语文、数学、科学、书法、美术、音乐学科均可进行融合，包括语文学科里的汉字构造、美术学科里对钱币纹饰花样的欣赏与理解、书法课中汉字字体演变过程、科学课上对古钱币材质变化与铸造工艺的探究。透过这一素材背后的故事及知识的探究学习，充实学生的知识储备，拓展学生的视野，增强对中华文化的自豪感与认同感，为发展成为有宽厚文化基础、有更高精神追求的人做准备。

二、关注小学生自主发展的培养

从课程目标的过程与发展维度考量，小学博物馆课程注重学生自主发展能力的培养。具体来说，在课程实践中，注重学生的自主探究、实践创新、问题发现、合作协同、问题解决等能力的培养，这些能力均是指向小学生未来可持续发展的关键要素。当代小学生身处信息化、数据化的时代，社会的变革与发展可谓日新月异，适应社会需求的教育目的，也在不断地迭代，生发为超越社会现实，为未来社会变革与发展做准备的目的。因此，小学博物馆课程结合中国学生核心素养，其目标设计具有一定的发展性、层次性，根据学段与年龄的不同，进行阶梯化提升。例如，低年级课程更关注真实的学习体验与感受，重点在于对过程的动手实践与感悟，以尊重学生的直接经验与直接体验为原则，丰富其学习资源和学习经历。随着年级的升高，目标逐步转向学生关键能力的培养，逐步由体验性转为参与性、创新性。除此之外，小学博物馆课程还为学生的个性化发展提供了诸多机会，借助资源优势，为学生创造发挥潜力的空间。

三、聚焦小学生社会参与的拓展

从课程目标的情感、态度与价值观维度考量，小学博物馆课程针对不同类型设定目标。例如，与历史学科融合的相关课程，在课程目标设定上要关注小学生的人文积淀、人文关怀以及责任担当素养的培养。如锦官城小学地处"大北城古蜀文化核心区"中心地带，早在1954年，该区域发现的西汉墓葬群中，就出土了汉代五铢钱，钱币文化是人类文明的产物，凝结了人类智慧的结晶，折射出了社会的发展与科学的进步，蕴含了审美教育、知识教育等多种功能。由此可见，通过小小的钱币可以洞观整个社会。

例如，与艺术学科融合的相关课程，在课程目标上更侧重关注人文积淀和审美情趣的培养。如锦官城小学的"我们身边的设计艺术——中国古钱币之美"课程中，钱币是承载着中华民族几千年联系人与人之间的特殊媒介，学生通过对钱币形、色、质的对比与调查，发现刀币、布币、蚁鼻币等典型货币的特征，了解古人"天圆为张盖，地方为棋局"的宇宙观。学生通过了解古钱币上古朴大气的篆书，到宽正扁平的隶书，再到端庄秀丽的楷书，追溯我国书法艺术的编年史，直观地感受到中华民族上下五千年的智慧，了解到钱币中蕴含的丰富历史文化、美学艺术造诣，感受工匠精神的魅力，以增强学生的民族自信。

第四章
小学博物馆课程的内容体系

　　小学博物馆课程具有情境性、经验性、主题性、整合性、交互性等特征。锦官城小学在前人研究的基础上聚焦课程主题，打破学科界限，整合校内外资源，开发了基于地域文化的西蜀园林主题课程、国学经典主题课程、天府文化名人主题课程，基于学校特色的钱币世界主题课程、篮球运动主题课程、金石拓片主题课程和书画主题课程七大主题课程体系，对博物馆课程的开发进行了系统探索。

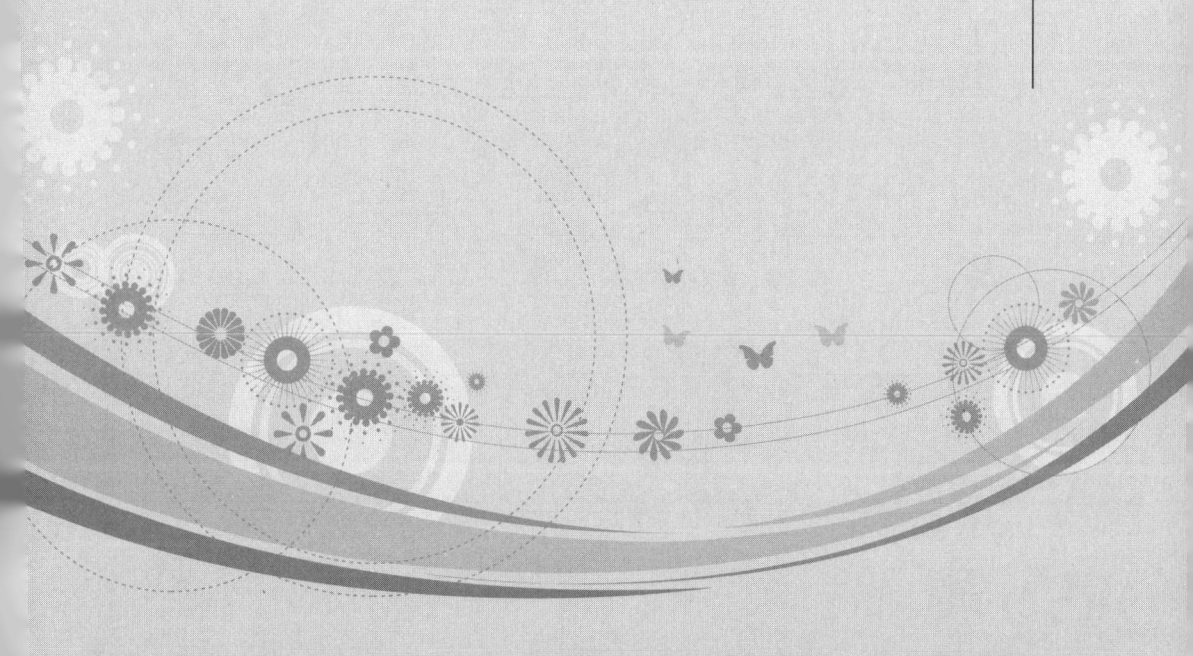

第一节 博物馆资源的开发

一、博物馆课程的内涵

课程就是教育性的经验。课程包括完整的经验，是指导性经验和非指导性经验的结合；或者课程是一系列有意识指导的训练经验，学校可用课程来完成和完善教育经验的展开[①]。"指导性"经验主要是校内的经验，比如，学科课程；"非指导性"经验主要是校外的经验。随着我们对课程内涵及外延理解的不断加深，学校内部的课程也在不断向外部课程拓展，学校课程所涉及的领域不断扩大，内容不断丰富。这表明，学生获取知识与经验的渠道不仅仅局限于学校内部，还可以从校外的非正式教育环境中获得。

1945年，泰勒对课程资源的内涵进行了描述。泰勒认为学校所开设的一切课程和教学计划都需要包含几个要素。其一，课程或者教学计划首先应该思考能达到什么样的目标；其二，向学生提供哪些课程资源可以更好地帮助学生达到这些目标；其三，课程资源如何组织才能达到最高的效率；其四，教师应合理地预判教育目标能否实现。

课程资源不仅来源于学校的学科课程，还来自家庭和社会等一切有利于学生发展的资源，这些资源都可以称为课程资源。在博物馆教育中，博物馆课程资源就是能转化为课程活动与内容的素材，帮助博物馆达成教育目标的各种条件与环境，以及在课程开发过程中一切可以被利用的人力、物力、自然以及各种数字信息资源等。

博物馆课程通过学校与博物馆之间的合作，以主题教学为导向，在特定主题的引领下，将不同学科的知识进行串联和综合运用，帮助学生构建一个完整

---

① 威廉姆·F. 派纳等：《理解课程：历史与当代课程话语研究导论》，教育科学出版社，2003年，第26页。

的主题式的知识结构。因此,博物馆课程具有主体性、综合性、拓展性以及实践性的特征。博物馆课程的主要受众以中小学生为主,将博物馆内的馆藏资源当成是课程资源,学生在博物馆内的学习强调与博物馆内环境、展品的互动,通过亲身参与活动获取直接经验,课程的主题体现了博物馆的特色。

二、小学博物馆课程的特点

从课程环境、哲学基础、价值取向、主题来源、组织模式、实施过程,以及过程取向和课程的生态系统来看,小学博物馆课程具有情境性、主体性、经验性、主题性、整合性和交互性等鲜明特点(如表4-1所示)。

表4-1 小学博物馆课程的特点

分析维度	要素	特点
课程环境	在真实的博物馆环境中实施课程	情境性
哲学基础	以学生为中心,主体哲学视角	主体性
价值取向	以学生的经验为核心组织课程内容	经验性
主题来源	以博物馆的特色资源和学校特色为主题	主题性
组织模式	多学科融合整合	整合性
实施过程	强调学生与环境、他人之间的互动	交互性

(一)情境性

从课程的环境要素来看,小学博物馆课程是在真实的博物馆环境中开展教育教学的,因此博物馆课程是基于真实情境的课程,具有情境性。环境是学生学习赖以发生并使学习结果得以产生的情境[①]。博物馆课程与传统的学校课程相比有很大的不同点,博物馆课程十分重视环境对于课程的影响,重视学习者与环境之间的互动,这也是博物馆课程与学校课程的主要区别之一。传统的学校课程是与真实的生活相脱节的,只是将知识以抽象化、符号化的形势传递给学生,学生并不能真正理解并运用知识。与之相反,博物馆的课程与真实的生活息息相关,紧密联系。博物馆能为学生提供真实的学习情境,让教育不再局限于由抽象的知识构建的"符号世界",而是走向由展品、标本、实物、模型、表演等一系列元素构建的"真实世界"。现代的博物馆里有现代化的展示手段,

---

[①] 施良方:《课程理论:课程的基础、原理与问题》,教育科学出版社,1998年,第205页。

例如，声、光、电以及 VR 和 AR 等技术辅之应用，为观众构造和再现一个真实的世界。博物馆里的环境能帮助学生产生身临其境的感觉，能够有效调动学生的多种感官进行学习，充分调动学生的学习兴趣，让学生对学习留下深刻的印象，让学习更加容易发生，帮学生主动构建知识和生活之间的联系。

知识存在于真实的情境中，学习发生于真实的情境中。真实的情境往往更有刺激性，能够激发学习者的好奇心和探究欲[1]。学生在真实的情境中，能够充分地与博物馆内的环境、资源等互动，在探索问题的过程中积累经验，在解决问题的过程中实现能力的增长，从而促进自己更加全面的发展。

（二）主体性

施瓦布认为，课程应该围绕教师和学生为中心，因为教师和学生才是创造课程的主体。杜威也认为，儿童是课程的起点，是课程的中心，也是课程的目的。因此，结合博物馆课程建设的哲学基础来看，小学博物馆课程也应该更加关注学生的主体性，以学生为中心，基于学生的兴趣和需求来设计和开发课程。课程最根本的目的就是促进儿童的生长，是儿童生长的内在规律决定了该教授哪些内容，怎么进行教育，而非根据教材决定怎么教授儿童。课程内容的组织需要围绕儿童的经验为核心，使儿童能够自发、主动地进行发展，并充分自由地发挥自身的主观能动性和创造性。所以学校学科相互联系的真正中心不是科学，不是文学，不是历史，不是地理，而是儿童本身的社会活动。因此，课程的设计、组织与实施不能以固化的教材为依据，而应是以学生为中心，围绕学生的特点和需求设计、组织和实施课程。课程的设计不仅需要考虑学生现有认知水平及知识储备，还要关注学生的最近发展区，挖掘学生的学习潜能。小学博物馆课程的设计需要从学生的直接经验或者体验为起点，充分激发学生学习的主观能动性，强调学生在真实的环境中亲身感受，切身体悟，让课程更加符合学生的需求，最大限度地促进学生的全面成长。

（三）经验性

从博物馆课程的价值取向来看，其是以学生的经验为核心进行组织的课程，具有鲜明的经验性特点。在传统的学校课程中，课程是以分科的形式开展的。强调简洁的、逻辑性的知识体系，重视学科本身的内在价值。小学博物馆

---

[1] 伍新春、谢娟、尚修芹、季娇：《建构主义视角下的科技场馆学习》，《教育研究与实验》，2009 年第 6 期，第 60~64 页。

课程强调学生与博物馆中的实物、环境以及其他人进行相互作用而获得的直接或间接经验。博物馆课程以学生已具备的知识、经验和兴趣为出发点，通过精心地设计课程资源，将博物馆内的课程资源和真实生活相结合。学生在真实的博物馆环境中经由教师指导后，通过实地参观、亲自动手、小组合作开展学习活动，在现场的讲解、展示、活动和之后的总结中获取经验、分享经验。小学博物馆课程在价值上重视活动设计的意义，学生通过在博物馆中的学习获得有价值的经验。博物馆课程把课程设计的中心放在教学活动的"过程"与"方式"上，放在学生的"学习经历上"[①]。传统的学科课程是以"目标—达成—评价"模式为主的，博物馆课程则以"主题—探究—表现"模式为主，博物馆课程是一种以学生主体性活动经验为中心的经验性课程。

（四）主题性

从课程主题的来源来看，小学博物馆课程是以博物馆的特色馆藏资源为主题的一种课程，其基础来源于博物馆丰富的馆藏资源。小学博物馆课程通常是围绕博物馆的馆藏资源设计一系列的教学活动，依据博物馆的主题组织课程资源，设计课程内容。以主题为指导开展课程设计打破了学校以学科为界限组织课程的壁垒，是相对较为完整的课程组织形式。博物馆课程的开发和设计是以博物馆内的资源为依托而设计的，有鲜明的主题性，博物馆课程的内容也是与博物馆的资源主题相契合的，博物馆课程能够体现博物馆馆藏资源的特色，能与博物馆内的历史、文化、科学等展品进行结合，这些展品的特点是博物馆课程主题确定的基础。

（五）整合性

从博物馆课程的组织模式来看，小学博物馆课程是一种跨学科整合的综合课程。博物馆课程的组织不是以学科为中心的，而是通过多个学科的交叉渗透，实现课程的整合，注重学生的主体发展以及社会的实际需要。《教育部关于全面深化课程改革落实立德树人根本任务的意见》中提出，要"统筹各学科，特别是德育、语文、历史、体育、艺术等学科……加强学科间的相互配合，发挥综合育人功能，不断提高学生综合运用知识解决实际问题的能力"。自2016年核心素养概念提出以来，便引领了教育发展改革，课程目标从知识

---

① 夏正江：《论课程观的转型及其对新课改的影响》，《课程·教材·教法》，2005年第3期，第8页。

的传递变为核心素养的发展，且强调学生发展的连续性和完整性。这种导向促进了课程内容的变革，加强了基于实际问题跨学科组织课程内容的变革。博物馆课程作为一种新型的课程，具有非常强的整合性、适应性和生命力。一方面，从课程内容体系来看，博物馆课程可遵循综合实践课程的标准或者研学旅行课程标准，而非作为学校课程的对立面被忽略；另一方面，从课程的内容来看，博物馆课程突破了学科课程之间壁垒，促进了不同学科之间知识的关联，从学生的基础和兴趣出发，基于真实的问题组织跨学科的内容，注重知识的综合运用。博物馆里的藏品是进行课程设计的基础，通过实物把各个学科的知识关联起来。博物馆里的藏品具有科学、艺术、人文、教育等多方面的价值，本身就涵盖了多个学科领域的知识。因此，博物馆在设计课程时需要将不同学科的知识围绕展品进行统整，促进知识在不同学科之间的渗透。

（六）交互性

从博物馆课程的实施层面来看，博物馆课程有鲜明的互动性特点。学习者在博物馆中通过与展品、环境以及博物馆的其他人之间的互动获取知识和经验。首先，学习者与学习者之间的互动是平等的，在博物馆中不论是学生、教师、家长、专家，抑或是博物馆的工作人员，他们都以平等的身份在进行沟通和交流，而不是像在学校中教师指导学生那样。在学校中教师是学习的主导者，在博物馆中教师与学生是平等的，学生不再是被动的参与者。博物馆教育的顺利实施需要学生、教师、家长等多方面主体的参与，不同主体之间的对话和交流是博物馆教育的重要一环，对博物馆课程的实施起到了至关重要的作用。实践研究证明，博物馆内的有效交流能够促进学生学习效率的提高，学习者之间有效互动越多，学习的效果就越好。其次，学习者还可以与博物馆内的展品进行交互，这些展品包括历史文物、实物、动物、模型器具等，学生通过与博物馆内的展品互动，可以获得直接的经验及体验，在动手操作和参与博物馆活动的过程中能够获得大量的经验，促进自己知识结构的更新。最后，在博物馆教育中，知识是情境性的，学习者在博物馆的情境中与环境、人、物等进行交互获得知识，知识的获取就是学习者与博物馆环境之间进行交互的结果。知识根植于具体的情境，学生只有在真实的富有教育性的情境中才能真正掌握知识，进而运用到真实的社会生活之中，而博物馆具备真实、生动、鲜活的特征，为学生知识的习得提供了真实的环境，有利于学习者的发展。

第二节 博物馆课程内容设计的原则与思路

在结合博物馆教育与课程开发基本理论的基础上,探索博物馆课程开发的实践原则与框架是开发博物馆课程的必要环节。

锦官城小学博物馆课程是一门基于博物馆内部藏品资源的跨学科的课程,可以借鉴课程统整理论及其若干课程设计的原则,立足以主题为中心,以问题为导向,同时也要立足于博物馆本身具有的馆藏资源,充分发挥博物馆教育的参与性及实践性。

一、博物馆课程内容设计的原则

(一)聚焦课程主题,打破学科界限

与学校里的分科课程相比,锦官城小学的博物馆课程本身是跨越学科界限的,其涉及多个学科知识的综合运用。聚焦主题的博物馆课程开发致力于将系统的不同学科的知识与博物馆的具体学习情境统整起来,为学生还原一个更加完整的真实生活世界,帮助学生获得完整的社会经验。聚焦主题意味着课程主题要贯穿于课程开发的始终。在前期要围绕选择主题,在中期要认识主题,再到后期还要回归主题,三个主题是缺一不可的,形成了完整的"点—线—面"网络;同时,知识的工具性价值是非常重要的,即知识的价值是帮助学生探索主题学习,而并不是取决于其在本学科知识体系之内的地位。只有这样,才能避免因拼凑学科知识而导致的"学太多",或者因为刻意强调学科知识的独特性导致的"太难学",以及因为学习时间紧张而导致的"学得累"的现象。总而言之,需要改变围绕"资源为中心"的传统博物馆教育定式,转向围绕"主题中心"的"用馆藏资源学习"形式。

(二)立足于馆藏资源,整合多元教育资源

博物馆承担着保护人类重要文化遗产的重要责任,是全人类的"物质与非

物质遗产"[1]。从"遗产"的角度来看，博物馆的馆藏资源具有非常高的文化价值，它让观众了解人类的发展历史，理解现实的世界并展望未来的发展，为博物馆赋予了"温度"。同时，丰富的馆藏资源也让博物馆有了教育的"厚度"，因为馆藏资源不仅仅是单纯的物体，还是能够体现人类发展历程、彰显教育价值的重要实物。每个参观者带着自身已有的经验来到博物馆中进行学习，会给他们所见之物注入新的内容和另一层含义[2]。但是丰富的馆藏资源并不等同于博物馆为参观者提供了优质的参观课程。从博物馆课程资源的角度来看，博物馆课程的开发还要整合多元教育资源才能更好地服务于博物馆的教育，如教育技术支撑（现代信息技术）、学习环境设计（布展与藏品陈列），还可以引进匠人讲解，进行"活态"展示。

（三）以问题为导向，创设沉浸式的学习环境

传统的博物馆教育主要是以"告诉"与"被告诉"模式为支撑的"灌输式"教育方法，这种模式与真实的问题情境相脱离。在强调发挥学生主体性的教育背景下，往往只有依据学生真实的现实生活经验以及遇到的各类问题进行组织，引导学生在博物馆中还原真实情境，才能更好地达到预期的教育目的。因此，基于问题为导向是锦官城小学博物馆课程开发需要遵循的重要原则。"基于问题的学习"（Problem-Based Learning），将学生置身于真实的问题情境，让学生可以专注于思考解决问题的方法与过程，通过探究性的学习，建构知识体系。需要指出的是，以问题为导向的学习需要在学科知识的系统性以及解决问题的综合性、随机性之间进行协调，各学科的知识能够互相交叠，使得学生在解决问题的时候综合运用。此外，也可以将问题以丰富的"学习单"（worksheet）的形式呈现给学生，围绕博物馆学习的主题设计针对性的任务清单，任务清单为学生提供需要解决的问题。这些问题难度适中，能激发学生的求知欲，具有较高的探索性，有助于激发学生学习兴趣，调动学习动机，让学生主动参与学习。同时，教师要对学生解决问题的过程进行跟踪和分析，帮助学生反思已学过的知识，加深学生对已有知识系统的理解。

---

[1] 宋向光：《知识生产者，抑或遗产守护者？——博物馆藏品的内涵及定义》，《博物院》，2018年第4期，第53页。

[2] American Association of Museums. Excellence and equity: Education and the public dimension of museums. Washington D C.: American Association of Museums，1992.

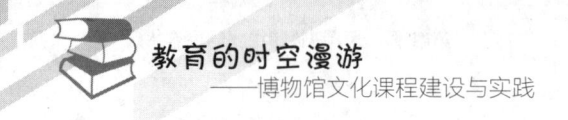

（四）以实践为方式，支持学生的具身认知

教育是一种实践性的活动，博物馆需要依据教育的实践性原则，让学生通过亲身的实践体验认识世界。但是博物馆参观者的学习大多数是以"看"的方式而进行的，仅仅通过观察的学习行为无疑是窄化了博物馆学习的外延。一方面，博物馆是具有沟通属性的，依靠藏品的非词汇语言以及可观察的属性，这种非词汇语言虽以视觉语言优先，但也可以进一步转换成听觉和触觉语言[①]。另一方面，有研究证明，听觉的记忆效果是高于视觉的记忆效果的。人类身体的感觉形势是多种多样的，除了视觉，还有触觉、味觉、听觉、嗅觉等感觉。因此，开发博物馆课程不能仅仅给学习者提供视觉刺激，还可以通过讲故事或者提问题的方式与学习者进行互动，或者通过各种各样的复制品增强学习者的触觉体验。换而言之，让学习者的"身体"多个感官参与到课程之中，增强学习者的课程体验，丰富学习的基本途径。

（五）立足学生认知水平，选择适当课程内容

从博物馆课程的性质来看，其在学校课程的架构里属于拓展性课程，是一种非正式学习，它没有像基础性课程那样制定的课程标准，所以课程开发的空间更大，更自由。这就要求锦官城小学在课程的开发中，更要注意不能脱离学生的认知规律。课程设计不能忽视学生现有的认知水平，应该基于学生的学情，了解学生的学习基础，学生现在有哪些知识储备，期望学习哪些知识，根据学生的学习基础、年龄特征设计不同的课程内容。只有这样的课程，才能被学生接受，才能调动起学生的学习动力，使学生的学习更有意义，更加高效。

（六）创新设计形式，激发学生兴趣

"兴趣是最好的老师。"当学生对学习内容产生兴趣时才会对学习本身激发较大的热情，激发学生求知欲，更加主动地参与到课程学习之中。锦官城小学博物馆课程设计要重视其内容的有趣性，借助馆内丰富的藏品资源，寻找到与学生生活息息相关的内容，设计形式多样化，生动有趣的课程，激发学生的学习内驱力，从而学会用所学知识解决问题，增强学生自信心，凸显课程的价值。

---

① Cameron D F. A Viewpoint: The Museum as a Communications System and Implications for Museum Education1. Curator: The Museum Journal, 1968, 11 (1).

（七）促进学生高阶思维发展，培养学生多元智能

在锦官城小学博物馆课程中，学生在教师的带领下进行博物馆的参观、记录、讨论、分享活动，其结果是多元化的。这样的课程学习除了让学生对馆内相关馆藏知识习得外，更应该让学生体验较高认知水平层次上的心智活动，获得高认知水平的认知能力。课程中，应该培养学生的探究能力，促进学生参与科学推理并使用科学语言及工具。所以博物馆课程开发要富于启发性、探究性，不能停留在浅层的游戏、热闹的活动中，而是要学生动手、动脑、动心。

锦官城小学博物馆课程的设计注重促进学生多元智能的开发，通过课程的实施，学生的多元智能得到发展，培养学生发现问题、分析问题、解决问题的能力，发展学生团队合作的能力。博物馆是一个开放的学习环境，在博物馆环境中，每个学习者都是独立的，环境不仅影响学习者在博物馆中的学习，也促进不同学习者个体之间的交互，促进团队学习的发生。

二、博物馆课程内容开发的思路

（一）博物馆课程开发的两个方向

锦官城小学博物馆课程建设中最基本的理念，就是把学校博物馆当成未知世界来开发。开发的方式可以是纵向开发、横向开发两种。

1. 馆校文化的纵向开发

以锦官城小学钱币博物馆为例，以时间为轴进行课程开发。第一，各学科钱币文化的演变历史、发展规律与社会、政治、经济、文化的关系。第二，某一种钱币文化演变的背景、历史与社会、政治、经济、文化的关系。第三，从现代的视角来看，这些古代钱币有什么样的特征？

2. 馆校文化的横向开发

以锦官城小学钱币博物馆为例，通过对钱币文化要素选择整理，挖掘特色课程元素，开发特色课程。比如，钱币所属的朝代、产生的背景、钱币的形状材质等都属于课程元素。锦官城小学在综合实践课程中，把钱币文化作为学生探究的点来进行研究，并将特色课程元素融入其他学科课程体系（文化跨学科实施），丰富课程内容，不仅扩大学校传承与创新民族文化的范围，也增强民族文化自信心。比如，在语文课中研究钱币文化，首先引导学生多渠道收集相关资料，其次进行资料整理，最后将收集到的大量资料进行一个整合式的阅

览，这就是跨学科的实施方式。这种跨学科的学习方式对学生核心素养的形成非常有利。

(二) 博物馆课程开发的五个环节

博物馆课程的开发主要包括五个环节（如图4-1所示）。首先，锦官城小学基于地域文化及学校校情、学生学情，确定博物馆主题，这些博物馆可以是学校已建成的实体馆，也可以是学校计划建设的未来馆。其次，选择馆内资源，确定课程内容及目标，进行课程开发。如果是计划建设的未来馆，我们则是在课程学习的过程中，进行主题馆的建设，使博物馆可以成为课程学习成果的一部分。在确定了课程内容及目标的情况下，我们让学生参与进来，听取学生意见，了解学生需求，满足学生合理要求并引领学生进行课程学习。最后，采用评价量表进行课程评价，评价的内容通过海报、模型制作、演讲等各种形式呈现，评价的方式包括教师评价、学生自评和互评、家长评价等。

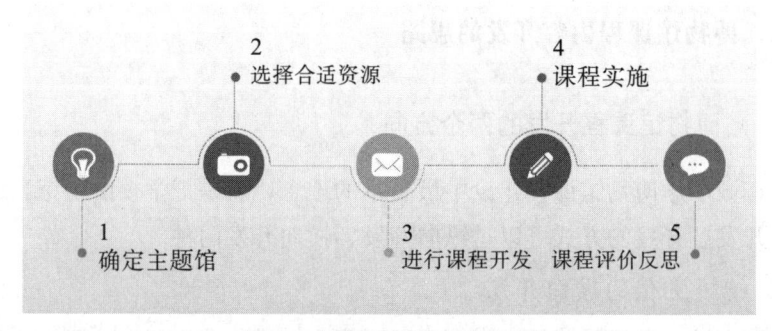

图4-1 课程横向开发环节

(三) 博物馆课程设计的框架

在锦官城小学博物馆课程的开发中，每个博物馆的课程学习内容及目标存在一定差别，设计的形式、内容各有特色，没有固定的模式，即使同一个博物馆，不同的展区、不同的目标也会导致课程开发者设计出不同的课程内容。我们的课程活动设计包含以下几个板块（如图4-2所示）。

适用年级	建议时长	场馆简介
学校学习分析	相关学科	课程结构图
课程目标	学习过程	学习评价

图 4-2　课程活动设计九大板块

锦官城小学博物馆的课程活动是一项系统性的工程，博物馆课程的设计是一个复杂的过程，需要统筹各方面的资源，优化组合教育要素，最大限度地让博物馆内的资源发挥其教育价值，促进学生的有效学习。本设计框架从学生学情出发，借助博物馆的主要馆藏及教育功能，设计课程活动，其中"学校学习分析"是指相关教材内容、学生学情分析及学习需求分析；"课程目标"是从学科目标（结合相关课程标准）和通用素养（主要包括文化理解、批判思维、创新创造、沟通交流、团结协作等）这两方面来设定；"学习过程"包括"前置学习""博物馆学习""后续学习"三个方面；"学习评价"采用学习量表进行。

锦官城小学博物馆课程的开发，需要对博物馆内的各类资源进行筛选和统筹，依据学生的学习情况从课程目标、内容、实施和评价等方面进行设计，促进学校教育和博物馆教育之间的协同，创新学校育人方式，提升学校育人能力。首先，博物馆课程需要设计正确的课程目标，博物馆课程的开发首先需要明确通过博物馆课程培养"什么样的人"。对于学校而言，博物馆课程是学校课程的有效补充，博物馆课程的开发应该与学校的教育理念、课程理念相融合，融入博物馆课程的育人目标中。博物馆课程目标的设计需要遵循新时代构建高质量教育发展体系的内在需要，将新课标的要求同发展学生核心素养的需要相结合。其次，要充分利用和开发博物馆课程资源。博物馆内的展品等资源是课程开发的重要资源，为博物馆课程的实施提供了保障，其开发过程涉及资源筛选、整合、整理、转化等一系列过程，需要在课程开发框架中给出明确路径。

（四）博物馆课程的课程资源加工

锦官城小学博物馆课程的开发，需要遵循顶层设计的理念，以系统的、全

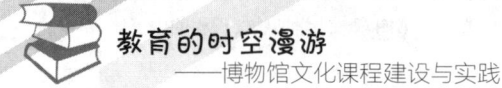

局的思维来谋划整个实践行动。科学有效的博物馆课程开发既需要明确的课程开发框架，还需要有导向的课程评价。小学博物馆课程的开发涉及多方利益的行动，除了学校和博物馆深度参加，还需要家庭、社会以及专家配合。在课程开发的过程中需要多方主体的参与，仅仅依靠学校教师、博物馆工作人员，抑或是相关领域的专家是不够的，要将博物馆内的学术性材料转化成为课程内容，需要各方面主体的参与，并通过多方主体的集体审议才能实现。小学博物馆课程的开发涉及不同难易程度的课程问题，需要多方参与才能解决问题。在课程资源的加工之中，每个课程开发的主体需要明确自己的职责，这是博物馆课程开发的基础，也是评价博物馆课程开发质量的重要依据。

锦官城小学的博物馆不仅需要为学校提供优良的教育资源，还要为教师提供相应的培训，帮助教师更好地开发课程。学校在开发博物馆课程时不是一味地复制、宣传博物馆的展品，而需要将学校的办学理念、课程理念、教育使命、教育目标融入课程开发，并组织教师依据学生的认知基础开发相应的博物馆课程。学校应该成为博物馆课程开发的主力军，在课程目标设计、课程资源遴选、课程内容组织和课程评价措施制定等方面发挥主导作用。学校教师是课程开发的专业人员，具备较高的专业能力来开发博物馆课程，教师应该主动承担收集相关信息，学生发展需求，并运用自己的专业教育知识合理地开发设计课程。博物馆的工作人员和专家也应该时刻关注教育改革发展的前沿、课程改革的动向，明确学生的教育需求，分享博物馆内的各类资源信息，并为教师进行细致的讲解，辅助教师开发相关博物馆课程。家庭和社区也要作为重要的参与者积极配合博物馆课程的开发与实施，为博物馆课程的开发提供力所能及的帮助。因此，来自博物馆、学校、社区、家庭的多方面主体都需要参与到博物馆课程的开发之中，既要明确自己的责任，也要参与对课程的审议。

通过课程化的加工，博物馆内的各类实物资源、图片文字资源、博物馆环境资源，科技与文化资源能够得到有效的利用，这些资源经过课程化加工成为有效的课程活动的可利用资源。博物馆的资源纳入课程开发的范畴，一般需要经历课程资源筛选—课程资源整合—课程资源转化三个加工步骤。只有经过课程化的加工才能将课程资源真正的有效利用，融入学校的教育体系中，充分发挥其育人价值。

1. 筛选博物馆课程资源

影响博物馆课程资源筛选的有很多因素，其中主要包括学生学习兴趣、课程的目标定位以及课程开展的实际条件等。博物馆课程资源的筛选就是选择博物馆中有开发价值和教育价值的相关资源。筛选能被用来开发博物馆课程的资源是进行博物馆课程开发的第一步。开发小学博物馆课程必须对学校周边和社区的资源进行调查，了解学校周边及社区的资源能够多大程度满足学生的学习需求。从操作层面讲，首先要调查学校周边博物馆的资源，了解博物馆资源的基本情况。其次，对学校教师来讲，教师也许对学校里的教育教学情况熟悉，但是对博物馆内的各类展品、博物馆环境是陌生的，教师要想开发高质量的博物馆课程就需要对博物馆内的课程资源有详细的了解。因此，教师在开发博物馆课程之前，需要通过实地调查、专题讲座，与博物馆工作人员沟通等方式对博物馆资源进行详细摸底，详细了解博物馆内展品的历史背景、专业知识、基本原理和主要特点等。再次，教师需要对博物馆内的资源进行筛选。"需求评估是对信息进行收集和分析的过程，其目的是明确个体、群体、机构或社会等的需求，是确定课程需求的主要方法之一。"[①] 小学的博物馆课程是以学生为中心，围绕学生的兴趣爱好以及学习需求进行开发和实施。不过，教师除了需要考虑小学生的身心发展规律、本校学生的兴趣爱好，还需要结合课程目标以及学校开发此课程的基础条件选择博物馆课程资源。因此，教师在筛选博物馆课程资源时，多方面、多角度对课程需求进行评估，以便确定学生的课程需求，筛选合适的课程资源。

2. 整合博物馆课程资源

博物馆课程资源整合的本质就是发现博物馆课程与其他学科课程及社会等方面的内在联系，并依据博物馆资源与它们之间的关系梳理课程的脉络、逻辑、线索等，接着进行主题化、系统化地加工。如果课程资源没有经过整合就会十分零散、凌乱、碎片化，缺乏基本的课程逻辑。因此，整合课程资源需要梳理清楚不同课程资源之间的内在关系，这样能够促进课程资源的转化和有效利用。从博物馆课程资源的整合的时空来看，一是可以整合单个博物馆内的资源，二是可以整合不同博物馆之间的资源，三是整合学校和博物馆之间的资源。开展博物馆资源的整合就是对有教育价值的资源进行归类统整。比如，可以依据资源主题、自身属性、学科类别、年代等方式对博物馆的资源进行归类，寻找博物馆内资源的联系并进行整合。每个博物馆的藏品都有自己的侧重点和特点，不同博物馆之间的资源有不同的侧重点，仅仅是一个博物馆的资源无法充分满足博物馆课程开发的需求，所以需要整合多个博物馆的资源，对课程资源进行统整，将不同博物馆的资源相结合，按照一定的逻辑综合利用开发

---

① 施良方：《课程理论——课程的基础、原理与问题》，教育科学出版社，1999年，第103页。

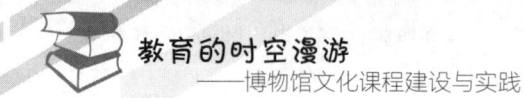

课程。馆校之间的资源整合指的是对博物馆资源、学校学科课程、学校师生资源、学校家长资源、学校所在的社区资源进行统整。比如，成都锦官城小学将博物馆资源同学科课程进行统整，可以依据博物馆资源的特性，挖掘展品与科学、语文、数学、历史、地理、艺术等学科的契合点，挖掘博物馆资源的学科价值，围绕学生感兴趣的话题，依据学生开展学习的基础，基于现实社会迫切需要解决的问题，来探寻如何将博物馆资源和不同的学科进行整合，探究博物馆资源与不同学科的概念内涵、科学理论和基本规律之间的契合，然后再依据学科教学的逻辑和课程开发的逻辑对博物馆课程资源进行统整、梳理。

3. 转化博物馆课程资源

博物馆课程资源转化主要包括相关资源的课程化加工和依据学习者学习水平进行适当化调整的两个过程。博物馆资源的课程化加工指的是按照课程开发设计的逻辑，将博物馆资源纳入课程中，并开发成为学习者可以使用的课程。博物馆课程资源可以通过"过程改编"和"文本转换"两种方法进行课程化加工[①]。"过程改编"不改编博物馆展品的既定性质，直接将博物馆内的展览、解说以及各个活动整合到博物馆课程之中，让博物馆内举行的活动自然而然地成为课程实施的一个组成部分。"文本转换"指的是深入挖掘博物馆展品的科学、艺术与人文价值，将其以文本的方式进行呈现，编写成为具有一定层次、逻辑的文本学习材料或者是学习清单等。此外，由于博物馆的开放性，博物馆的展览、藏品的整体知识难度和水平不单纯针对某一个学段的学生设计，在设计不同学段的博物馆课程时不能按照同一个模板进行课程设计。针对不同学段的学生应该具体分析学生的认知发展水平、已经储备的知识基础、学习兴趣和习惯，以及实际学习情况进行博物馆资源的转化。尤其是，当博物馆资源本身具有一定的难度并且超出了学生可以理解的范畴，那么就需要对课程资源进行加工和处理，降低难度用学生可以理解能够接受的语言进行描述，转化成为学生的认知水平能够接受的课程，始终保持所提供的教学和学习材料都不会逾越学生的认知发展水平，保证学习材料的难度适应于学生的知识程度。

---

① 王乐、刘春香：《论综合实践活动课程资源开发的博物馆场域》，《天津师范大学学报（基础教育版）》，2014年第3期，第40页。

第三节 基于地域与学校的课程架构

地域文化作为地区传统文化、生活、精神观念的结晶，是本地区不可磨灭的宝贵精神财富。地域文化不仅对地域的政治、经济有着很大的影响，还能持续推动地域的繁荣发展和进步，也对在本地域成长的人有着巨大的影响。地域文化作为显性或隐性的内容影响着该地域内个体的生活，每一个生长在此地域的个体都浸润在地域文化的氛围里并逐渐形成有别于其他个体的独特精神面貌与气质。身处在这一地域文化中的成员，有着传承地方优秀文化，挖掘其内涵，使其生生不息的不可推卸的责任，身处其中的学校更肩负着这一历史使命。

锦官城小学坐落在古蜀天坛——羊子山古祭台之上，紧邻以司马相如励志故事而闻名古今的驷马桥。学校坐拥丰富本土历史文化资源，学生需要接受深厚历史文化的哺育，从而建立"知识自信、智慧自信和文化自信"。基于这样的地域文化以及学校特色，博物馆建设整体框架如图4-3所示。

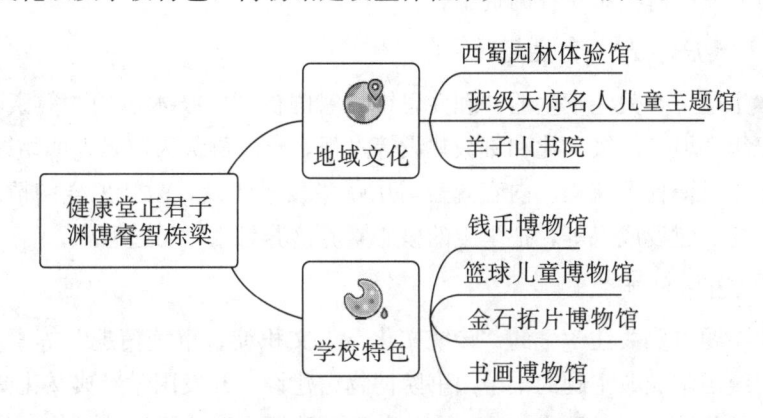

健康堂正君子 渊博睿智栋梁
- 地域文化
  - 西蜀园林体验馆
  - 班级天府名人儿童主题馆
  - 羊子山书院
- 学校特色
  - 钱币博物馆
  - 篮球儿童博物馆
  - 金石拓片博物馆
  - 书画博物馆

图4-3 锦官城小学博物馆课程内容框架

基于地域文化，锦官城小学建设了"西蜀园林体验馆""班级天府名人儿童主题馆""羊子山书院"。"西蜀园林体验馆"融入川西民居文化元素，以青砖、雕花装饰，整个体验馆布局自然，格调清旷，意境文雅。"班级天府名人儿童主题馆"的建设，学校充分利用班级教室，将名人文化、名人精神融入班级文化，学生在建馆的过程中，将德育潜移默化地内化于心。"羊子山书院"是借助羊子山古祭台这得天独厚的地理优势所建设的融合天府文化和传统文化

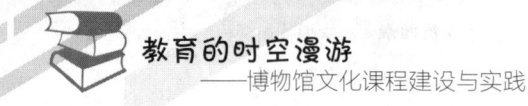

的博物馆。

基于学校特色，锦官城小学建设"篮球儿童主题博物馆"，在体育馆内打造篮球文化展示区，以书法教育为特色建设的名家"邓乃斌书画艺术馆""师生书画馆"，以及促进学生财商养成的"钱币博物馆"等。

一、多样态的博物馆建设路径

（一）主题选择与确定

锦官城小学的博物馆课程建设，一要基于地域文化和校情，以学生为中心，以培养学生核心素养为目标进行建设。二要结合学科教学，规划建设博物馆，并依托博物馆开设课程。目前，建设博物馆式的学校或者建设学校博物馆，在学校主题的选择与确定上，一是基于地域文化，二是考量学校现实，三是围绕核心素养，四是立足儿童视野。

1. 西蜀园林主题

本主题主要关注学生的"人文积淀、审美情趣、劳动意识"等素养培养。通过校园外显的建筑样态，内置布局样式，以体现西蜀园林主题特色的方式，建成可开发成博物馆课程的资源。

2. 天府名人文化主题

本主题主要关注学生的"理性思维、家国认同、技术运用"等素养培养。通过班级环境、班级文化和班级建设等过程，建设班级天府名人博物馆，以此开发班级博物馆课程。内容涵盖运用哪些技术建设，激活怎样的情感体验，规划怎样的建设成果等，把学生的核心素养培养融入学习过程中。

3. 国学经典主题

本主题主要关注学生的"传统文化、人文积淀、审美情趣"等素养培养。通过传统国学经典主题的羊子山书院博物馆建设，开发国学经典文化博物馆课程，连接传统礼仪、历史文化、人物传记、诗词歌赋、书法艺术等，延展学科学习、厚植文化自信。

4. 钱币世界主题

本主题主要关注学生的"信息意识、自我管理、技术运用"等素养培养。通过钱币博物馆的建设，开发钱币博物馆"财商课程"，连接智育课程。从古今中外的钱币发展、钱币认识、钱币包含的历史与文化、钱币制作的过程与方法等，把学生带入钱币的宏达视野中，以此培养学生的"财情"能力基石。

5. 篮球运动主题

本主题主要关注学生的"强健体魄、健康生活、生命运动"等素养培养。通过篮球场主题博物馆的建设，开发博物馆篮球运动课程，连接体育课程。在运动意义、运动人物、运动锻炼、文化历史、中外篮球运动等建设过程中，把学生健康的生活情趣融入其中。

6. 金石拓片主题

本主题主要关注学生的"审美情趣、勇于探究、学会学习"等素养培养。通过非遗博物主题"金石拓片"专项博物馆的建设，开发拓片课程，连接美术课程、发展美育。从拓包的制作、拓片作品的制作、拓片与板画、木刻、拓片工艺、拓片的创作等过程的学习，培养学生的探究、审美和动手等能力。

7. 书画主题

本主题主要关注学生的"乐学善学、审美情趣、家国认同"等素养培养。以书画家书法博物馆、师生书画博物馆这样的专项博物馆建设，连接美术学科，体现美育培养，开发书画主题课程，发展学生的审美素养。

（二）学校博物馆课程建设的主体

根据学校不同主题的博物馆，锦官城小学分为以下几种建设主体，具体方式有如下几个方面。

1. 学校主体，学生参与

学校作为建设主体，寻找相关资源内容，按照博物馆标准进行建设，学生参与课程的学习。例如，金石拓片博物馆和邓乃斌书画馆。锦官城小学邀请校外人士，将相关文物和作品引进校园馆内，学生可以亲手触摸文物，感知文物，参与讲座。然后，再由课程教师设计课程，学生参与学习。

2. 学生主体，教师指导

学生自主建设，在课程学习的同时建馆，博物馆作为学生学习的成果。例如，即将建设的数学学习体验馆和篮球儿童博物馆。这种博物馆方式更加灵活，将建馆与课程学习同时进行，博物馆是学生学习的资源载体，同时也是学生课程的终极成果。在馆内，师生可以根据学习的需要增补资源，课程的学习基于儿童的特点，贴近学校教学需求，一方面满足了学生的好奇心和探索欲，另一方面也培养了学生的核心素养。

3. 班级主体，学生主建

以班级为单位，班主任及学科教师参与指导，以儿童的视角进行班级博物

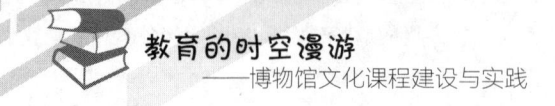

馆建设。例如，班级天府名人主题儿童馆。这个博物馆与其他集中展示馆有所不同，它分布于学校各个班级，目前学校有44个教学班，每个班级选择一个天府名人进行展示，学生在教师的指导下依托名人本身的品质和精神挖掘提炼出班级文化理念，在班级里呈现与名人相关的素材。根据学生不同的年龄段设置不同的课程学习目标，比如，低段初步认识名人，收集材料；中段开设名人传记或者对人物进行深入学习；高段则是名人之间的交流，对外展示，了解更多的名人。班级文化的建设就是名人馆的建设，最后学生将这个名人的品质进行对接，实现锦官城小学的育人目标。

二、博物馆课程的空间建设

（一）固定的教室

在学校里，学生听课学习的教室，承载某些功能的功能室——科学室、美术室、音乐室等，都可以作为博物馆的建设空间。例如，锦官城小学的篮球儿童博物馆建在体育馆内，学生以学习任务单的方式进行篮球知识学习，将所学成果以手抄报、作文、绘画等方式在馆内展示分享；学校中的羊子山书院则是使用了国学功能室。学校还设置了"班级天府名人主题儿童馆"，全校共计44个班，每个班选择一位天府名人，了解其人生经历，挖掘名人精神。

（二）灵活的空间

除了采用教室作为建设博物馆的空间外，锦官城小学的建设空间选择上还具有自由性和灵活性。例如，建设"农事儿童体验馆"，我们选择楼顶的空间，经过规划和课程学习，赋予此空间的课程功能和非正式学习功能；又如，将学校小花园建成"西蜀园林体验馆"，学校连廊、操场角落、楼梯墙面等都可以成为建设儿童博物馆的空间。

第五章
小学博物馆课程的创新实施

如何科学、系统、高效地实施小学博物馆课程是困扰锦官城小学多年的问题。锦官城小学基于多年的探索，逐步形成了一些有效的做法与经验。学校通过项目式学习开展博物馆教育，为博物馆学习设计主题学习单，帮助学生开展主题式学习。在博物馆学习空间打造方面，锦官城小学将自身打造成为一所博物馆式的学校，积极创造"润物无声"的育人环境。

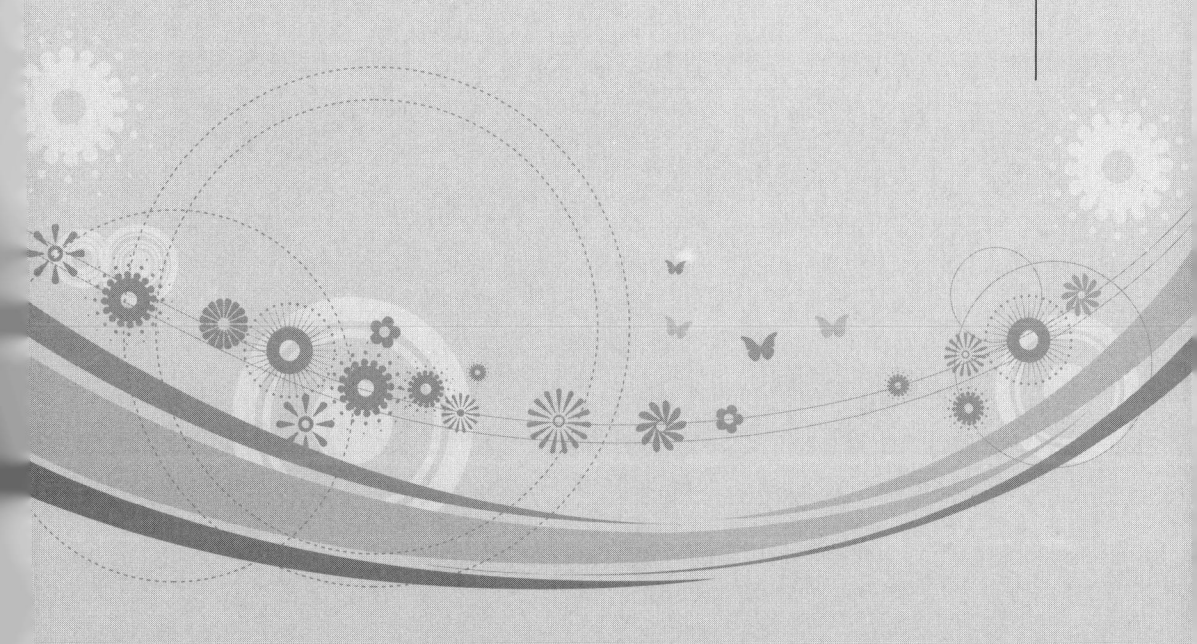

第一节　主题项目式学习

一、项目式学习的内涵及特点

项目式学习又被称为"PBL"（Project-Based Learning），不仅在美国、英国、法国、日本、新加坡等国家被广泛应用，在很多发展中国家也被普遍推广。部分国家从初中开始到大学或者职业院校设置了相互衔接的 PBL 课程。项目式学习最开始被引入我国的时候，主张通过"构想、验证、完善、制造出某种项目成果"，学习的成果主要体现在学生于项目中获得了哪种发现，基于问题的学习模式被我国教育界广泛认可和使用。近些年来学界在基础教育的学科教学中探索如何开展项目式学习，通过实践研究证明，PBL 项目式学习能够促进学生对各学科知识的综合运用，对于发展不同学段学生的核心素养以及促进学生在某学科特长方面的能力发展具有良好的促进作用。

（一）项目式学习的内涵

人们对于项目式学习内涵的理解，是随着对其适用范围、适用方向、适用学生群体及其运用在教育教学时的基本规律的研究而逐渐加深的，并被运用于不同的学科学习。项目式学习有以下几个方面核心要素。

1. 项目式学习具有问题性

项目式学习始于驱动性的问题，通过驱动性问题激发学生参与学习活动的动机。驱动性问题依据课程标准以及发展学生核心素养的相关要求设计，既能调动学生参与学习活动的兴趣，也能体现对学生所需要学会的知识与技能的基本要求，同时又能促进学生核心素养的发展。

2. 项目式学习具有合作性

在项目式学习的开发阶段，所有参与项目式学习的人共同合作，打造一个

学习共同体。基于真实问题设计课程目标、教学活动和课程实施方式。在项目式学习的实施阶段，参与人员通过合作对驱动性问题进行分析，合作解决问题。

3. 项目式学习具有探究性

项目式学习有很强的探究性，强调引导学生探究生活中的真实问题。学生在解决问题的过程中可以收集资料，制定研究方案，通过实践论证自己的方案，得到结论后对比自己预设的结果，形成自己对问题的认识和理解。

4. 项目式学习具有真实性

项目式学习都是从学生的真实经验和基础出发，基于真实生活情境，能够加深学生对抽象知识的理解，将抽象的知识与真实的生活联系起来，提升学生联系生活实际解决真实问题的能力。

5. 评价的过程性和结果性

项目式学习的结果常常是以报告、作品或实作的设计成果呈现的，教师通常通过学生呈现的项目成果来判断学生在项目学习中对知识以及基本概念的掌握情况，并观察学生解决问题能力的发展情况，以及在解决问题的过程中创新、创造能力的发展情况。

项目式学习的开展是一个系统性的过程，包括设计驱动性问题、规划项目式学习的评价措施以及如何开展项目管理，从而形成一个闭环的教学系统。因此，需要结合项目式学习的目标及学习方式，在实施过程中有针对性地采取相对应的评价办法，对学生在项目式学习中的表现进行评价。从项目式学习的种种特征出发，在课堂上开展项目式学习就是以课程标准为指导，以真实问题为驱动，以小组合作为学习方式，以探究性学习为主要特征，从而加深对所有学科的基本知识和基本概念的理解，提高学生解决问题的能力，提升学生的创新意识。对教师来说，开展项目式学习是对传统教学的一种变革，从传统的以教师为主导的讲授型课堂变成了由学生为主导的探究性的课堂。在项目式学习的课堂里，学生变被动的知识接受者成为主动学习者。

（二）项目式学习的必要性

在学校的课堂教学中开展项目式学习具有十分重要的意义，可以通过项目式学习设计具有挑战性和探究性的任务，并与学生在学校所学习到的学科相关联，让学生全身心参与项目式学习，在项目式学习中体会探究的乐趣，获得探究的经验，最终学生的核心素养得到发展。开展项目式学习对于激发学生学习兴趣，充分调动学生的学习动机具有十分明显的促进作用。同时，也能够引导学生在面对具体的问题时善于思考、善于分析、善于探究、善于实践，通过实际行动解决问题的能力，有助于学生突破传统思维的禁锢，有利于学生批判性思维和探究性思维的发展。学生在查找资料、表达思考、与同伴合作解决问题的过程中合作能力也得到了发展，也能帮助教师及时发现学生在解决问题的过程中存在的缺点，并对学生提供针对性的指导。

1. 项目式学习有助于学生科学精神和人文底蕴的培养

科学精神和人文底蕴是学生发展核心素养的重要组成部分。项目式学习倡导基于问题设计学习过程。在项目式学习中，没有固定的思路和方法，学习素材的选择以及研究方案的制定都没有统一的模板或参考模式。学生在解决问题的过程中自行组织探究过程，根据解决问题的需要自行收集材料，针对问题进行探究。项目式学习对学生提出了较高的要求，需要学生具有一定的科学探究素养，以及发现问题、分析问题、解决问题的基本能力，了解探究性学习的基本过程与方法，合理地运用自己所学的各学科的知识以及规则，养成良好的科学探究习惯。由此可见，项目式学习是十分有利于培养学生的科学精神的。同时，学生在解决问题和进行探究性学习的过程中并非独自进行探究，还需要跟同伴合作。学生在解决问题的过程中也在不断建构自己的认知体系，并对之前的认知体系产生怀疑进行批判，在反思与批判自我的过程中也在审视人类发展历史及自身成长历程。由此可见，相对于传统的由教师主导讲授、学生听讲的学习模式，项目式学习在培养学生的问题意识、价值判断能力、探究能力、合作学习能力和创新实践能力等方面有着天然的优势，能够促进学生健全人格的形成。

2. 项目式学习有助于发展学生核心素养和学科能力

在传统的课堂教学模式中，基本目标是让学生掌握基本的知识与技能，了解基本的科学原理，并不是真实的事物本身。项目式学习则有很大区别，主要目标并非是掌握一个基本的知识与技能，而是基于问题综合运用自己所学的知识解决复杂的问题，不是刻板的机械记忆。因此，项目式学习有基本目标和高级目标两个层次的目标。基本目标是培养学生的认知能力和实践能力，学生在参与探究性活动的过程中，综合运用自己所学过的知识，将书本上陈述性的知识通过自己的探究和实践变成可操作的知识，从而真正掌握和运用所学过的知识。高级目标是在探究的过程中促进自身高阶思维的发展，强调学生在实际综合运用自己所学知识解决问题的过程中学会迁移拓展，关注核心知识的深度掌

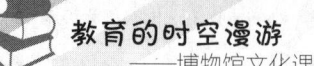

握，关注学生知识、思维能力和实践能力的全方位发展。项目式学习的价值只有在引领学生探究真实问题的过程中才能得以体现，只有学生解决真实问题的能力提高了，项目式学习的价值才能得到真正发挥，学生的核心素养才能得到真正发展。

3. 项目式学习有利于激发学生的发展价值

传统的课堂教学围绕教师中心、教材中心和课堂中心开展教学活动，是在工业化社会背景下随着工业革命而逐渐发展起来的。这种教学模式与工业化大规模生产相一致，重在规模化地培养适合工业时代的人才，强调学生对理论知识的掌握，以及教师在教学中的主导作用，因而其主张的教学实质上是重教轻学，在师生的关系上是重教师而轻学生。传统的教学模式批量化地为社会培养"模具化""标准件"式的人才，虽然保证了知识传递的快速性和高效性，但是无法满足学生个性发展的需要。随着教育领域发展对儿童认识的新发现，人们开始对重系统知识掌握还是重促进学生个性发展，教学该由教师主导还是学生主导，知识的传统传授还是注重完整生命成长等进行深刻的反思。从20世纪初以帕克、杜威为代表的教育家开启了进步主义教育运动，基于民主社会对儿童的认知规律的发掘，对传统的课堂教学模式进行了批判，并产生了现代教学论，以期通过变革教学的方式重新梳理教与学之间的逻辑关系。进步主义教育强调以儿童为中心的学生观，注重将真实生活融入课程内容，以解决问题为方法的教学观，并强调淡化教师在教学中的权威地位等。

（三）项目式学习的实施办法

项目式学习的主要实施办法是教师指导学生开展探究性学习。相对而言，项目式学习的内容、方法是比较开放的，学生有较大的自由设计不同的探究方案，这样有利于教师调动学生参与探究活动的积极性。但是，项目式学习对学生的基本素质要求也是比较高的，尤其是刚开始采取项目式学习的学生，他们需要教师专业的引领才能顺利开展项目式学习。教师在指导学生项目式学习的时候也需要具备良好的基础，这就需要对教师的项目式教学理念、教学资源组织、活动设计、教学过程及教学评价方面进行系统的培训。只有教师对项目式学习的理念、目标、内涵有了深刻的理解，并且在实践中不断探索、实践、创新，才能良好地运用项目式学习，增长自己的教育智慧，创造性地开展项目式学习活动。中小学教师可以与高校的学科专家、教研员等组成学习型共同体，合作开展研究。教师只有将项目式学习领域的专家引领与自身的努力相结合，再借鉴比较成功的项目式学习案例，探究项目式学习素材，创新项目式学习方法，开展丰富的项目式学习评价，才能在教育实践中不断更新创造自己的课程。

（四）项目式学习中的教师角色

在《学会生存》一书中，作者指出：教师的职责已经越来越少地传递知识，越来越多地激励学生的自主思考，除了其正式的职能之外，教师越来越成为学生的学习顾问，一位与学生交换意见的参与者，和帮助学生发现矛盾的论点而非拿出现成真理的人[1]。在项目式学习的过程中，学生的角色和任务发生了很大变化，学生将综合运用所学的知识，跨学科领域解决生活中的真实问题。这就使得教学内容组织形式、课堂教学呈现方式，以及师生之间的交互模式都产生了巨大的变化。教师不再是传统的学习控制者，教师将成为学生学习的促进者。学生在发展的过程中有很大自主权可以选择能够促进自身发展的学习材料，创设有利于自身发展的学习情境，自主自觉开展和监督自己的学习过程，从而促进一个完满自我的实现。自行安排适合自身的学习情境，学生的整个学习过程是自主自觉和自我实现的。教师的角色不再是控制学生的学习过程，而是帮助学生的学习过程。教师需要把学生当成是有独立情感的人，而不是只接受知识与概念的机器，要与学生建立一种互相信任的平等关系。在项目式学习中，教师不能代替学生完成学习，教师的主要职责就是帮助学生围绕真实问题确立自己的学习目标，帮助学生围绕学习目标的完成选择合适的学习材料以及选择材料的方法，在学生进行学习的过程中引导学生通过与其他人进行合作学习的方式解决问题。传统的课堂一般是围绕有一定内在逻辑体系的学科知识来设计教学过程，教学过程的设计是以学科知识为核心的。可见，项目式学习有很强的问题性、探究性、活动性和自主性的特点。这些特点也决定了学生在开展项目式学习的过程中会遇到很多的问题。比如，项目式学习是开放的，正因如此，学生在收集材料时如果收集方法不当，会导致材料收集不够，影响整个探究的过程。又如，学生可能会因为不记录实验数据或者实验方法有误，导致学生的学习结果和既定的目标之间存在较大的偏差。也有可能因为小组成员之间的合作不够顺畅，某些小组成员的任务没有完成导致整个项目的失败等。教师在组织和指导项目式学习的过程中会遇到突发性事件和紧急问题处理，还要统筹课上及课下任务的安排。因此，教师需要提升指导学生开展项目式学习的能力，提升解决突发问题的能力，做好有的放矢的教学指导，与学生

---

[1] 联合国教科文组织国际教育发展委员会：《学会生存——教育世界的今天和明天》，教育科学出版社，1996年，第108页。

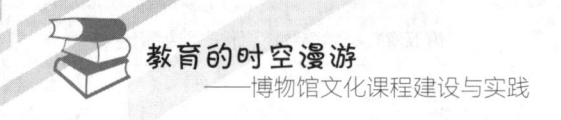

共同探究解决问题的方法,才能更好地指导学生的项目式学习。

项目式学习有很多优点,能够与传统的课堂教学模式优势互补,但是不能替代任何一种其他的教学方法,更不能磨灭传统课堂教学模式的奠基性作用。教师在指导项目式学习时,不仅需要运用本学科的知识,还需要运用其他学科的知识、教育教学的专业知识以及灵活的教学方式,将项目式学习的方法同其他学习方法相结合,给学生提供丰富的选择途径,促进学生知识的习得、知识的运用、技能的掌握以及核心素养的发展。项目式学习的根本目标是促进学生的发展,教师也应该以此为目标开展项目式学习活动的设计和实施,并在项目式学习的过程中不断完善,不断提高学生解决问题的能力。这样,项目式学习的价值和功能才能得以充分发挥和彰显。

二、博物馆课程主题项目式学习

博物馆教育作为一种非正式教育,是对学校教育的有力补充。博物馆教育从其内在特征来说具有较强的探究性,非常适合通过项目式学习的方式开展教育。学校通过一个真实的问题,让学生进行规划及完成一系列任务,从而最终实现目标问题的解决。整个过程包括确定主题、实践操作、成果发布和交流反馈。在这种学习方式下,教师是学生学习的协助者,为学生的学习提供方向性的辅导。学生学会收集信息,通过自主学习获取知识,解决问题。在这种学习方式下,学生的心智是自由的。

(一)"拓吧拓吧"——锦官城小学"金石拓片博物馆"项目式学习(见表 5—1)

表 5—1 锦官城小学金石拓片项目式学习方案

项目时长	3 周	年级	五、六年级
项目简介	**背景**:学校金石拓片博物馆建成后,出于对文物的保护,公开展出较少,大家对金石拓片不了解 **动因**:由于审美及文化等各方面因素,被称为"黑老虎"的金石拓片引不起大家的兴趣 **概述**:"如何才能让 1 个或多个来宾对金石拓片感兴趣?"围绕这个驱动性问题,引领学生开展协作式、探究式学习。在解决复杂问题的同时,学习拓片知识,建立学科联系,培养社交情感等技能		
学情分析	作为五、六年级学生,在思维方面,逐步学会分出概念中本质与非本质、主要与次要的内容,学会掌握初步的科学定义,学会独立进行逻辑论证,但他们的思维活动仍然具有很大成分的具体形象色彩。在想象方面,学生想象的有意性迅速增长并逐渐符合客观现实,同时创造性成分日益增多		

续表5-1

	目标维度		学习目标	表现与评价
项目目标	学科目标	学科知识与能力	**语文**： 1. 知道作为小导游如何进行口头表达 2. 学会撰写地方简介 3. 了解文字的演变 **美术**： 1. 能用创新手法对作品进行美化，制作门票和海报 2. 了解传拓技艺	1. 与人交流，尊重和理解对方 2. 乐于参与讨论，敢于发表自己意见 3. 根据对象和场合发言
		学科核心素养	创造性实践 审美性实践	为解决问题，利用图书馆、网络等信息渠道收集资料
	通用素养目标	高阶认知	问题解决 学会学习	找到特别的方式来获取信息，仔细分析，形成经验
		个人成长	自我认识	我创作的东西有用，有价值，体现自我价值
		社会性发展	沟通与合作	我会问一些新的问题并思考如何改进，利用他人反馈来修改
问题任务成果	问题		任务	成果
	驱动性问题		核心任务	个人 / 小组
	作为金石拓片博物馆的新入职人员，领导要求你在金石拓片馆对大众开放时进行宣讲，你如何才能让前来参观的一个或多个来宾对本馆感兴趣		子任务1：查找金石拓片相关知识 子任务2：联系学校金石拓片博物馆，设计参观活动方案 子任务3：撰写博物馆讲解词，设计门票、导览图等 子任务4：成果展示	门票 博物馆简介 拓片作品 博物馆导览图 小报 / 宣传海报 文创作品 微视频

113

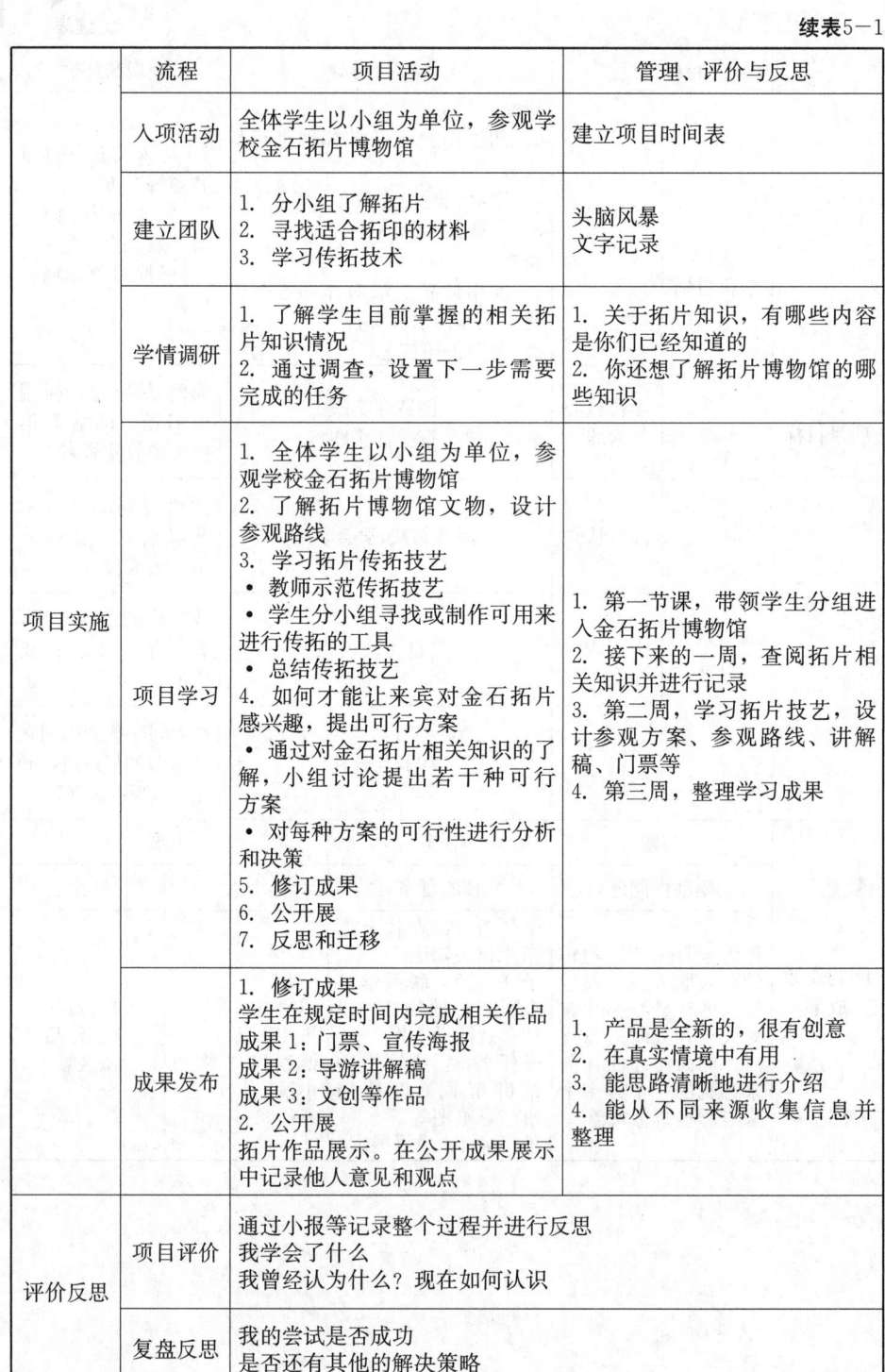

续表5-1

流程		项目活动	管理、评价与反思
项目实施	入项活动	全体学生以小组为单位，参观学校金石拓片博物馆	建立项目时间表
	建立团队	1. 分小组了解拓片 2. 寻找适合拓印的材料 3. 学习传拓技艺	头脑风暴 文字记录
	学情调研	1. 了解学生目前掌握的相关拓片知识情况 2. 通过调查，设置下一步需要完成的任务	1. 关于拓片知识，有哪些内容是你们已经知道的 2. 你还想了解拓片博物馆的哪些知识
	项目学习	1. 全体学生以小组为单位，参观学校金石拓片博物馆 2. 了解拓片博物馆文物，设计参观路线 3. 学习拓片传拓技艺 • 教师示范传拓技艺 • 学生分小组寻找或制作可用来进行传拓的工具 • 总结传拓技艺 4. 如何才能让来宾对金石拓片感兴趣，提出可行方案 • 通过对金石拓片相关知识的了解，小组讨论提出若干种可行方案 • 对每种方案的可行性进行分析和决策 5. 修订成果 6. 公开展 7. 反思和迁移	1. 第一节课，带领学生分组进入金石拓片博物馆 2. 接下来的一周，查阅拓片相关知识并进行记录 3. 第二周，学习拓片技艺，设计参观方案、参观路线、讲解稿、门票等 4. 第三周，整理学习成果
	成果发布	1. 修订成果 学生在规定时间内完成相关作品 成果1：门票、宣传海报 成果2：导游讲解稿 成果3：文创等作品 2. 公开展 拓片作品展示。在公开成果展示中记录他人意见和观点	1. 产品是全新的，很有创意 2. 在真实情境中有用 3. 能思路清晰地进行介绍 4. 能从不同来源收集信息并整理
评价反思	项目评价	通过小报等记录整个过程并进行反思 我学会了什么 我曾经认为什么？现在如何认识	
	复盘反思	我的尝试是否成功 是否还有其他的解决策略	

续表5-1

所需资源	1. 图书馆、网络等资料查阅 2. 拓印所需材料包

学校以金石拓片博物馆为例，教师设计了"拓吧拓吧"项目式学习。这次学习经历了三次递变。

第一次：讲解—参观—感受

刚开始，学校采用的是先讲解，后参观，再感受的方式。教师在课堂上对金石拓片的相关知识进行讲解，再带着学生进入博物馆，参观其中的展品，最后拿了一片瓦当让他们感受拓印技术。

课题组成员从这个过程中认识到这种参观方式的博物馆课程的学习，学生的学习呈现出"浅层化""表面化"。学生的学习主动性没有被调动起来，只是在被动地接受知识，至于为什么要学习这个知识，学生更是一无所知，博物馆课程的价值没有很好地发挥出来。为了寻找一条能够真正发挥博物馆价值的路径，课题组的教师再次聚集到一起。

经过思考与讨论，决定用 PBL 项目式学习方式，来解决学生学习的参与性和深度化问题，于是开始了"拓吧拓吧项目式学习"的设计与实践。

第二次：问题—任务—展示

课题组提出问题："如何才能体现金石拓片博物馆的育人价值？""进入金石拓片博物馆，我们到底能让学生学习什么？"围绕这些问题教师开始了第一次设计：

> 驱动型问题：在金石拓片博物馆里，我们到底可以学什么？
> 任务与结果：
> 参观金石拓片馆。
> 查阅金石拓片的相关资料。
> 小组成员合作，讨论如何进行传拓。
> 每个小组用小报、文创作品等形式把所学知识展示出来。

经过这一次的实践探索后，课题组发现，这次虽然具备 PBL 的形式，从问题出发、小组讨论、协作完成、结果展示……但在这个项目中，大家没有找到 PBL 的灵魂。此项目将"了解金石拓片和如何拓印"当作了目的，在整个过程中，对问题情境没有进行分析、判断，而是过早地定在了"了解金石拓片和如何拓印"的结果上，都不明白为什么要做这件事情。整个过程学生的心智是不自由的，从问题到结果的探究早早地便被切断了。为了让课程学习得更深入，

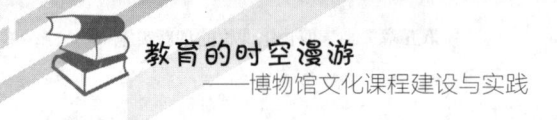

我们对项目式学习设计做了这样以下的改进，也就是第三次的实践。

第三次：驱动问题的真实—任务的挑战—成果的丰富

要做真正的PBL，那么驱动性问题就要真实，并具有挑战性，在整个过程中还要有针对性地培养学生的核心素养。经过学校教师的不断尝试与讨论，并且让学生参考他们所参观的博物馆进行了自主设计，在师生的共同努力下，最终课题组有了如下方案：

> 驱动性问题：作为金石拓片博物馆的新入职人员，领导要求你在金石拓片馆对大众开放时进行宣讲，你如何才能让前来参观的一个或多个来宾对本馆感兴趣？
>
> 为了增加趣味性，你可以让来宾体验传拓方法，但由于馆内陈列的都是真实文物，为防止文物受损或遗失，不能取出陈列的文物进行传拓体验，聪明如你们，一定能想出方法来让来宾亲身体验吧。
>
> 任务与结果：围绕驱动性问题完成任务。
>
> 参观金石拓片馆。
>
> 学习金石拓片的相关知识。
>
> 小组合作，寻找或制作可用来进行传拓的工具。
>
> 制定可让来宾感兴趣的若干方案。
>
> 修订成果：宣传海报、门票、导游讲解稿、小报、文创作品等。
>
> 展示成果。

学生在这个真实问题的引导下，开始了真实的探索，展开了热烈的讨论，培养了学生解决复杂问题的能力、沟通协作的能力、批判性思维等，开发了他们的创造力，形成了丰富的成果。博物馆的价值就在这整个活动中体现了出来。

（二）"钱币会说话"——"钱币博物馆"项目式学习

这个项目式学习设计是学校依据博物馆教育的特性设计的。地处"大北城古蜀文化核心区"中心地带的小学将打造"一所坐落在博物馆里的学校"。如何实现博物馆的育人价值，学校决定走PBL项目式学习的道路。目前学校正处于PBL的探索初期，"钱币会说话"项目式学习是针对该校计划建成的钱币博物馆而设计的。具体设计如表5-2所示。

表 5-2　锦官城小学钱币博物馆项目式学习

适用年级	五年级	建议学习时长	3 个月
场馆简介	背景：学校准备在已有博物馆的基础上，建设一个钱币博物馆，让学生了解钱币的前世今生 动因：要建校内博物馆，需要考虑受众，考虑其教育价值，所以校内博物馆需要立足儿童视角，博物馆建设的过程也是学习的过程，需要孩子的主动参与 概述：以"学校将在校内建设一座钱币博物馆并投入使用，现聘请你作为博物馆建设项目总负责人，你将如何来统筹安排博物馆的建设及使用呢？"为驱动性问题，引领学生开展协作式、探究式学习。在解决复杂问题的同时，学习钱币相关知识，建立学科联系，培养社交情感等技能		
学生学情分析	作为五年级学生，在思维方面，逐步学会分出概念中本质与非本质、主要与次要的内容，学会掌握初步的科学定义，学会独立进行逻辑论证，但他们的思维活动仍然具有很大成分的具体形象色彩。在想象方面，学生想象的有意性迅速增长并逐渐符合客观现实，同时创造性成分日益增多		
学科	美术	相关学科	语文　数学
课程结构图	钱币会说话——钱币的前世今生：查阅资料，了解钱币历史和现状 ——钱币的未来：根据已学到的钱币知识，创想钱币的未来，并能积极保护钱币 ——布展介绍：在教师指导下进行博物馆合理布置，学习介绍馆内藏品		
课程学习目标	**学科目标：** 语文：学会认真倾听，抓住要点简单转述；能根据博物馆场合，进行简单的讲解 美术：通过课前对相关资源的收集和调查，了解博物馆藏品的概况；通过典型案例的分析，探讨博物馆文化的价值和意义；通过现场体验活动，强化对钱币知识的掌握 数学：能探索分析和解决博物馆建设中的简单问题，经历与他人合作交流解决问题的过程，尝试解释自己的思考过程 **通用素养目标：** 1. 通过查阅相关史料，增强民族自豪感 2. 品味艺术欣赏之美，掌握钱币知识 3. 能够用丰富的形式向大家介绍钱币，能够创造性地解决问题		

续表5-2

适用年级	五年级	建议学习时长	3个月
馆校学习过程	前置学习 1. 网上查阅资料进行自主学习，根据博物馆主题设计施工图纸 2. 设计好图纸后，将自己的设计意图进行讲解，进行招标 场馆学习 博物馆建设施工方根据中标图纸及设计者意图，进行建设材料准备，着手建设博物馆 后续学习 建成验收后的博物馆投入使用，作为讲解员，撰写讲解稿，最后展示		
学习评价设计	"钱币会说话"评价量表			

		未达标	有待改进	达标	等级
	团队协作	• 我需要提高为团队讨论做好准备的意识，并加入其中 • 我需要有人来提醒我完成项目工作 • 负责的项目工作没有按时完成	• 我通常能做好准备，加入团队讨论，但并不是总是这样 • 我主动做了一些项目工作，但有时需要别人提醒 • 我按时完成了大部分的项目工作	• 我会准备好加入团队协作；在讨论前，我会学习相关资料，并在讨论时，利用这些资料提出创意 • 我能主动完成项目工作，不需要别人提醒 • 我能按时完成所有项目工作	
	博物馆建设创意	• 只使用了常见的信息来源（网站、书籍、文章）来获取知识和技能 • 我想到的博物馆建设不是全新的或原创的	• 我发现了一两个不常见的信息来源，可以用来获取知识和技能 • 我想到了一些关于博物馆建设的新创意	• 我找到了特别的方式来获取信息 • 我想到了很多关于博物馆建设的新创意	
	博物馆介绍	• 我使用了不恰当的事实和不相关的细节来支持主要观点 • 我在介绍时显得焦躁不安或是无精打采 • 我在展示时说话声音太轻或不清楚	• 我能选择一些支持主要观点的事实和细节，但可能不够充分，或者是不相关的 • 我在展示时显得稍微有点焦躁不安或是无精打采 • 我在展示时大部分时间声音大而清晰	• 我能选择恰当的事实和相关的、描述性的细节来支持主要的观点和主题 • 我在展示时有一个自信的身体姿势 • 我在展示时能大声而清晰地演讲	

所需学习资源	1. 图书馆、网络等查阅钱币及博物馆知识 2. 施工所需材料

项目目标达成情况分析：

本案例所指定的学科目标分别如下：语文学科，学会认真倾听，抓住要点简单转述；能根据博物馆场合，进行简单的讲解。美术学科，通过课前对相关资源的收集和调查，了解博物馆藏品的概况；通过典型案例的分析，探讨博物馆文化的价值和意义；通过现场体验活动，强化对钱币知识的掌握。数学学科，能探索分析和解决博物馆建设中的简单问题，经历与他人合作交流解决问题的过程，尝试解释自己的思考过程。

通用素养目标为，通过查阅相关史料，增强民族自豪感；品味艺术欣赏之美，掌握钱币知识；能够用丰富的形式向大家介绍钱币，能够创造性地解决问题。

驱动性问题体现项目式学习的真实性：

通过本次项目式学习，学生在设计博物馆的过程中，能互相合作，积极与他人交流并解决问题，通过所学数学及美术知识，进行合理地运用，设计出比较合理的博物馆建设图纸及方案。在博物馆展览的过程中，能进行资料查阅和整合，并设计出讲解稿。本次学习目标基本达成。

为体现项目式学习的特性，我们从驱动性问题出发，以"学校将在校内建设一座钱币博物馆并投入使用，现聘请你作为博物馆建设项目总负责人，你将如何来统筹安排博物馆的建设及使用呢？"为驱动性问题，引领学生开展协作式、探究式学习。

学生在这个真实问题的引导下，开始了真实的探索，展开了热烈的讨论，培养了学生解决复杂问题的能力、沟通协作的能力、批判性思维等，开发了他们的创造力，形成了丰富的成果。博物馆的价值就在这整个活动中体现了出来。

项目实施过程：

在整个项目式学习的设计中，涉及美术、语文和数学学科，由于我们的博物馆是在本次项目式学习中建造的，学习的成果中有一部分就是博物馆的建设，这个任务本身是有一定难度的，牵涉很多专业知识，加上本项目的实施正处于新型冠状病毒疫情防控时期，实施过程有利有弊。优势在于我们可以有更多自由时间查阅资料、绘制图纸等。但困难也出现了，如专业支持不够，小组成员不能聚集在一起进行讨论，个别组员不能积极按时完成自己的任务，学科整合还没有找到一条有效路径，学科的核心概念与能力的养成出现难度。这些都是需要进一步优化的。

项目评价与反思：

在实施评价时，我们设计了评价量表（如表 5-2 所示）。

我们从"团队协作""博物馆建设创意""博物馆介绍"三方面进行评价，并分为三个等级，有效地指导学生在这些方面的学习，提高了学习效率，也促进目标的达成。但我们也发现，在整个项目式学习的过程中，评价应该贯穿于学习的每一个阶段，我们的评价有局限性，不够完善，在整个项目结束后，我们将在项目迭代中进行修改。

案例价值分析：

本次项目式学习让学生在真实的生活中进行问题解决，从设计博物馆到建

设博物馆再到布展，整个过程虽漫长，但充分表现出项目式学习比传统课堂有更大的优势。

（1）有利于提高学生的学习积极性。"钱币会说话"项目从真实问题出发，让学生参与到学校博物馆的建设中，符合学生最近发展区的有一定难度的学习容易激发学生的学习动机。在疫情中，学校教师通过网络推送博物馆学习的相关任务，学生能够在家中开展博物馆学习。

（2）有利于改变教师教育教学方式的转变。"钱币会说话"教学改变了传统的教师"一言堂"的教育教学模式，学生更多地参与到学习中。学生可以在线上参与交流讨论，与其他同学分享自己的观点，共享学习信息。学生利用网络可以查阅学习资料，绘制博物馆建设图纸并拍照上传"人人通"，学生可以互相评价彼此的成果。教学信息不仅仅是由教师单向传递给学生，每一个学生的创造性思维能够在项目式学习中得以体现。

（3）有利于培养学生的高阶思维。项目式学习任务的呈现，让学生根据任务自主或合作学习，在解决问题的过程中，学生的能力和高阶思维得到提升，学习更加高效。

（4）锦官城小学建设的钱币博物馆为项目式学习提供了保障，也为学生提供了非正式的学习环境，破解了传统课堂单向知识传递、学生缺乏自主学习和缺乏探究活动的瓶颈，促进了学生核心素养的发展。

课题组通过案例的分析呈现，发现每一个精心设计的方案中，都有一个或若干个可以让学生跃跃欲试的活动，有的是让学生深入生活的方方面面进行观察发现，有的是让学生尽情玩一场游戏，有的是组织一场激烈的辩论赛，有的则是让学生进行角色体验。不同的活动会产生不同的效果，但有一点是共通的，则是这些活动极大地激发了学生的学习兴趣，发展了学生的高阶思维，促进了他们综合能力的发展。

第二节　主题式学习单的设计

主题式学习单是基于主题式学习而专门设计的任务清单，主题式学习指的是学生围绕一个或多个主题开展教学活动，在主题式的学习方式中，学生的活动具有明确的"主题"，探究的主要内容、研究的步骤都围绕主题开展（如表5-3所示）。主题式学习的目标不仅是获取直接的知识和经验，而是围绕既定主题设计探究活动，开展科学探究。学生在解决问题的过程中综合运用所学知识，在探究过程中学会分析问题、解决问题的方法，并学会知识迁移，培养独立思考能力以及与同伴合作解决问题的能力。

表 5-3　学习活动单的设计原则

设计内容	设计原则
学习主题	（1）学习单围绕主题设计学习内容和任务，可调动学生的学习积极性，增强学习的探究性，增强学习的探究价值 （2）学习主题的设计需要符合学习者的认知发展水平，符合学习者最近发展区的需要，基于学习者的知识文化背景，还要具有足够的思维挑战性 （3）如果希望将博物馆中的学习作为学校正式学习的有效补充，主题的设计还需要考虑到这一年龄段的学生在学校里所学习科目的相关进度
展品特征	（1）博物馆的展品需要具有代表性，既符合学习主题的需要，又能吸引学生的注意力，启发学生的探究性思维 （2）对同一学习的主题可以提供多种展品，这些展品既要有共同的本质特点，又要有不同附属性质的特点 （3）教学设计者应该在学习单中标出希望学生观看的与主题相关的展品及具体位置，为学生提供参观的流程
内容（活动与过程设计）	（1）依据博物馆教育的学习目标以及学生已有的知识基础，围绕主题内容设计探究活动的内容与过程 （2）结合展品特点或内涵设置问题和活动解说词，同时要考虑到不同年龄阶段的学生、不同学科学习活动的探究规律，既要提供足够的控制性信息，也要留给学生合作和创造的空间 （3）充分考虑学生的个性兴趣，以此为基础设计激发学生学习动机的策略 （4）探究过程应该以学生为中心，注重激发主动的知识建构过程，不要直接将最终的结论提供给学生，也不能将探究过程理解为学科的练习过程，博物馆中的学习问题设计应该和教科书上的习题有本质的不同
版面设计	（1）学习单的版面要整体统一协调，符合学习对象的认知规律和心理规律 （2）在学生最易注意的区域呈现重要的学习信息或学习活动要求，达到不同的表现效果 （3）用不同形式凸显博物馆展品的首要位置，展品在学习单中的重要位置往往起到至关重要的作用 （4）学习单的形象化可以使阅读过程变得生动轻松，手段包括使用实物图、路线图、流程图等 （5）学习单的色彩和文字的选择要贴近学习的主题，既要提升学习单的视觉效果，也要和整体的版面和谐

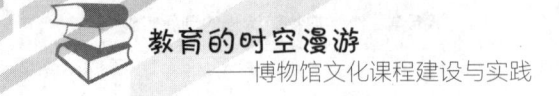

学习单的核心是"学习主题",学习单所有内容和任务均围绕学习主题设计,结合创设的学习环境为学习活动提供支撑(如表5-4所示)。建构主义理论认为知识是自己建构和习得的,而非他人给予的。学生在既定的情境里,按照学习清单的指引,通过小组合作学习完成学习任务,建构主义理论为学习单的设计提供了理论支撑。

表5-4 活动设计的学习单

设计维度	设计内容
活动单设计	考虑以下要素,构建学习单内容原型: (1)对展区和环境进行详细介绍 (2)设定主题学习要求
问题设计	(1)记忆性问题:记忆性问题通常有一个唯一的答案,通常针对一些记忆性的信息来设置,例如,博物馆中的展品名称和历史背景等基本问题 (2)聚敛性问题:聚敛性问题没有固定的唯一答案,学习者依据自己的知识经验和在博物馆中的参观学习,根据自己的理解提出一个自己的答案,例如,指出不同展品的相同点及差异等,强调通过比较促进学习者的学习 (3)发散性问题:发散性问题没有固定的解决思路和答案,需要靠学习者的思考、分析和假设得到自己的答案 (4)评判性问题:评判性问题主要是引导参观者对展品进行评价,形成自己的认识和判断。例如,参观者是否同意设计者对展品的解读,以及展品在博物馆中的意义
内容及活动过程	设计观察环节:让学生了解展品的基础信息和特征 设计动手环节:让学生在博物馆中可以动手实践 设计探究环节:给学生布置一个探究性的学习主题,让学生在博物馆中通过自主探究获取答案 设计交流环节:为学生提供交流的平台,让学生交流在博物馆学习中有收获 设计合作环节:为学生提供合作学习的机会,提升学生的合作学习能力 设计评价环节:设计评价工具与方法,评价学生在博物馆学习中的学习效果

第三节 构建灵动性学习场域
——博物馆学习环境的设计

当前,大多数的博物馆学习都是走马观花式的,甚至只能被称作游览而非学习。学习者没有任何知识储备,没有预期目标,来到博物馆中,对看到的展品只能粗浅地了解其简单的表面知识,难以深度体验场馆学习的内在价值。大多数的学习者在参观完后就忘记了所参观的内容,学习所带来的影响并没有延伸至博物馆之外的生活。场馆学习不仅从学习者进入场馆开始,到学习者走出场馆就结束,而是贯穿于学习者在场馆内参加的各项活动之中[①]。相对来讲,大多数的场馆学习环境普遍重陈列、轻教育,重普遍、轻个性,难以为学习者提供高质量的针对性教育服务。

博物馆教育与传统的课堂教学有很大的差别,博物馆的展品资源是十分丰富的,因而学习内容也是很多的,并且学习内容具备个性化的特征,能够为学习者提供非正式学习环境。但是,长期以来博物馆学习资源多,个性化强的优势没有得到充分发挥,其教育价值没有得到充分发挥,学习者没能充分利用博物馆的资源,这些因素都和博物馆的环境缺乏规范的设计引起的。因此,详细分析博物馆的资源和学习环境,并对学习环境进行设计,可以有效解决这些问题。

一、博物馆学习环境的设计

在设计博物馆的学习环境时需要遵循教育科学的基本理论,让学习者、展品和环境构建成为学习共同体和学习境脉。首先,兴趣是最好的老师,在设计博物馆学习环境时,需要将学习者的兴趣考虑在内,通过环境的精心设计能够吸引学习者前来参观、体验,也需要通过环境设计提高博物馆的视觉冲击力。其次,学习者的心理因素和情感因素也会影响博物馆的学习效果,在设计博物馆的环境时也需要考虑这些因素,让博物馆成为有趣味性、知识性和科学性的地方。博物馆有着丰富的教育资源,这是博物馆本身具备的优势,但博物馆的

---

① 郑旭东、王婷:《家庭行为、身份认知与经验建构:场馆学习理论的解读与启示》,《开放教育研究》,2015年第8期,第52~59页。

劣势就是缺乏用科学有效的教育手段充分利用馆内的资源。因此，设计博物馆的环境时需要洞察学习者的兴趣爱好、心理及情感因素，综合考虑多方面的因素。基于学习环境理论以及教育教学的基本理论，锦官城小学从展示空间、展品和学习者三个层面在校内设立了博物馆，并对博物馆的学习环境进行设计。学习者是博物馆环境的中心，博物馆的展示空间也应该为学习者服务。展示空间为博物馆教育提供了支撑，为学习者的学习提供服务和支持，也影响着博物馆教育的效果。博物馆的展示空间承载了展品，展品是学习者在博物馆学习的中介，其传达和体现的信息能够促进学习者的思考，并对学习者的认知产生影响。依托于博物馆展品为中介的学习方式是一种非结构性的学习，让博物馆内知识传递更加多元化，从而在学习境脉（如图5-1所示）中形成学习共同体。

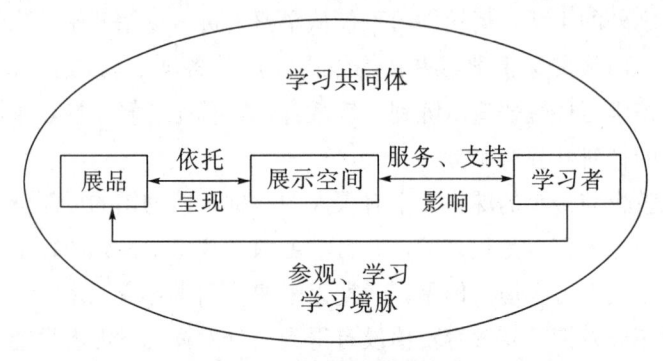

图5-1 博物馆学习境脉

博物馆学习环境的构建需要以学习者为中心，其中展示空间服务于学习者学习，展示空间是学习者学习的基础，而学习者的思维模式也会影响博物馆环境的设计，展示空间作为载体呈现展品，进而完成场馆学习。展品是学习者进行博物馆学习的中介，传达的信息以及体现的文化都会驱动学习者产生思考，对学习者的认知发展产生影响，并引导学习者纳入身份建构，非结构式传递知识让博物馆学习方式更加多元化，从而在整个境脉中形成学习共同体。

博物馆学习增加了学习者之间的相互交流，注重学习者主动建构自己的知识，也注重学习者转化和创生知识，学习者还可以通过彼此之间的交流，共同进步，习得那些隐性的默会知识。学习者在博物馆构建的学习境脉中建构自己的知识体系，将学习者、环境、展品等打造成为学习共同体从而创新博物馆教育形式，促进非正式学习的发生。具体来讲，博物馆环境可以从展示空间、展品和学习者展开来设计。

（一）展示空间

首先，博物馆需要以学习者为中心，鼓励学习者在博物馆中积极建构意义，在展示空间的创设上为学习者提供自由选择的机会，如果学习者有自主选择的机会，就会对自己在博物馆内的学习更加重视。从学习者的视角对博物馆的环境进行设计，基于学习者的情绪体验和兴趣需要对环境进行设计，能更好地引起学习者的共鸣。博物馆的空间创设需要有一定的探索感，充分激发学习者的学习兴趣以及积极性，为学习者自主探究提供支持，让学习者在参观的过程中获得舒适的环境和学习体验。其次，场馆学习展示空间设计应该具有特色的文化底蕴，营造相应的文化氛围。

（二）展品

展品是博物馆陈列的供学习者参观的物品，根据其性质可以划分为自然物品和人工制品等。学习者到博物馆中参观展品，展品也是学习者的学习对象，展品是构建博物馆环境的基础成分。展品传递着人类历史文明发展的文化信息，传承人类的文化。博物馆环境打造应避免展品的简单陈列，展品的布置应该有充分的考虑，结合博物馆的文化传播与教育功能以及设计者的见解进行布置。展品相关的说明文字也需要精心考虑，符合学习者的认知水平，既不能过深，也不能过浅，要简洁、明了、有趣。如果简介中有的文字是生僻字，需要加拼音和注释予以说明，以免降低学习者的学习兴趣，为学习者增加学习障碍。学习者需要的是参与感，是对展品的全方面的体验，所以展品的展示方式应该让学习者多感官参与，在展品的呈现上可以增加互动环节，鼓励学习者亲身动手实践。

（三）学习者

博物馆为学习者服务，来到博物馆参观学习的人是博物馆的服务对象，博物馆需要从服务对象的视角出发，围绕学习者为中心，学习者进行交流和向他人讲解的过程也是再一次学习的过程，通过叙述与再叙述，学习者个体能做的已经超越了传递知识的范畴，也对其在学习共同体中的身份建构做出了突出的贡献。

二、数字化博物馆学习环境的设计

数字化场馆的整体设计需要体现对应场馆的文化特色，还要注意对数字化

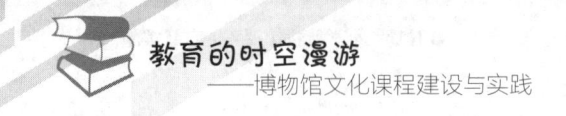

博物馆的维护和更新。在线博物馆可以提供较多的信息，比如，博物馆简介、展品信息、宣传教育和服务指南等。

数字博物馆的展品信息应该比较简短，体现知识的丰富性和完整性，并不断地对知识进行补充更新，可以让学习者在家中就能进行"云"学习，可以匹配与数字博物馆相关链接供学习者在参观之后进行拓展学习。在数字博物馆中，各类数字展品的排列和编排也需要注意逻辑顺序，不能随意乱放数字资源，否则学习者会无从下手。信息的量也要适度，不能给学习者过量的信息冲击，让学习者抓不住主次。在宣传教育方面，在线博物馆可以为学习者提供一定的下载服务，可以设置开放交流平台让学习者提出问题并给予解答，学习者还可以在博物馆在线交流平台分享自己的见解，为博物馆教育提出改进意见等，帮助博物馆及时扩充信息。学习者将在博物馆内的见闻记录下来分享给网友，而且学习者在线上学习到的知识，会加深学习者在实体博物馆中的学习体验。

三、虚拟场馆设计

虚拟博物馆是基于实体博物馆在时间和空间上的延伸，虚拟博物馆可以实现自由游览和简易的交互。虚拟博物馆运用虚拟技术提供交互体验，虚拟博物馆能够模拟真实场景，通过三维模型展示真实的展品，是运用现代信息技术对传统文化展示、展览手段的创新。学习者可以在网络上借助虚拟技术360°全方位参观展品，在网络上也能获得良好的参观效果。同时，在网络上参观浏览，学习者可以快速选择自己喜欢的展品，能够提高学习者参观浏览的效率，提升学习者的线上学习体验。

四、博物馆学习环境的构建

博物馆为学习者营造了资源丰富的良好学习情境，打造了学习者建构意义的平台和互相交流分享的学习境脉。良好的博物馆环境设计能促进非正式学习的发生，让学习者的人文底蕴和科学精神在博物馆学习中得到增长，促进学习者的知识建构。对博物馆学习环境进行建构，不能仅仅局限于实体的博物馆，还需要数字化的博物馆予以支持。博物馆在实体空间上的发展是有目共睹的，但是学习者在参观的时候大多数还是停留在走马观花式的欣赏，所以其学习效果是有限的，伴随着互联网发展的数字化技术正逐步走进博物馆教育行列。

不论是实体博物馆还是数字虚拟博物馆，博物馆环境的设计和展品的布置排列都是以学习者为核心的，环境建设、场馆的打造和展品陈列都是为了营造良好的学习环境，让每个学习者能够迅速投入博物馆学习并取得高效率的结果（如图5-2所示）。当学习者置身于博物馆环境中时，可以与他人进行交互。比如，在实体博物馆中学习者可以当面与他人进行交流；在虚拟博物馆中，学习者可以通过在线交互、留言等方式与他人进行交流，进行有意义的协商，从而在博物馆的学习境脉中形成学习共同体。实体的博物馆是对外开放的，所以对待不同年龄、不同学历、不同背景和不同需求的学习者只能提供同一个标准的服务。在这种情况下，虚拟博物馆就能够很好地满足不同学习者的教育需求，和实体博物馆形成互补。

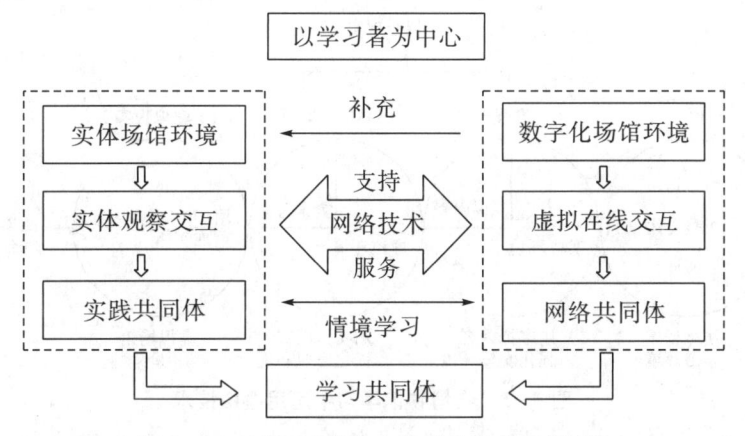

图5-2 以学习者为中心的博物馆学习共同体

实体博物馆和虚拟博物馆各有优劣，两者相互结合能够弥补不足，优势互补。实体博物馆在对展品的真实体验和情感体验方面比虚拟博物馆的效果要好，而虚拟博物馆在时间、空间上打破了实体博物馆的局限，学习者可以随时随地进行学习。将这两种博物馆学习模式结合起来，既能发挥线下博物馆的真实体验优势，又能充分发挥虚拟博物馆中资源丰富、时间地点灵活和便于交互分享的优势特征，从而能更好地支持非正式学习的开展。

在当前形势下，VR（虚拟现实）、AR（增强现实）、MR（混合现实）技术蓬勃发展，并被引入博物馆教育中用以支持博物馆的学习环境建设（如图5-3所示）。从实体博物馆到虚拟博物馆，这些技术在博物馆环境建设中取得了良好的效果，能够为学习者创造逼真的、身临其境的虚拟学习环境，通过多重感官体系的搭建，提升博物馆学习的体验性，学习者能够体验逼近真实的学习环境，加强实物与环境的联系。虚拟环境是借助鼠标、外接体感设备、数据手套等设备搭建的虚拟现实环境，在虚拟环境中学习者与博物馆的数字展品进行交互，突破了实体博物馆中展品展示加上简单的文字说明的模式，虚拟环境能够展示实体博物馆中不能展示的更多细节,让学习效果更加形象、生动,形成立体化的视听觉系统。例如,阿房宫和圆明园都已经消逝了,故宫博物院用虚拟技术复原了它们,再现了历史建筑,让学习者通过虚拟技术领略这些消逝了的宏伟建筑,为学习者带来审美、文化、娱乐等多重文化体验,满足学习者无法在现实博物馆达到的文化体验。又如,中国科学技术馆的"挑战与未来"主题展厅中,用现代虚拟技术展示了新兴科技,太空舱的构造以及宇航员在太空舱里的生活等,拉近了博物馆的展品和学习者之间的距离,让学习者有机融入博物馆教育之中。

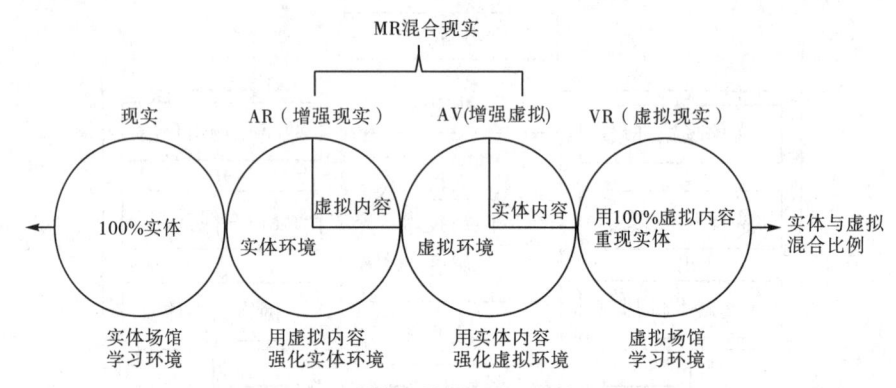

图 5-3 在博物馆学习中运用虚拟技术

增强现实技术可以运用虚拟技术打造与博物馆相融合的环境,增强现实的主要特点是全方位地提升了学习者的交互性,为学习者提供全新交互方式。增强现实技术也逐渐被应用于博物馆环境打造。首先,增强现实技术可以用于展品的宣传和讲解,将真实的博物馆环境和虚拟的展品相结合,将其结合在同一个环境中,将静态的产品变成动态的产品或者是 3D 视频,呈现出逼真的互动环境,增强学习者在博物馆环境中的理解以及感知,从而改变学习者被动的学习模式,给博物馆中静态的展品赋予了新的生命力。其次,增强现实技术利用手机获取学习者在具体展品上的停留时间等行为数据,根据学习者的大数据,科学分析数量、变化、关联等要素对学习者的体验效果,有利于博物馆环境的个性化的设计和改造,构建更有动态的场馆学习环境。锦官城小学在实践中也运用虚拟技术建设了线上的 VR 博物馆。

随着人们越来越多地使用智能手机、平板电脑等设备,俨然成为博物馆参观和学习的必备工具与手段。今天的学习者已不再将眼睛看到的东西当成唯一的信息源,二维码、APP 等新技术的应用将会重塑学习者与展品、展示空间和展示环境之间的关系,改变学习者看待展品以及获取信息的方式。学习者在博物馆中不再是被动的知识接受者，而是成为博物馆中文化活动的参与者、文化知识的传播者和生产者，给博物馆的文化传播赋予新的意义。移动设备的发展挑战着传统的博物馆教育模式，学习者在任何时间都可以借助移动设备共享博物馆资源、享受博物馆的服务，在博物馆中参加互动等。锦官城小学也在微信公众号上开发了一系列的钱币博物馆课程，并形成课程系列。

博物馆学习会对学习者产生广泛的影响，对学习者的知识、技能、态度以及价值感会产生较大影响，学习者在博物馆学习后也会影响其日后在课堂中学习时的表现。要实现高效的博物馆学习，可以将实体博物馆同 VR、AR 技术打造的虚拟博物馆相结合，为学习者营造良好的学习环境，充分发挥非正式学习的优势，有利于促进学习者对于非正式学习的主动建构，推动非正式学习的高效开展。

第四节 建设一座博物馆学校

为了给学生构建沉浸式的学习环境，锦官城小学斥巨资将自身建成博物馆式的学校。锦官城小学坐落在古蜀天坛——羊子山古祭台之上，紧邻以司马相如励志故事而闻名古今的驷马桥。学校占地面积 23.9 亩，建筑面积约 16389 平方米，具有 48 个班办学规模。学校附近有羊子山古祭台和驷马古桥两大成都市重要文化遗址。羊子山古祭台筑于西周时期，也是目前全国最大的古祭祀台遗址，考古工作者在台基下发现了 5 件打制石器及生活用具，在打制石器地层与台基之间，又发现了一个古蜀时期文化层，其时代相当于商代中期，距今 3300 年左右。羊子山古祭台的出土器物为探索古蜀国的奥秘提供了不可多得的实物资料。由此可以看出，羊子山古祭台是古蜀先民敬天法祖的场所，也是古蜀国由西向成都平原腹地过度的重要节站，是古蜀文化的源头。古祭台代表的礼乐文化与学校礼仪教育、合唱、国学等办学特色及富有区域历史文化特色高度契合。因此，学校以"锦官城"命名又可进一步传承、弘扬与促进地方社会的新型发展。学校坐拥丰富本土历史文化资源，将建设成为"一所坐落在博物馆里的学校"，其中涵盖了羊子山书院（如图 5-9 所示）、传统文化博物馆、西蜀园林博物馆、本土历史文化博物馆、自然科学博物馆、书画博物馆、科技馆等，精心打造独特的博物馆文化，积极创造"润物无声"的育人环境。学校相继建成了书画博物馆（如图 5-8 所示）、邓乃斌不羁巢艺术馆（如图 5-4

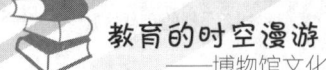

所示)、天府名人博物馆（如图5-11所示）、金石拓片博物馆（如图5-7所示)、钱币博物馆（如图5-6所示)，并在微信公众号上构建了金石拓片VR博物馆（如图5-7所示），将博物馆的资源引入学校教育中，为学校教育提供了有力的支撑和保障，也为学生的学习提供了更多的资源。

图5-4 锦官城小学邓乃斌不羁巢艺术馆

图5-5 锦官城小学构建博物馆学习环境

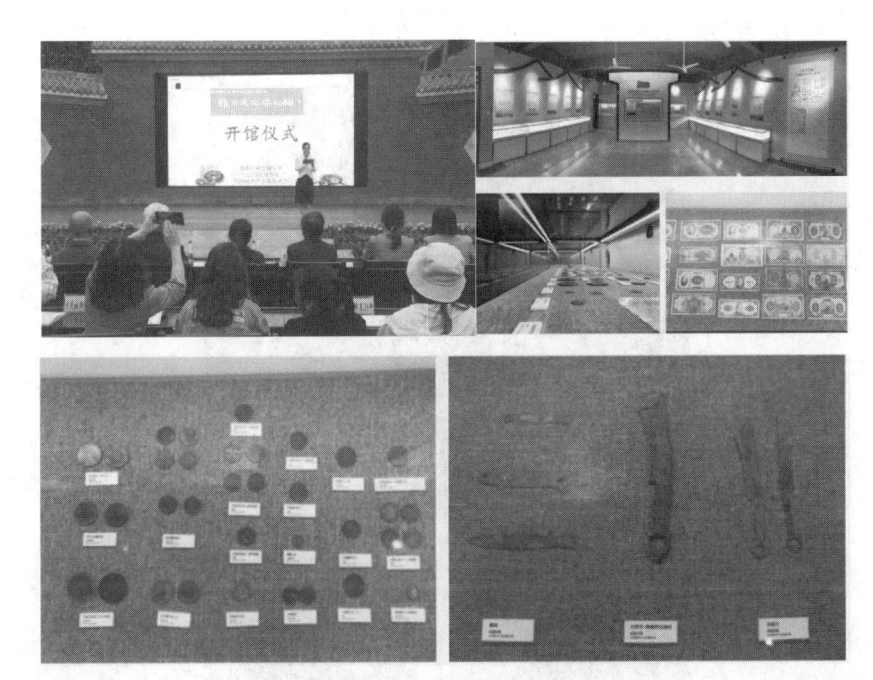

图 5-6 锦官城小学钱币博物馆开馆

图 5-7 锦官城小学金石拓片博物馆

图 5-8 锦官城小学书画博物馆

图 5-9 锦官城小学羊子山书院

图 5-10 锦官城小学 VR 线上博物馆

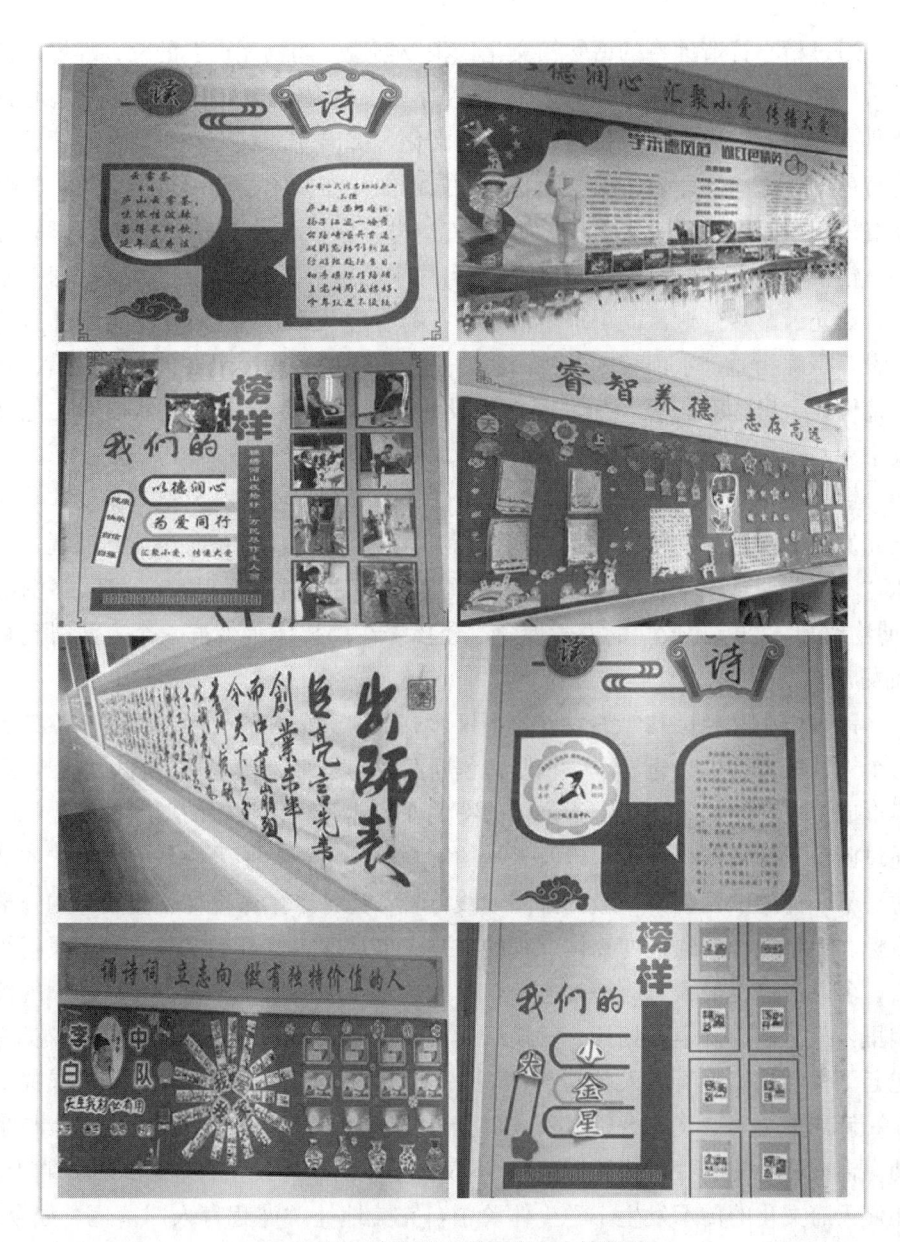

图 5-11 锦官城小学天府名人博物馆

成都又名锦官城。这里蓉花似锦，丰饶富足，历史悠久，滋养的人既水灵又聪慧，常让人来了就不想离开。2017年春，羊子山西路上新落成的锦官城小学正式投入使用。学校名字出自杜甫《春夜喜雨》的"晓看红湿处，花重锦官城"。校名如同这个美丽的城市一般，人杰地灵，润泽一方儿女。锦官城小学坐落在羊子山古祭台遗址之上，与驷马古桥为邻，坐拥丰富的本土文化资

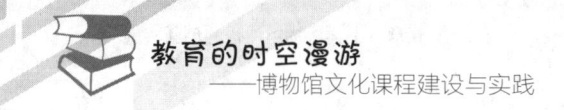

源，通过精心打造独特的博物馆文化，积极创造"润物无声"的育人环境，被誉为"中国第一所博物馆式的学校"。在学校文化建设上，锦官城小学精心打造具有"川西"民俗和成都特色的校园文化，突出"西蜀园林"特色和蓉城文化特色，让这些烙印着天府文化特征的景观文化在校园中能够可见可感。学校围墙采用川西围墙设计和建设，用瓦造型为方格，作为墙顶，给人以家的感觉。学校教学楼中庭是"半亩方塘"，名称来源于朱熹的诗句："半亩方塘一鉴开，天光云影共徘徊。问渠那得清如许？为有源头活水来。"以西蜀园林风格建设，亭廊相通，水山相映。校门正对是孔子塑像，底座以"仁义礼智信、温良恭俭让、忠孝廉耻勇"为三圈台阶设计，把中国传统文化融入校园文化建设中。

锦官城小学积极落实立德树人根本任务，践行五育并举，培养德智体美劳全面发展的社会主义建设者和接班人。锦官城小学不仅具备各色创新课程，狠抓"三疑"课堂改革，不断践行素质教育与"五育并举"政策，并始终围绕"博物致知，文以化成"的办学理念，让孩子在德智体美劳群六个方面得到全面发展。

锦官城小学经过几年的发展，不仅形成了独具个性的校园文化，还渲染了每个锦官城人的生命色彩。学校坚持创新激情与思维、执着追求教育理想，逐步形成了以"博物馆文化"为主体的特色课程体系。在学校的博物馆里，学生通过橱窗里的瓷器、钱币，以及悬挂的字画等，零距离感受中华传统文化的脉搏。不一样的学校，不一般的氛围，践行着"让每个生命都如花绽放"的办学目标。锦官城小学通过博物馆课程的方式，传承四川成都的文物文化、民俗风俗、名胜古迹、名人志、地方志等，林林总总，不一而足。在锦官城小学的校园里，孩子们传拓金石拓片、触摸汉代文字、了解钱币文化；制作起青花瓷、包起了青叶粽；坐听名人传奇、仰观书画之美；诵一首东坡词、弹一首古筝曲；诗词大会上"飞花令"、祭孔典礼上"点朱砂"，都充满了无比的新奇与激动。锦官城小学的"博物馆课程"，不仅让学生的学习发生在非正式的课堂上，还使天府文化的传承发生于学生体验中，完美地让"课程育人"落地。如今，锦官城小学的学生如同一簇簇新苗从深厚的文化土壤里破土而出，欣欣向荣。未来，学校将以"文化强校"为提质升位的重要抓手，构建以"博物馆文化"为指向的价值体系、景观体系和课程体系，用深厚的历史文化哺育学生成长。

第六章
小学博物馆课程的评价体系

评价是为了更好的发展。构建小学博物馆课程的评价体系是为了更好地反馈课程实施的效果，不断优化课程。通过理论与实践探索，我们认为博物馆课程评价需遵循激励性原则、过程性原则、主体性原则和形成性原则。博物馆课程评价需要融合学生自我评价、同伴相互评价、教师主导评价和社会评价。基于此，锦官城小学开发了教师评价量表、教学观察记录表、自我评价与同伴互评表、研究性学习评价表和课后访谈提纲等一系列博物馆课程评价工具。

第一节　小学博物馆课程的评价原则

课程评价的目的是"以评促建　以评促改"。通过评价促进课程的建设，通过评价促进课程的改进，通过评价促进学生的发展。由此可见，评价的促进功能是课程关注的重点。小学博物馆课程目前存在的主要问题之一就是重视课程实施的过程，轻视课程评价。课程的实施过程是显性可操作的，但是评价既可以是显性的也可以是隐性的，要统一成可量化的评价有一定的难度。因此，锦官城小学的博物馆课程评价需遵循激励性原则、过程性原则、主体性原则和形成性原则。

一、激励性原则

激励性原则需遵循学生身心的发展规律，以学生的发展为最终目的，激发学习动机，使学生产生一股内在的动力。激励性原则是通过课程评价激发学生学习的内驱力，使学生的认知、思维、情感、态度处于积极和活跃的状态，激发其学习积极性。课程评价的根本准则就是为了让每个学生都能获得发展，获得成长。学生在参与博物馆课程学习时，教师不仅要关注学生的学习结果，更要重视学生参与和探索的过程，通过评价增强学生参与博物馆课程学习的热情，学生不断获得成功的体验和成长的快乐。

（一）关注个体差异

评价是面向全体学生的，要发现学生的优点和特长，促进全体学生的全面发展。然而，每个学生的学习基础、学习兴趣、学习需求、家庭教育背景是不同的，其在发展上必然会呈现出不同的结果。开展课程评价就需要承认学生的差异性，这是课程评价的基础。针对不同的学生采取不同的评价方式，应避免对所有学生用同一种评价方式的"一刀切"，要秉承"因人而异"的原则。

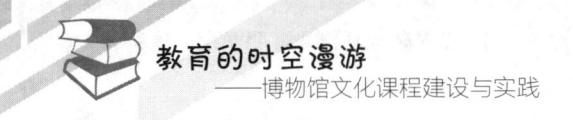

（二）评价客观公正

在评价中，评价者对被评价者的心理影响是复杂而微妙的。成功的评价，将对学生的自信心、学习目标、学习效能等产生积极影响。随着新课改的实施以及 2022 版新课标的推行，教师的课程评价观念逐渐改变，更加重视发挥评价的激励作用。但是在实际应用时仍存在很多问题。如粗浅地将激励性评价理解为表扬和鼓励，不批评，这就是对激励性评价最大的误解。评价固然要重视学生表现出的优点，鼓励创新，但实事求是、客观公正才是根本。

二、过程性原则

过程性原则关注对学生学习过程的评价，其涵盖了学生在学习过程中的态度、参与度、学习水平和认知能力的动态变化等。过程性原则强调参与性和对话性，关注学生在学习过程中的体验以及感受。

（一）关注课程实施的过程

课程实施是一个复杂的过程，是多样的选择性过程。学生可以选择不同学习方式，产生不同的学习结果。如果仅仅依靠学习的结果对学生进行评价，很难反映学生的学习过程，尤其是那些需深度思考和探究的学习过程。关注课程实施的评价，既要关注教师对学生学习方式的指导、合作能力的培养，也要关注学生思维的拓展、深化，以及学习目标的达成。

（二）重视非预期结果

学生的学习是一个多样的过程，不同的过程伴随着不同的经历，取得的学习效果也不尽相同，并且很可能会产生一些预设不到的成果。传统的课程目标设计主要局限在设计者认为重要的部分领域内，这样就容易忽视有价值的教育目标，与之对应的教育评价导向也被削弱。过程性评价不应只反映某些领域的目标达成效果，还应该反映学生全面发展的整体能力素质水平，凡是在课程实施过程中产生的结果不论是否在预期之中，都应该被关注和肯定。

三、主体性原则

小学博物馆课程评价关注学生的自我评价，强调学生在评价中的主体地位，旨在通过学生个体的主动参与和亲身体验，学生在课程实践中获得自我认知，学会自我分析与改进，不断完善自我。这里的多元性原则，主要指两个方面：

一是参与评价者的多元性。一般意义上，课程评价是由教师或者管理者进行的，教师通过观察课堂上的学生表现在评价量表上进行记录。在现代课堂中，教师是教育评价的重要参与者，评价的结果对于改进教育教学有着十分重要的促进作用。

二是指评价角度的多元性。在进行评价时，不仅要评价教学环节和教学过程，还要选取课堂评价的要素对课堂进行评价，同时需要关注教学效果、教学理念等。

四、形成性原则

形成性评价主张在课程实施过程中进行评价，包含资源整合、教学设计、内容编制、课程实施、教学过程以及学习效果在内的多个步骤。形成性评价是一种动态性的评价，主要用于反馈当前的课程状态，分析存在的问题，为下一步改进教学活动提供帮助。形成性评价较为灵活，小学博物馆课程是注重学生亲身实践的课程，在实践过程中重视师生之间的交互，开展评价时需要对学生学习过程和表现进行生成性评价，关注学生在博物馆课程学习中的交流、信息搜集和问题解决等，这些都是形成性评价的材料。

第二节 小学博物馆课程的评价体系

锦官城小学博物馆课程是博物馆与学校共同开展的教育项目，有很强的综合性和实践性。以表格形式量化的传统课程评价方式难以反映学生在博物馆学习中的真实效果。因此，锦官城小学通过对学习目标、学习状态、学习效果、学生心理变化等因素的观察，整合、构建了系统的评价方式，建立起适合小学博物馆课程的多元化评价体系，综合评定学生在课程中的整体素质与能力。

从教育的现实价值来看，多元化的学习评价体系，主要目的是促进学生的全面发展。在五育并举的背景下实施综合素质评价，打破唯分数评价的局面，以学生的发展作为评价导向，从而促进学生全面发展。

一、学生自我评价

传统教学评价中也有涉及学生自我评价的部分，但在实施过程中，我们发

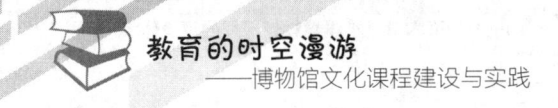

现，学生的自我评价常流于形式。博物馆课程中的学生自我评价应该以学生为核心，让学生进行自我判断，不断改善学习习惯。

自我评价内容主要有以下几个方面：第一，要明确学习目标，围绕目标学习；第二，选择适于自身的学习方法，从阶段结果上审视是否达到目标，了解自己的不足，并能够取长补短，及时调整；第三，自主、积极地参与博物馆课程学习，能够积极地参与到小组合作与讨论中，有意识地进行一定的研究与探索。由于课程主要参与者是小学生，小学阶段是学生行为、秩序的重要形成期，作为主导角色的教师应该有意识地引导学生朝着这个方向进行评价，逐步建立客观的自我评价的方法与体系。

二、同伴相互评价

学生个体的社会化，同伴与同辈是社会化过程中不可缺少的重要群体，他们与个体处于相同的社会环境与相似的教育经历中，在社会化程度与知识储备方面是相似的，因而也会更加了解对方的学习方法、学习态度、学习能力、心理状态等。在一定程度上同伴相互评价弥补了传统评价方式的不足，一方面促进了被评价者的提升与成长；另一方面评价者也能够"见贤思齐，见不贤而内自省"，反思自己的不足，学习同伴的长处。

三、教师主导评价

良性的课堂，应以学生为主体，以教师为主导。良好的课程评价是以教师尊重学生的个性发展，重视学生参与评价过程，引导学生互评。在尊重个性的基础上，以学生的全面发展为目标，允许学生在课程实施的过程中用自己感兴趣或者擅长的方式来表达自我。

四、社会评价反馈

博物馆课程是一门实践性很强的课程，具有较高的开放性。课程的实施一般在博物馆中进行。学生在实体环境中参观并与人交流，其社会实践能力得到了发展。课程实施中产生的社会评价与反馈，也是评价体系中不可缺少的一环。

第三节　小学博物馆课程的评价标准

锦官城小学博物馆课程评价标准的构建如表6-1所示。

表6-1　锦官城小学博物馆课程评价标准的构建

一级指标	二级指标	评价标准
方案制定依据	博物馆教育方案制定依据国家课程标准与学情实际	课程设置符合国家课程标准与学校的办学宗旨，服务办学目的，能够让博物馆课程的硬件场地及设施得到充分利用
	馆内各项活动安排考虑不同学段学生的发展特点	各项活动安排体现不同学段学生的差异性，有清晰完整的各学段、年级活动计划，且活动内容符合年龄及心理发展规律与特点
	教师进行集体教研以保证方案的可行	通过定期组织各学段教师集体教研制订课程计划，征求教师对教材和计划的意见、建议，确保每项课程活动有效实施
方案内容结构	从学习者发展角度制定馆内各项活动目标	各项活动目标制定符合学习者即小学生发展需要，活动目标表述体现主体性，各班教师依据小学生实际情况对方案目标适度调整
	合理计划长期活动与短期活动	课程计划有长期与短期之分，活动内容安排考虑各种环境因素，执行计划时可适时对计划做出合理调整
	均衡馆内各项活动设置的比例	课程方案中设置的内容与时间的比例应恰当均衡，符合学生的学习规律
	细化安排馆内各项活动的时间与地点	明确各项活动的时间、地点，合理分配学段参与课程实施的时间
	落实各项活动的师资和设施配备	对方案中的各项活动，配以充足的活动设施，以及对专项活动配以专项教师
	注重学生优秀品质和良好生活习惯的养成	关注学生的日常行为，对学生的不当行为及时予以纠正，对学生行为进行正确引导，并促进其良好习惯的养成
	把握生活中的随机教育机会	教师应该在生活中挖掘教育意义，在生活中发现问题，并在生活中解决问题，将课程与生活结合起来

续表6-1

一级指标	二级指标	评价标准
方案内容结构	加强家校沟通，保证教育效果一致性	教师及时与家长沟通学生的行为表现，全面了解其行为特征，并向家长提出培养要求，保证家校教育效果一致性
课程实施情况	教学活动面向全体学生，注重个体差异	教学内容选择要考虑班级整体情况，并了解学生的具体发展情况，针对不同发展层次的学生灵活调节教学内容
	创设服务教学任务、优化学生学习环境	课程实施环境符合课程任务需求，能够引导学生在环境影响中自主开展学习讨论
	依据教学内容选择恰当的活动组织形式	选择适合教学内容的教学活动组织形式，活动组织形式灵活多变，有利于提升学生的学习兴趣
	注重博物馆内教学时有效的师生互动	教学要有充分的师生互动环节，鼓励学生积极参与，大胆表达，并对学生及时做出正面回应
	注重对课程资源的开发和利用	教师应充分利用身边的历史文化课程资源，组织教学活动，选择利用废旧物品与学生一起制作丰富多样的教具

第四节 小学博物馆课程的评价内容、方法与工具

一、评价内容

小学博物馆课程的评价应以理论研究与实践探索为依据，以多元开放为原则，以达到衡量课程水平及效果的目的。这一标准，一方面要考量学生综合能力的发展，另一方面要多方面引导学生，为学生创造更多的展现自身特长的机会，促进学生全面而个性的发展。

（一）对课程内容的评价标准：多方契合、多元融通

对小学博物馆课程的评价，最基础的部分是对内容的分析与评价，其中最重要的是内容设计的合理性与科学性。立足于课程设置的目标，小学博物馆课

程的设计应当以促进学生的核心素养与综合素质发展为前提,充分考虑小学生成长与发展规律,掌握学生知识储备情况。另外,除了考虑以学生个体的情况作为一项重要依据,考虑社会发展的需要,是更为重要的部分。前文我们反复提到学生个体的社会化,其教育的根本目的就是"培养人",即为党育人,为国育才,为国家、为社会输送后备人才。因此,目标与课程的设置还应考虑与国家、社会发展需要的契合程度,课程目标与学生面向未来应具备素养的契合度,课程体系的设计是否完整合理、是否具有一定的逻辑关系,课程实施场所的硬件条件是否达到要求,课程实施的资源是否得到保障等内容。其中,对课程实施场所的硬件条件的考量,除了一般的功能性教室,还包括一些特色教育空间。因此,除了评估一般教室的环境外,针对特色教育空间的评价,也应当包含在其中,如教育空间与课程的贴合度等。

对小学博物馆课程内容的评价是评价体系中的重要部分。课程的实施与发展,影响着学生、教师的发展,甚至还会对学校的发展趋势与走向起着一定的作用。考察课程内容与社会发展、学校办学理念等各个层面的契合度有利于为课程创造内生的动力。学生的学习兴趣、教师的专业能力以及学校的办学理念和特色资源也能带动课程的发展。考察课程体系的完整性与逻辑性将为课程对学生、教师、学校甚至社区产生深远的影响打下坚实的基础。小学博物馆课程体系化,一方面能够加强教师对课程实施的信心,另一方面也有利于学生发展核心素养目标的达成。更重要的是,成体系化的课程,能够在区域内产生一定的影响力,吸引更多的专家、教师以及学生等前来学习,最终将小学博物馆课程设计与实施的理念传播出去。考察小学博物馆课程的硬件条件和课程资源,能够避免课程只是冠以发展学生核心素养的口号而存在的表面现象。只有外在的硬件设施以及相应的课程资源得到了保证,小学博物馆课程才能够更加顺利地开展。

(二)对课程实施的评价标准:特色彰显、以生为本

对小学博物馆课程开展评价应当基于自身特色展开。目前很多学校的特色发展都依托于学校的特色课程建设,众多学校也是以特色课程建设作为对外展示的一个"亮点",可见课程建设在学校发展中承担角色与所处的地位。小学博物馆课程作为促进学校特色发展的载体之一,在评价的过程中应该尽可能与学校文化相契合。因此,小学博物馆课程建设必须密切结合学校的办学理念以及文化特色,利用学校已有的优势资源,关注学生的个性化需求。课程的评价主要围绕以下几个方面展开:课程建设是否与学校的办学理念、培养目标以及

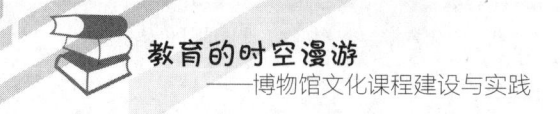

发展愿景相契合，课程是否切实促进了学校的特色发展，课程是否为学校发展带来新的契机，课程规划之前是否对学生的学情、需求、兴趣等方面进行了全方位、多角度的调研等，从而使课程的建设呈现动态性。

课程的评价也包括对课程实施过程的评价，有学者认为课程实施应该贯穿整个教学过程，并且是一个动态变化与实时更新的过程。基于此，这就要求小学博物馆课程的指导教师结合课程实施过程中学生的学习行为或是具体教育情境的变化对课程目标与方案做出调整。学生在课程实施中面临的问题是难以预见的，教师要围绕学生需要，紧扣课程目标，以培养学生素养为最终追求。这就意味着在评价过程中要考虑两个方面：其一是教师作为实施者对于教学内容与教学方法是否有独到的理解；此外，还应考虑教师与课程所蕴含的教育理念之间的契合度。其二是在课程实施过程中，各主体的角色与定位是否明确；实施过程中的主体不仅包括教师，还包括学生。小学博物馆课程的评价主要看学生对课程的满意度以及在课程的学习中受到的影响。

（三）对课程维度的评价标准：多主体化、增强关怀

小学博物馆课程的评价要体现对各主体的关怀。这里的主体主要指向教师、学生等。相关主体通过课程评价在一定程度上都能有所收获。对于教师来说，通过课程评价，教师能够明晰课程在设计与实施中存在的问题，因此能够将其完善，发挥更大的作用。对于学生来说，通过课程评价，学生能够了解自身在课程影响下产生的变化。如果是积极的变化，那么学生对课程的兴趣就会有所提高，并且对学习更加充满自信。如果是消极的变化，学生也能够从评价中发现自己的不足，并将其改正。因此，在课程的评价中，要关注以上各个主体的需求。学生的学习效果，包括学生在课程实施中的表现、参与态度、对课程的满意度，以及自己在课程实施之后发生的改变。基于对课程实际应用效果的评价，我们能够了解学生在课程的实施过程中，是否产生了积极的变化。

在这一层面，教育评价要考虑"个人—社会"之间的协调，既要考虑学生个体的全面发展的需要，也要考虑社会的发展需要。因此，在进行评价时不仅要评价学生在课程学习过程中的表现，还要评价其在社会实践中的表现。这样，学生既实现了个体价值，同时也在向社会化发展，进而实现自身的社会价值。根据个人与社会全面协调发展的目的，小学博物馆课程效果维度的评价标准应做到以下几点。第一，课程应有助于促进社会发展，培育社会所需的人才，为社会全面进步服务；第二，课程应考虑学生各方面的需要与兴趣，考虑学生协调沟通能力、信息处理能力、探究能力和创新能力等方面的发展，促进

学生全方位发展，提高学校整体的教育质量。因此，在这一维度，课程评价要落实到学生个体和社会的发展上，搭建学生个体与社会接轨的桥梁。对教师专业发展的评价，主要包括对教师课程设计能力、课程实施能力、课程评价能力等方面的评价。关于课程促进教师专业发展的评价，可以通过以下几方面来考察：课程开发和实施能否促进教师专业成长，教师的专业水平能否胜任课程开发的任务，教师是否接受课程实施方面的专业培训，课程开发与实施过程中教师身份或能力的变化等。针对教师专业发展的评价，一方面要通过与教师进行交流并获得信息；另一方面学校也要开展相应的活动，鼓励教师在课程设计、实施和评价方面交流、学习，展现自己的能力和特长，使得教师互相学习、不断进步。教师对小学博物馆课程理念的态度也能通过其日常教学体现出来。如果教师认可该课程对学生核心素养发展，对自身专业发展以及对学校特色发展的作用，那么教师在日常教学中也会体现出较高的热情。

二、评价方法

以促进学生全面发展为目标的小学博物馆课程评价体系决定了需要采用多元化的评价工具与方法。多元化的评价方法更加注重学习过程的评价。

（一）观察记录法

观察记录法是指教师在课程实施过程中留心观察，或根据需要创设具体情境，进行有意识的观察、记录的方法。（教师的）记录方式多样，可以面向全体学生，观察、记录学生的整体情况；也可以选择具体的观察对象或内容，进行专项记录。

（二）调查分析法

调查分析法是指教师根据需要设计问卷或开展访谈，了解调查对象关于博物馆课程的生活经验或学习经验并进行分析的评估方法。问卷的调查对象可以是学生，也可以是教师或者家长。教师还可以开展访谈，提供机会让学生讲述自己的感受与经验，教师从中判断学生具有的经验和态度。

（三）测试法或知识竞赛法

测试法或知识竞赛法根据需要对学生的博物馆课程知识、学习能力进行定期的测试或开展知识竞赛，以了解学生群体及个体学习的现状以及变化趋势，并结合生活中的各项因素，分析出现这种现状的原因。

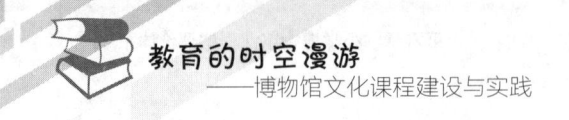

（四）学生参与评价法

学生参与评价法是指为了提高学生参与小学博物馆课程的积极性和主动性，教师根据活动需要，设计活动参与记录表，统计相关数据，了解学生参与情况的评价方法。

（五）学生档案袋评价法

学生档案袋评价法是指将学生在博物馆课程中的学习过程性材料和学习成果进行收集，分析学生发展的成果和不足的一种评价方法。档案袋记录的基本内容可以是学生在活动中制作的原始作品，也可以是教师、同伴对学生的评价以及学生的自我评价等内容。

三、评价工具

（一）教师评价工具

表6-2 锦官城小学博物馆课程教师评价工具

一级指标	二级指标	评价细目	等级
教学准备	教学目标	对博物馆课程涉及知识的掌握情况	
		结合课程内容要求，能够将博物馆资源与学科课程整合，教学设计全面、具体，符合小学生学习的特点	
	内容设计	是否经过科学的方式进行观察、提出问题、安排计划，能够通过规范合适的方法进行测量与搜集，并得出逻辑合理的结论	
		是否对历史、人文、社会、科学、环境等相互关系有一定的了解，能否形成文化自信、珍爱生命等正确价值观	
教学方法	课程实施前	教学方法灵活多样，有利于小学生进行自主学习、探究性学习和合作性学习，注重学生学习能力和创新意识的培养	
		学校教师和博物馆引导人员是否对博物馆资源和学科课程的结合进行了细致合理的分析和研究	
		制订了切实可行的教学计划	

续表6-2

一级指标	二级指标	评价细目	等级
教学方法	课程实施中	教师指导到位，师生互动良好，学习氛围和谐	
		学生积极参与，勤于动脑，积极探索	
		教学氛围民主，能够有意识地培养学生的创新意识，激发学生的学习兴趣，引导其养成良好的学习习惯等	
		教学过程中注重先进信息处理手段与技术的使用	
		评价及时、多样、到位，积极引导学生开展自评与同伴互评	
	课程实施后	及时总结学生的学习情况，对课程进行反思	
		及时总结学生的学习情况，分享交流学习成果	
活动效果		实现预定的课程活动目标，完成教学任务	
		学生活动有实效，有收获，有展示	

（二）课堂观察记录表

观察评价指教师在教学中观察学生的学习表现，并进行客观记录，据此对课程教学效果进行评价。观察评价需要事先设置观察量表，设计观察对象、观察活动内容、观察记录和获得效果等。观察者需要在不干扰课堂正常教学秩序的前提下进行观察，保证获得资料的客观性。观察评价法有多种方式。针对小学博物馆课程，观察者应当采用参与式观察或者现场观察，这就要求教师深入到课程的实施过程中去，认真观察学生行为和思想的变化。通过观察法评价，观察者获得第一手资料，但是也要避免因观察者的主观思想使观察和评价过程受到干扰。在观察评价法运用过程中，观察者应当通过观察学生活动的参与情况来开展评价。

表6-3 锦官城小学博物馆课程课堂观察记录表

观察班级		观察对象	
观察时间		观察记录者	
观察活动内容			
观察记录			
原因分析			
教育措施			
获得效果			

表6-4 锦官城小学博物馆课程自我评价与同伴互评表

一级指标	二级指标	具体细目	自评	互评
人文素养	自我表达	1. 有发表自己见解的意识，勇于表达 2. 表达清晰，具有一定的艺术性		
	珍爱生命	1. 具有自我保护能力 2. 掌握适合自己生存的方法和技能，养成健康文明的行为习惯和生活方式		
	健全人格	1. 能对自己的情况进行正确的评估 2. 积极乐观，充满活力 3. 有自制力和抗挫能力		

续表6-4

一级指标	二级指标	具体细目	自评	互评
信息素养	信息意识	1. 准确判断信息，主动搜集信息，全面描述信息 2. 能批判地分析得到的信息资源 3. 对信息资源科学分类整理、储存		
	信息整合	1. 评估信息成果对决策问题的支持是否足够 2. 将信息成果以适当的形式组织到原始问题环境中，有效地解决原始问题		
学习能力	乐学善学	1. 有主动学习的渴望，学习态度积极 2. 合理分配学习时间，培养科学的学习习惯和有效的学习方式		
	勤于反思	1. 善于和老师互动沟通，善于对自己的学习经验进行总结 2. 能根据不同的客观情况选择合适的学习策略		
协作能力	团队意识	1. 明确自己的职责，按时完成任务 2. 能与小组成员相互合作，及时沟通 3. 能主动协助别人解决困难，有服务精神		
	责任担当	1. 有同理心，有责任感 2. 有承担一切后果的勇气		
	创新思维	想问题敢于打破常识，有发散思维、逆向思维意识		
	创新实践	能将创新想法付诸实践		

表6-5 锦官城小学博物馆课程学生研究性学习评价表

评价内容	水平1	水平2	水平3
调查目的	目的阐述不清楚、不明确	目的阐述较为清楚、明确	目的阐述清楚、明确
调查方法	选择的调查方法不恰当，或者采用的方法没有达到调查的目的	选择的调查方法不全面，或者采用的方法不能完全达到调查目的	选择的调查方法全面，或者采用的调查方法能够完全达到调查目的
调查过程	调查情况阐述缺乏条理性，没有个人的分析	调查情况阐述有基本的条理性，有一部分个人的分析	调查情况阐述具备较强的合理性，且有自己的看法

149

续表6-5

评价内容	水平1	水平2	水平3
调查结果	调查的结果阐述不清楚	对调查的结果进行了简单的阐述	调查的结果阐述清晰明了
提出建议	没有提出有建设性的建议	提出了相关建议，但建议的可操作性有待考量	能根据问题提出有建设性的建议
成果固化	成果固化，格式不规范	成果固化，格式较为规范	成果固化，格式相对规范

（三）学生课后访谈提纲

1. 你是否喜欢本课程吗？理由是什么？

2. 你觉得课程的难度合适吗？你觉得最难的是哪些部分？

3. 通过本节课，你学习到了什么？

4. 请简述一下，本课程与学校的其他社团课程有什么区别？

（四）教师访谈提纲

1. 您对本课程的设计流程满意吗？

2. 对于课程整体的探究性，您怎样评价？

3. 您认为小学博物馆课程有没有和其他学科课程融合？设计博物馆课程时有没有遵循课程标准？

4. 您认为本课程的实施方式对于其他校本课程的实施有什么借鉴意义？

5. 通过本课程的学习，您认为学生表现如何？

6. 您认为现在所施行的这一套课程评价标准是否能满足课程实施的需求？该评价标准能否给您提供一些数据？对课程未来的发展是否有借鉴意义呢？

第七章
小学博物馆课程的实践案例

　　本章基于钱币博物馆课程、金石拓片博物馆课程和天府文化进校园三个案例，详细地剖析了锦官城小学开展博物馆教育的具体做法，如课程的开发与实施，学习时空的建设以及如何以多种方式支持的教育。

第一节 小学钱币博物馆课程的开发与实践

中国是世界上最早出现铸币的国家，中国古钱币至今已蝶变演化有 4000 年之久，从最早的贝币到后来的金币、银币，种类繁多、沿袭有序。中国古钱币蕴含着丰富的知识，其发展历程也体现了中国历史发展的进程。中国古钱币是弘扬中华优秀传统文化，开展爱国主义教育的具体、丰富、生动和有说服力的课程资源。2020 年，教育部和国家文物局颁布《关于利用博物馆资源开展中小学教育教学的意见》指出，要开发博物馆系列课程，创新博物馆学习方式，鼓励小学在课后时间开设校内博物馆系列课程[①]。博物馆要通过进行有意义的教学设计，让多种创新学习方式融入课程中，增强学校博物馆课程的学习效果。在新时代教育背景下研究开发钱币博物馆课程，将钱币博物馆作为学校教育资源，让学生在钱币博物馆中学习，给予学生学习的空间，使学生获得学习的实物，能更好激发学生的学习兴趣，从中感受到钱币蕴含的优秀传统文化，提升文化自信，点燃爱国热情。

一、锦官城小学钱币博物馆课程建设的背景

（一）以文化为载体，开展学校博物馆建设

早在 2001 年，我国就已经开展了基础课程的改革工作。在这项改革中，尤其指出要帮助学生全面发展，按照学生的学习兴趣，有针对性地开展教学。在传统的义务教育阶段的教学中，部分教师的教学呈现出了一种功利化的教学模式，考试考什么，教师就教什么，完全忽视了学生在学习中的状态以及学习的兴趣。以文化为载体，开展学校博物馆的建设非常符合当下新课程发展的需

---

① 教育部、国家文物局：《关于利用博物馆资源开展中小学教育教学的意见》，http://www.gov.cn/zhengce/zhengceku/2020-10/20/content_5552654.htm。

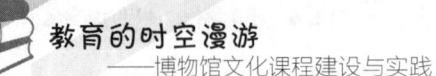

要。学生可以在博物馆中开展学习，在博物馆中近距离了解文物，能够不断激发学生的探索欲望。目前在我国高校的建设过程中，多所学校都在校园中建设了钱币博物馆，比如中南财经政法大学内部的金融货币博物馆，有许多古代的钱币。在博物馆中，钱币不再是一张花出去的物件，而是一个复杂的、有智慧的载体，也见证了人类文明的不断发展。

（二）突破教材中心论的束缚，建立教材之间的联系

在新时代课程的教学过程中，课程教学必须突破传统的教材中心论的束缚，教师在教学中要选择一些实用的、丰富的教学资源。教师在开发课外资源的时候，要注重弥补课程资源的不足。在当前义务教育阶段的教学过程中，钱币文化的教学几乎分散在各个学科中，没有呈现出教学的系统化。而不同的课程在教学中也缺乏联系，学生在学习的过程中获得的知识也呈现出了碎片化的特点。而以钱币为载体开展博物馆教学，能够帮助学生将零散的知识串起来，形成一种系统化的知识体系。这也能够帮助学生突破教材中心论的束缚，不断对各种知识进行融会贯通，有效建立教材与教材之间的联系。

（三）受到当前国际货币发展以及西方钱币文化博物馆发展的影响

货币在人类发展过程中发挥着非常重要的作用，货币的发展不是一蹴而就、一挥即成的，而是有一个非常漫长的演变发展史。从物物交换到原始的货币再到金银铜币、纸币以及未来可能会发生的数字货币时代，货币是一个不断发展的过程。了解我国钱币文化的发展历史，能够帮助学生更好地了解我国钱币博物馆建设的意义。目前西方各国早已开展了以钱币文化为核心的学校博物馆建设，帮助学生不断了解钱币文化发展的历史，而我国高校虽然也开展了类似的活动，但在义务教育阶段发展却非常缓慢。这就需要我国小学阶段、中学阶段的教师，加强关注力度，推动钱币文化博物馆的发展。

二、钱币文化的概述

在清代的钱币学家心目中，钱币主要是指历代铸行的铜制货币，而且多数是指方孔圆钱。人们又把钱币称为"泉币""古泉""古钱"。将古钱币称为"泉"，充分反映了古人对钱币的崇拜及钱币中蕴含的深刻寓意。当时人们认为寓意"天圆地方"的方孔圆钱，可以像泉水一样，在社会交换中永远流通不绝。

从现代钱币学发展的走势看，钱币的内涵有不断扩大的迹象。中国是世界

上最早发明货币，也是最早使用金属货币的国家之一。中国最早使用的货币是贝币，这是一种天然海贝。当时中原地区不产贝，贝流入中原后，作为交换媒介使用，也就具有了货币的功能。从古代汉字的构造可以看出，体现价值的字多含"贝"字，比如"分贝成贫""贝少为贱"。早在汉字形成以前，贝就出现了。铜贝是最早的金属币，约公元前900年出现。最早的金属铸币，形状来源于生活中的生产工具，刀币像刀、布币像铲。在春秋战国时期，钱币的种类比较多，直到秦始皇统一六国，建立秦朝，以圆孔方钱为统一货币。圆孔方钱主要由铜、铁等金属铸造，在钱币刻上文字，用以记录货币价值。自唐代开始，我国开始使用"年号＋通宝"字样的段币。宋朝时期，我国出现了第一张纸币——交子。纸币体系在宋元时期建立，明清时期大量使用。

历代有关制造货币的模具、范具，印制钞币的钞版、纸钞等，也都成为新的收藏对象与研究范围。从钱币的发展以及锦官城小学钱币博物馆中所呈现的钱币来看，钱币可归结为：历史上制造发行的、现已退出流通领域的历史货币的一部分，它主要包括各种质地的金属铸币和钞币等。

关于钱币文化，荆州市钱币学会傅先义认为，钱币文化产生于历史上的各个时期，诠释着货币文化，不同的钱币散发着本时代的气息，彰显社会的变迁。柳州市博物馆杨梓绮认为，钱币文化是货币文化的重要组成部分，货币是社会文化的产物，为商品交换提供条件，由与生产力相关的规章制度组成。据此来看，钱币是有艺术价值的，包括图形、文字、设计的工艺等。

广义上讲，钱币文化是一个社会发展到使用货币时的先进的社会条件，包括社会生产力的发展水平以及与社会生产力发展相匹配的社会制度与文化。狭义上讲，钱币文化指的是钱币的艺术，即围绕钱币本身的文字、图案、形状、制作工艺等方面的艺术。在我国，古钱币大多指的是在历史中曾经作为交换媒介，目前已经退出市场流通的货币。货币文化包含钱币文化，钱币文化是不同历史时期的产物，是对货币文化的诠释和具体化[1]。尤其可见，钱币文化既包含了与生产力发展水平相关的商品交换条件，也包括了与钱币艺术相关的文化载体。

---

[1] 傅先义、丁安国：《我国古钱币文化的特征及其历史作用》，《湖北钱币专刊》，2017年第16期，第53页。

三、钱币文化的特征

（一）钱币图饰的民族特征

我国钱币的图饰很丰富，具有浓厚的民族性，民族性是钱币文化的根基。我国钱币的图形与国外不同，使用文字而非动物。在钱币发展进程中，由于朝代的更换以及统治者所处地域不同，钱币的图示多彩多样，充分彰显了民族特色。

（二）钱币文字的历史特征

我国历朝历代的钱币书写的文字是不同的，具有本时期的特征。钱币上的文字与我国文字发展史紧密关联，也体现了书法艺术的变迁。

（三）钱币发行的政治特征

钱币之所以能够流通，一是源于人们交换商品的需要，二是源于统治阶级巩固政权的需要。

（四）钱币制造的技术特征

钱币铸造时基本采用了当时最先进的工艺，技术含量高，也反映了我国铸造历史的发展。

（五）钱币的流通特征

流通性是钱币的主要特性，流通性有一定的地域特征，不同地区使用不同的货币。

（六）钱币的艺术特征

钱币除了有流通性，还有较高的艺术价值，能全面、真实地反映当时的社会历史发展，是人们了解历史文化的一扇窗户。

四、钱币博物馆课程的内涵

博物馆课程是对博物馆中物化的藏品所蕴含的教育价值进行开发形成的一门隐性的课程。博物馆课程贯彻"生活即教育"的理念，是一门教育性和实践性突出的课程。美国的约瑟夫·施瓦布认为博物馆课程有主题、教师、学生和环境四个要素，它们之间相互组合、相互配合构成了博物馆课程的生态系统。博物馆课程强调发展和培养学生的科学精神和创新思维，在教学模式上也倾向于以学生为中心的学习者的自我建构，推崇探究性学习。所以，博物馆课程基本上以发现学习和建构教学模式为主，教师在设计课程时需要充分体现学习者的主体地位。

锦官城小学博物馆课程中的钱币博物馆课程是学校基于自己设计的钱币博物馆课程，以传承弘扬钱币文化，传递钱币知识为目的。目前，我国各地都有学校进行各类博物馆课程开发。在全社会着力推进馆校合作的大前提下，锦官城小学建成了一座钱币博物馆，这里曾经是战国时期羊子山祭坛的旧址，有深厚的文化底蕴。基于这座钱币博物馆，锦官城小学进行了系列钱币课程开发。

关于钱币课程，曹琳娟在《社会课程：小钱币 大秘密》中顺着"课程源起—偶遇古钱币到课程发展—寻觅人民币，再到课程深入—初学理财，最后到课程的升级—小小理财家"的脉络，通过各个环节的活动设计，让学生开启了一次钱币探究之旅。从小小的一枚古钱币出发，到认识人民币，再到会使用人民币，学生在学习的过程中，积极参加各种探究活动，对钱币的文化进行了深入的了解，大大提高了学生的思维能力。黄浩凯、黄琴在《别开生面的水墨画教学——"钱币与美术"课程资源开发与利用的教学实践》中，将钱币知识与美术课程有效融合，反映了钱币文化可以在美术课程中找到契合点，钱币中蕴含着色彩、文字、故事、情感等艺术元素并与美术活动有机结合，丰富了美术学科的教学形式。

目前国内官方建设的钱币博物馆有 10 余家，在民间更有无数的钱币博物馆陈列，但是它们都不具备育人价值。锦官城小学的钱币博物馆设立在校园之中，从空间上极大地拉近了教师、学生与博物馆的距离。将钱币博物馆设立在校园中的目的是挖掘发挥其育人功能，将博物馆与各个课程进行有效融合，实现博物馆的育人价值。目前，钱币博物馆在学科课程的基础上进行拓展延伸，依据实际情况选择课程资源：将钱币与学校课程相结合，钱币造型形制的文化内涵、钱币折射出的哲学思想等可以与语文课程相结合，铸造与印制工艺发展可以与美术课程相结合，钱币计量单位的演变、钱币流转的金融特质可以与数学课程相结合。锦官城小学的钱币课程研究也是钱币文化与校园课程的整合策略研究。

锦官城小学在钱币博物馆中开展教育，以馆内的资源为载体，是一种特征鲜明的非正式学习方式。博物馆课程的教学模式以学生为中心，重视学生的主体作用，自主建构知识结构，着力于培养科学思维和创新精神。在设计课程

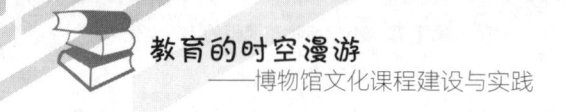

时，基于学生的学习需求来设计，彰显学生主体地位。学校的钱币博物馆课程成为培养学生文化自信的重要载体，学生在钱币博物馆中可以从不同角度去感知中华民族的发展脉络，了解中国灿烂的历史发展，感知中国丰富的文化，从而增强文化自信。因此，锦官城小学的古钱币文化博物馆课程在新时代具有很高的育人价值。

五、钱币文化的育人价值

（一）增强学生文化自信

文化自信体现了一个国家、民族对其文化的认同，对文化发展具有深远的影响。货币是人类进行商品交换的媒介，体现了人类的社会生成财富。在全世界范围内，纵观各个国家，钱币文化都是其国家文化的重要组成部分。如今，随着我国综合实力的提升以及人民币国际地位的提高，人们对钱币历史和钱币文化的研究愈来愈深入，积极挖掘、传承、弘扬我国的钱币文化有利于增强我国的文化自信。钱币文化还是一部凝聚着丰富思想感情的百科全书，通过学习，学生可以形成全面、客观看待问题的世界观。

（二）提升青少年审美

古钱币融合了我国政治历史、社会经济、科学技术、文化艺术等多个方面的元素。钱币除了能购买商品，还具备很高的文化艺术价值。近年来，我国不仅发行流通的货币，还发行一些有文化价值、历史底蕴以及时代意义的钱币，弘扬和传播钱币文化的同时，提升青少年的审美。

（三）增强学生中华文明发展参与感

中国古钱币是一个知识宝库，是中华民族发展历史的结晶和见证。纵观中国货币发展史，也是一部政治、经济、军事、地理、文学、艺术等领域的发展史，是内容丰富的实物史料，是中国优秀的文化遗产。开展钱币博物馆教育能帮助学生探索各个阶段、各个领域的知识，认识中华民族的优秀传统文化，从而激起学生更高的精神追求。

六、小学钱币博物馆课程的目标

锦官城小学坚持博物馆育人的理念，学校在开发小学钱币博物馆课程时根据博物馆课程的文化内涵，以及学生的真实学习体验和课程理念，设计了课程的总体目标（如表7-1所示）。根据学生的年龄特征，学校将总目标进行分级：低年级以感官体验为重点，引导学生通过观察博物馆藏品，借助视听触觉等感官体验，对藏品的形态、色彩、材质等外在特征信息进行认识感受，从而认识和感受中华传统文化，并对其产生兴趣；中年级以多元认识、分析鉴赏为重点，初步进行文化理解，引导学生通过探究式学习、项目式学习等方式，了解馆内藏品，引起情感共鸣，产生对中华传统文化的理性认识；高年级以文化理解、创新传承为重点，从而进行精神塑造，学生通过探究式学习、项目式学习进行跨学科融合学习，通过对藏品价值的解读和表达，对藏品背后蕴含的历史政治经济文化的理解，客观批判地看待，从而树立科学的历史观，传承中华优秀传统文化。

表7-1　小学钱币博物馆课程的总体目标

感官体验	古钱币的形态、色彩、材质等特征信息通过学生的视听觉等感觉器官进入学生的大脑对学生产生了影响
多元认知	学生对古钱币的形态、色彩、材质进行跨学科认识，从而对古钱币形成整体认知（建构或创造）
分析鉴赏	学生对古钱币的特点、价值等进行分析与判断，引起情感共鸣，使学生理解到古钱币的文化元素，产生理性认识
文化理解	考察古钱币的背景、地位及对当时政治、经济、文化的影响，对古钱币的演化等进行理解并形成系统理性认识
创新传承	学生对古钱币所蕴含的价值进行历史解读和表达，传承文化
精神塑造	学生对古钱币所蕴含的精神、信仰、审美等的理解和批判，树立科学的古钱币历史观

具体的分年级的课程目标设置如下：

（1）一至三年级课程目标。

在教师或者家长的指导下，学生能够通过网络初步了解博物馆的一些展品，学习一些基础知识。在教师的引领下到学校的钱币博物馆进行参观，初步认识博物馆馆藏的古钱币背后的故事。通过"说一说、写一写、画一画"的形式对博物馆内的钱币进行描摹。在参观博物馆之后，能够按照教师的要求完成相应的探索任务，与同学交流参观学习古钱币的心得感受，锻炼独立思考的能力、合作交流的能力以及科学探究的能力。在参观完钱币博物馆后养成一定的实践动手能力和探究意识，善于从生活中发现问题，有解决问题的兴趣和信心，能够热爱祖国的钱币文化。

（2）四至六年级课程目标。

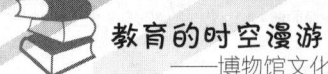

学生学会通过网络尽可能全面了解博物馆的基本情况，浏览展品的基本信息，通过"查一查、写一写、讲一讲、拍一拍"的形式讲述参观博物馆之后的感受。在教师的指导之下，独立完成教师布置的任务，积极参与班级组织的博物馆成果展示活动。养成科学探究的意识，掌握一定的科学探究方法，形成良好的实践动手能力。培养热爱学习、善于思考、勇于探究的好习惯，善于发现问题、解决问题。积极探索钱币文化的内涵，在课后主动了解更多关于钱币文化的知识，对中国的钱币文化感到自信。

七、小学钱币博物馆课程的内容

锦官城小学根据钱币博物馆课程的目标，设计了钱币博物馆课程的内容体系，具体包括钱币历史、钱币文化、财商教育和钱币科学四个板块（如图7-1所示）。钱币历史课程板块主要讲述中国古钱币的发展历史，包括开元通宝、五铢钱、邓通半两、丰货钱、秦刀币、秦半两等。钱币文化的主要内容是钱币背后的社会文化背景以及经济发展背景。财商教育板块主要包括金钱观念、财务知识、市场规律等。钱币科学板块主要围绕钱币本身的科学知识进行探究。

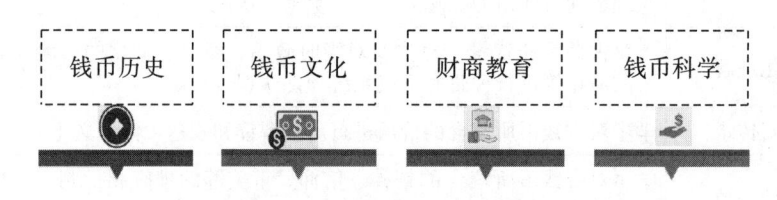

图7-1 钱币博物馆课程内容

八、小学钱币博物馆课程的实施

（一）建设博物馆式的学校，将钱币"熔"进校园，将文化"融"进课堂

为了给学生构建沉浸式的学习环境，锦官城小学将自身建设成博物馆式的学校。2021年5月26日，锦官城小学钱币文化博物馆在校内正式开馆（如图7-2所示）。启动仪式现场，学生用精彩的节目展现了我国钱币的发展史，校园剧《伟大的人民币》再现了第一套人民币发行期间，老百姓的喜悦心情，是爱国主义精神传承的体现。锦官城小学党支部书记、校长彭学明与川江钱币博物馆馆长黄春明签订共建协议，中国核动力研究设计院、四川博物院、四川科

技馆、成都博物馆、成都拾野博物馆等参与馆校课程建设的嘉宾们共同为"锦官城小学钱币文化博物馆"揭牌。钱币的"小小守护人"讲述着每一种货币背后精彩的故事，引得嘉宾阵阵赞叹；活动现场还展出了学生在参与课程学习后，交出的形式多样的学习成果，让嘉宾竖起了大拇指；而学生在美术课上用泥塑的各种脑洞大开的钱币美术作品，也让人充分领略钱币之中的艺术魅力；体验活动区，学生带领着嘉宾现场进行钱币拓印活动。学校建设了钱币博物馆，为学生学习营造了浓厚的学习氛围，充分激发了学生学习钱币的兴趣。学校的钱币博物馆资源丰富，馆中的几百枚古钱币只是其中的一部分，这是一个流动式的博物馆，为学校提供古钱币的馆长会定期为学生更换新的古钱币。古钱币文化课程的实施能够有效拓展学生的学习空间，让学生从封闭的课堂走向开放的博物馆，从课本知识学习走向亲身实践，打破学习空间和时间的壁垒，从被动学习变为主动探索，从孤军奋战转变为小组合作学习。古钱币博物馆文化课程能够培养出学生多学科知识综合运用能力。

图7-2 锦官城小学钱币文化博物馆开馆

（二）"家－校－馆－社"互联，构建立体化育人网络

为了促进钱币博物馆课程的高效化实施，锦官城小学构建了"家－校－馆－社"互联的立体化育人网络。学生在学校博物馆接受钱币教育，家长配合学校在家庭中做好金钱观教育及财商教育。与此同时，锦官城小学积极与校外专业博物馆开展馆校合作，共同开发钱币博物馆课程，并定期邀请校外博物馆专家到校开展钱币文化教育。例如，学校邀请四川大学考古文博学院的邱添老师为学生开展钱币文化教育（如图7-3所示）。邱老师从什么是古钱学、古代钱币从哪儿来、古钱学的作用和意义，参考书籍为学生上了生动的一刻。上课

伊始，他就让学生做了一个简单的自我介绍，围绕"我知道哪些和钱币有关的知识"和"我想了解什么钱币知识"来进行，学生畅所欲言，迫不及待地想要学习更多的钱币知识。课堂上，老师借助图片、视频等丰富的多媒体资源为学生呈现了生动有趣的课堂，学生听得津津有味；面对老师的提问，学生踊跃发言。从学生的积极发言中，可以看到他们对钱币文化的兴趣较为浓厚。课堂即将结束时，老师给学生带来了一个"一枚铜钱"的小故事，老师绘声绘色地讲着，学生入迷地听着，下课铃声响起，学生还意犹未尽。锦官城小学还积极与社区对接，共享学校的博物馆教育资源，并邀请社区参与学校博物馆教育。

图 7-3　四川大学考古文博学院邱添老师为学生开展钱币文化教育

（三）"线上+线下"一体，构建课程实施双通道

锦官城小学为了保障学生随时随地都能学习钱币知识，构建了"线上+线下"的课程实施双通道。在线下，学生可在学校钱币博物馆中，或课堂上，或在家中学习钱币知识；在线上，学校开发了在线钱币博物馆，并嵌入学校微信公众号，学生可随时随地学习钱币知识。学校在微信公众号上开创了"小小钱，'币'须说"系列古钱币课程，深受学生喜爱，为学生学习钱币知识提供了丰富的支撑（如图 7-4 所示）。

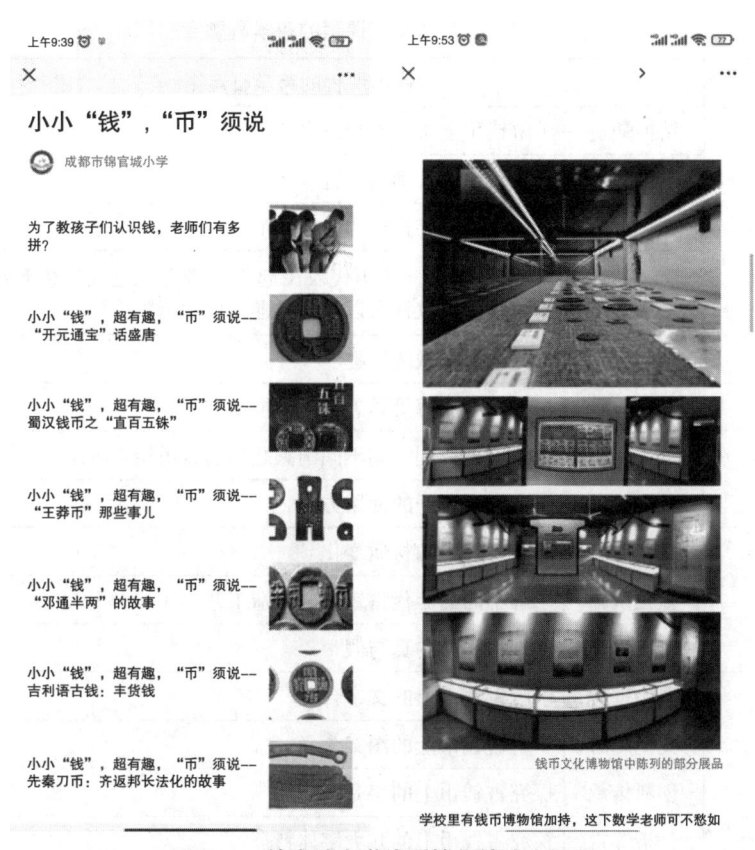

图 7-4　锦官城小学钱币博物馆线上课程

（四）多学科融合，促进钱币知识融会贯通

锦官城小学教师在古钱币博物馆课程开发的过程中，打破学科壁垒，强调跨学科整体联合和交叉运用，培养学生综合运用知识的能力，注重发展学生的探索能力和创造能力（如表 7-2 所示）。学校引入古钱币博物馆，在教师设计和实施课程的过程中，充满探索、学习与研究、创新的热情，通过古钱币文化课程，学校变成了博物馆，博物馆变成了学校，教师在这样的课程变化过程中，不断增强自己的研究能力与专业发展能力。古钱币文化课程在小学学科中的运用范围很广泛，教师也能够借助古钱币这个载体开展丰富多样的教学活动，让学生得到长远发展，这对提升学生各种能力与素养，乃至对其情感、态度、价值观都具有深远的教育意义。

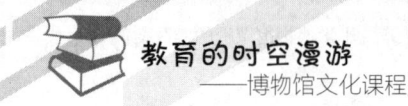

表7-2　钱币博物馆课程的跨学科融合

学科		古钱币课程的跨学科运用
语文	精神塑造	了解钱币上重要人物及事迹
	创新传承	寻找钱币设计师的事迹
	文化理解	了解"贝"字背后的历史故事
	分析鉴赏	"特殊"钱币（如历代农民起义军铸币、近代红色政权钱币、近代日伪政权钱币以及各类趣味币和错版币等）
	创新传承	探究钱币收藏的乐趣
数学	感官体验	探索古人用海贝是怎么以物换物的
	文化理解	探索春秋战国时期不同国家之间的钱币换算方法
	分析鉴赏	探索纸币交子的使用方式
科学	感官体验	探究古钱币的材质变化
	多元认知	了解不同的年代古钱币的铸造工艺
	感官体验	鉴别古钱币的真与假
书法	文化理解	了解古钱币上的文字含义
	文化理解	了解古钱币上的图案含义
	创新传承	探究古钱币上的字是谁写的
	分析鉴赏	探究古钱币上的几大字体特征
美术	多元认知	古钱币写生（用水彩、彩铅、马克笔来表现）
	创新传承	用彩绳编织钱币工艺品（选用寓意好的钱币编织到彩绳中）
	多元认知	漫说钱币历史（学生收集资料、整理资料，用漫画的形式将古钱币的历史表现出来，可以是绘本形式，也可以是长卷形式）
	创新传承	为学校设计纪念币（学生了解纪念币的组成部分，可以手绘纪念币，也可以用黏土来制作纪念币）
音乐	精神塑造	学生根据其他学科上了解到的古钱币历史故事，通过教师指导，编排这些故事的音乐剧

1. 钱币课程与语文、美术等学科的融合

锦官城小学坚持博物馆育人的理念，以拓展学生知识面，提高学生文化素养，培养学生热爱祖国为目标。结合学校的博物馆课程与学生语文学科发展的特点和需要，锦官城小学进行博物馆课程开发，并设立以下的年段目标（如表

7-3 所示）。

表 7-3　语文学科钱币博物馆课程的目标

年级	文化基础目标	自主发展目标	社会参与目标
1~3年级	通过学习古钱币上的文字、特征、图案，初步培养学生的审美情趣。通过博物馆参观，认识各个历史时期的古钱币，学生基本了解钱币发展的历史	学生通过"查一查""画一画"，把自己知道的钱币画出来，培养学生积极的学习态度和浓厚的学习兴趣。通过"讲一讲"的形式，引导学生讲解给周围的人听，初步培养学生自主学习的能力和意识	通过到博物馆学习，1~2年级的学生通过小组合作制作具有古钱币的明信片，绘制关于古钱币的小报，3年级的学生通过小组合作制作关于古钱币的台历，培养学生的团队合作意识
4~6年级	通过学习钱币的故事，了解部分重要钱币的意义，提升学生对中华文明发展的参与感。通过钱币与历史课程的学习，深入探究钱币背后的文化、社会发展，初步培养学生的文化自信，激发学生对中华文明的理解和热爱	通过写一写"我与钱币的故事"想象作文，设计锦官城钱币，培养学生的表达能力、创新能力。通过探究式学习、开放式学习，培养学生的思维能力、表达能力和合作探究能力，为学生的思维模式发展增加可能性	通过展示学习成果，做钱币讲解员等，逐步树立良好的道德规范和行为准则，增强团队意识和社会责任感

我国古代的钱币，在形状、书法、文字学、图饰、美学等方面，都比较讲究，这可以培养学生的审美情趣。学生通过欣赏钱币中的书法，提升审美能力。如秦以前的书法是大篆，秦朝以后用小篆，六朝以后以隶楷为主。宋代书法艺术发达，各种字体在钱币上均有体现，宋徽宗的瘦金体就是典型代表，苏轼的书法也有所体现，可以说宋代的钱币史就是宋代的书法发展历史。除了汉字会出现在钱币上，少数民族也铸造钱币，在他们的钱币上刻着各种少数民族文字，因此一部钱币史又是一部少数民族古文字大全。

另外，钱币在全国各地除了具有货币功能，还具有文化、民俗方面的多重意义，象征吉祥如意，这样的钱币叫民俗货币。民俗货币除了收藏、纪念以外，还可以作为配饰。一些达官贵人会在身上佩戴一些钱形的饰品，我们称之为佩钱。佩钱不是通用货币，类似于护身符，功能是祈祷平安呈祥、祛除灾难。佩钱一般为钱的形状，带扣，上面铸刻着图案、吉语，例如有的吉语钱刻有"福如东海""长命富贵""状元及第"等，有的生肖钱正面或背面刻有猪、牛、鸡等十二生肖，有的钱刻着"梅兰竹菊"，还有刻有跑马、飞马、八骏图

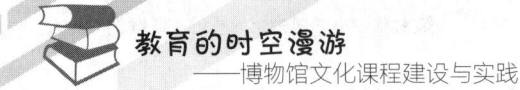

等。据书谱记载，佩钱上的文字与图案多达2000种。多数佩钱因出自名门或是官铸，其讲究的用料、高超的工艺、精美的图案，在中国古代钱币中具有独特的文物价值和文化价值。

锦官城小学的钱币博物馆中展示了很多四川的民俗钱币。其中有一枚学生非常感兴趣的钱币叫"五毒钱"。此钱币为圆形方孔钱，在方孔的四周刻着"壁虎、蛇、蟾蜍、蜈蚣"的图案，另一面刻着"吉祥"的字样，这是一枚庆祝端午节的纪念币。学生在参观的时候，提出了不少问题："为什么要刻上这几种动物？""这枚钱币能买多少东西？""这枚钱币与其他钱币有什么不同？"……在这些问题的驱动下，学生通过听讲解、查阅资料，知道这是一枚花钱，俗称"五毒花钱"，是在端午节时佩戴的用于祛毒的饰品。这一枚小小的花钱，学生通过深入学习后了解到一些知识：一是花钱是一种特殊钱币，不具备法定的流通功能，铸造的形状、图案和文字是五花八门的。人们在特殊场合，出于特殊需要铸造了花钱。二是"端午节"被称为"毒日"。"端午节，天气热；五毒醒，不安宁。"五毒指的是"壁虎、蛇、蟾蜍、蜈蚣和蝎子"。人们为祛除毒害会沐天汤、饮蒲酒、撒雄黄、插艾草，还会佩戴"五毒花钱"。三是自清朝起，佩戴五毒花钱是重要的民俗，在民间大肆流行。更有意思的是，学生在了解这些知识以后他们提出了一个有意思的问题："为什么五毒花钱上刻的不是5种动物而是4种动物呢？"学生通过查阅资料了解到：清代的五毒花钱是黄铜铸造的，没有蝎子并不是因为蝎子不是五毒之一，而是人们为了吉祥，取其谐音"祛邪"（去蝎）。这样的民俗钱币是很受学生欢迎的，让学生在提高审美情趣的同时，了解到更多的传统文化，厚实了学生的文化底蕴。锦官城小学的古钱币博物馆课程既关注民族文化的传承，又关照了学生个人素养的发展，是顺应新时代教育的潮流的。

2. 钱币博物馆课程和道德与法治学科的融合

学生在博物馆参观学习的过程中，应当遵守相应的行为准则，这是学生在公共场所中应当遵守的社会公德。锦官城小学的学生走进博物馆学习，他们需要自觉地遵守相关的规则，有序、安静、仔细聆听、思考……这是学生参与社会最基本的素质体现。在博物馆中学习，会帮助学生逐步树立良好的道德规范和行为准则。

在锦官城小学博物馆课程的古钱币博物馆课程开发下，部分学生兴趣浓厚，深入学习，积极争当博物馆志愿者，担任"钱币守护人"，介绍自己守护的钱币，或者讲解自己的故事。在这个过程中，学生为了能够更好地介绍他所守护的钱币，会积极主动地学习相关知识，并创造性地表达出来，整个过程其实让学生树立了一种为社会服务的意识,也体现了他们保护传统文化、传承和发扬优秀传统文化的社会责任感。在向客人介绍钱币时,学生的仪态、表达能力都要求达到最佳的状态,学生的个人素质在这个过程中也就得到了锻炼,具备一定的职业道德。学生的社会责任感增强还体现在文创产品的创作中。学生一起创作以古钱币为主题的新年台历,或者是创作拓印钱币纪念品时,会相互合作、合理分工。在这个过程中,学生要增强团队意识、社会服务意识和社会责任感。这是新时代学生的基本素养。

3. 钱币博物馆课程与数学学科的融合

数学不仅是一门系统化的演绎学科,而且是源于社会实践的归纳学科,而钱币就是社会经济文化发展的产物,学习钱币文化课程更加有利于加强数学与生活实践、社会经济、历史发展的结合,体会数学与生产、生活的紧密联系。数学是由问题和解决问题的方法构成的有机整体,而钱币的产生或废除也是因为生活生产实践中产生了众多问题。所以,在数学课程中渗透钱币文化课程能够教会学生在生活中善于发现问题,分析和解决问题,运用数学的思维思考生活。数学是不断完善、广泛运用和持续发展的,而钱币更是不断完善、持续发展的,所以学习钱币文化课程可以让学生的逻辑推理能力得以发展,培养可持续发展能力。

锦官城小学的课程主要是以钱币为线索开展数学教学,对于绝大多数学生来讲,"钱"这个概念从二三岁的时候就有了,最初的认识就是钱能买东西,但是对于钱币的历史可谓知之甚少。学校曾对小学低段、中段、高段学生进行课程前期调研,低段学生较为关注钱币形状、色彩等外在特征以及简单的面值;中段的学生关注的要深入一些,对铸造钱币的材质比较感兴趣;高段学生则上升到文化层面,更多地期望了解钱币的历史发展脉络。以此为脉络设计课程,对学生来讲是全新的学习方向,学生循序渐进地了解了钱币的外形、构造、材质、历史及其蕴含的文化。学校设计的钱币博物馆课程主要从以下几个方面进行体现。

(1) 中国的古钱币文化源远流长,一脉相承。自商代铜贝至民国通宝,古钱币绵延三千余年,不断丰富和扩大自己的品类及内涵,有十分重要的教育价值。学校通过建设钱币博物馆展厅,引导学生热爱古钱币,了解古钱币的形制、单位、材质、铸造工艺等方面的发展历程,总结探究其发展的规律。

(2) 古钱币是历史上用作交换的媒介,是退出流通领域的历史货币。本课程通过在钱币博物馆内的学习,让学生体验钱币文化的历史文化变迁,从而了解中国历史文化的变迁,了解钱币的发展历史同中国政治、经济、文化发展历

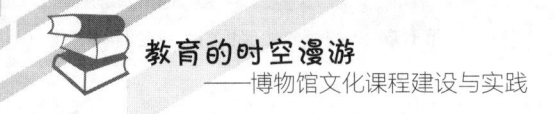

史之间的关系，了解古钱币曾在历史上发挥的重要作用，以及在今天依然存在的价值。

（3）首先，学校在博物馆中引导师生联系自己的日常生活，综合运用自己所学的知识探索未知的领域。其次，教师依托实物开展教学。锦官城小学在钱币博物馆里为学生提供了古钱币实物供学生观察和研究，让学生亲身观察、触摸感受钱币的材质，探究其背后的文化，体会钱币的设计特点。最后，鼓励学生拓展思维，发现古钱币除了流通之外现在还存在的价值，比如纪念和收藏等。

为了更好地指导数学学科与钱币博物馆的课程融合，教师设计了数学学科钱币博物馆课程的评价方式（如表7-4所示）。

表7-4 锦官城小学博物馆课程数学学科钱币博物馆课程评价

课前资料准备及收集（填写探索手册）	参观钱币文化博物馆的收获（画一画、写一写、说一说，可拍视频）	用数学知识解决与数学相关的问题的能力（问卷星呈现）	活动中独立思考的能力	活动中团队合作的能力
A. 资料收集有效且充分	A. 通过参观有所收获、有所思考，能将自己的收获及思考，通过一定方式清晰准确地表达出来	A. 能用数学知识准确地解决钱币中所涉及的问题，能举一反三	A. 能积极主动地思考，会发现问题、分析问题、解决问题	A. 能与组内同学有效沟通，互相帮助
B. 资料收集有效但不够充分	B. 通过参观有所收获、有所思考，能将自己的收获及思考，通过一定方式表达出来，但表达不够清晰准确	B. 能用数学知识解决钱币中所涉及的问题，不能举一反三	B. 能积极思考老师提出的问题，缺乏发现问题的能力	B. 能与组内同学有效沟通，但不能互相帮助
C. 资料收集有一定效果但不详细	C. 通过参观有所收获，但没有结合平时所学有所思考，仅能将收获简单地说出来	C. 仅能读懂钱币中的数学问题，但不能用数学知识准确地解决钱币中的数学问题	C. 在反复提醒之后能思考问题	C. 与组内同学沟通有一定效果，在发生争执时不能互相谦让

续表7-4

课前资料准备及收集（填写探索手册）	参观钱币文化博物馆的收获（画一画、写一写、说一说，可拍视频）	用数学知识解决与数学相关的问题的能力（问卷星呈现）	活动中独立思考的能力	活动中团队合作的能力
D. 资料收集无效	D. 通过参观收获有限，不能将自己的收获，通过一定方式表达出来	D. 读不懂题目	D. 不能独立思考	D. 不能与组内同学有效沟通

（五）运用钱币博物馆课程培养学生思维能力

在思维模式的塑形阶段，学生的接触面就成了一个关键因素；而对于内容，在没有强制要求的情况下，大部分学生都会学得比较随意。学生在博物馆参观时往往只看"和自己有关的"。学生在钱币博物馆中参观学习也是如此，他们会对"钱币在当时的时代能够买多少东西？"这样的问题感兴趣。这实际上是学生对一枚钱币所处时代的经济发展水平感兴趣。如果学生顺着这一问题去探究，那他们就会深入地了解这一历史时期的社会情况、生产力水平等。这毫无疑问激发了学生的学习兴趣，点燃了他们的学习热情。他们会在这样一个学习过程中，采用什么学习方式呢？在问题的驱动下，他们会积极地进行探究，包括请教他人、上网查阅资料……这时教师通过使用恰当的引导方法、营造探究式学习环境，帮助他们培养积极的学习态度、浓厚的学习兴趣和自主的学习能力。学生或许会对钱币的材质感兴趣，或许会对钱币的书法感兴趣，或许会对钱币背后的历史人物感兴趣……在钱币博物馆中，三国时期蜀国的钱币"直百五铢"，引起了学生的关注，"为什么叫直百五铢？""它和汉代的五铢钱有什么区别？""这种钱币的发行和三国鼎立的局面有没有关系？"这些问题的提出是学生在利用博物馆资源学习后碰撞出的思维火花。比如，锦官城小学的段金雨同学在参观博物馆后提出了一个很有价值的问题："为什么清朝康熙和乾隆时期的钱币是最大的？这一阶段钱币购买的东西要多一些吗？"诸如此类的问题还有很多，可以看出学生在博物馆的学习过程中，产生了浓厚的兴趣，思维能得到发展。由此可见，古钱币博物馆课程，为学生的思维发展、兴趣发展提供了更大的可能性。

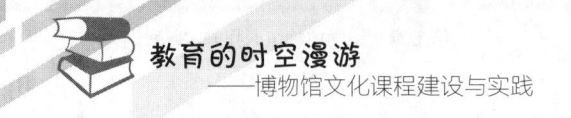

（六）以问题为驱动，深化项目制学习

锦官城小学博物馆课程的钱币博物馆课程是富有探索性和创造性的课程，学校教师以问题为驱动，设计了项目制学习活动（如表7-5所示）。教师以学生为中心的学习方式，通过一个真实的问题，让学生进行规划及完成一系列任务，从而最终实现目标问题的解决。整个过程包括确定主题、实践操作、成果发布和交流反馈。在这种学习方式下，教师是学生学习的协助者，为学生的学习提供方向性的辅导。学生会收集信息，通过自主学习获取知识、解决问题。为体现项目式学习的特性，教师从驱动性问题出发，以"学校将在校内建设一座钱币博物馆并投入使用，现聘请你作为博物馆建设项目总负责人，你将如何来统筹安排博物馆的建设及使用呢？"为驱动性问题，引领学生开展协作式学习、探究式学习。学生在这个真实问题的引导下，开始了真实探索，进行了热烈的讨论，培养了学生解决复杂问题的能力、沟通协作的能力、批判性思维等，开发了他们的创造力，形成了丰富的成果。博物馆的价值就在这整个活动中体现了出来。

表7-5 锦官城小学钱币会说话项目式学习

适用年级	五年级	建议学习时长	3个月
场馆简介	背景：学校准备在已有博物馆的基础上，建设一个钱币博物馆，让学生了解钱币的前世今生 动因：要建校内博物馆，需要考虑受众，考虑其教育价值，所以校内博物馆需要立足儿童视角，博物馆建设的过程也是学习的过程，需要孩子的主动参与 概述：以"学校将在校内建设一座钱币博物馆并投入使用，现聘请你作为博物馆建设项目总负责人，你将如何来统筹安排博物馆的建设及使用呢？"为驱动性问题，引领学生开展协作式学习、探究式学习。在解决复杂问题的同时，学习钱币相关知识，建立学科联系，培养社交情感等技能		
学生学情分析	作为五年级学生，在思维方面，逐步学会分出概念中的本质与非本质，主要与次要的内容，学会掌握初步的科学定义，学会独立进行逻辑论证，但他们的思维活动仍然具有很大成分的具体形象色彩。在想象方面，学生想象能力迅速增长并逐渐符合客观现实，同时创造性成分日益增多		
学科	美术	相关学科	语文 数学

续表7-5

适用年级	五年级	建议学习时长	3个月
课程结构图	钱币会说话 ├─ 钱币的前世今生 —— 查阅资料，了解钱币历史和现状 ├─ 钱币的未来 —— 根据已学到的钱币知识，创想钱币的未来，并能积极保护钱币 └─ 布展介绍 —— 在教师指导下进行博物馆合理布置，学习介绍馆内藏品			
课程学习目标	**学科目标：** 语文：学会认真倾听，抓住要点简单转述；能根据博物馆场合，进行简单的讲解 美术：通过课前对相关资源的收集和调查，了解博物馆藏品的概况，通过典型案例的分析，探讨博物馆文化的价值和意义，通过现场体验活动，强化对钱币知识的掌握 数学：能探索分析和解决博物馆建设中的简单问题，经历与他人合作交流解决问题的过程，尝试解释自己的思考过程 **通用素养目标：** 1. 通过查阅相关史料，增强民族自豪感 2. 品味艺术欣赏之美，掌握钱币知识 3. 能够用丰富的形式向大家介绍钱币，能够创造性地解决问题			
馆校学习过程	前置学习 1. 网上查阅资料进行自主学习，根据博物馆主题设计施工图纸 2. 设计好图纸后，将自己的设计意图进行讲解并进行招标			
	场馆学习 博物馆建设施工方根据中标图纸及设计者意图，进行建设材料准备，着手建设博物馆			
	后续学习 建成验收后的博物馆投入使用，作为讲解员，设计讲解稿，最后展示			

171

续表7-5

适用年级	五年级	建议学习时长	3个月
学习评价设计	\<以下为钱币会说话评价量表\>		

钱币会说话评价量表

	未达标	有待改进	达标	等级
团队协作	• 我需要提高为团队讨论做好准备的意识，并加入其中 • 我需要有人来提醒我完成项目工作 • 负责的项目工作没有按时完成	• 我通常能做好准备并加入团队讨论但并不是总是这样 • 我主动做了一些项目工作，但有时需要别人提醒 • 我按时完成了大部分的项目工作	• 我会准备好加入团队协作；在讨论前，我会学习相关资料，并在讨论时，利用这些资料提出创意 • 我能主动完成项目工作，不需要别人提醒 • 我能按时完成所有项目工作	
博物馆建设创意	• 只使用了常见的信息来源（网站、书籍、文章）来获取知识和技能 • 我想到的博物馆建设不是全新的或原创的	• 我发现了一两个不常见的信息来源，可以用来获取知识和技能 • 我想到了一些关于博物馆建设的新创意	• 我找到了特别的方式来获取信息 • 我想到了很多关于博物馆建设的新创意	
博物馆介绍	• 我使用了不恰当的事实和不相关的细节来支持主要观点 • 我在介绍时显得非常焦躁不安或是无精打采 • 我在展示时说话声音太轻或不清楚	• 我能选择一些支持主要观点的事实和细节，但可能不够充分，或者是不相关的 • 我在展示时显得稍微有点焦躁不安或是无精打采 • 我在展示时大部分时间声音大而清晰	• 我能选择恰当的事实和相关的、描述性的细节来支持主要的观点和主题 • 我在展示时有一个自信的身体姿势 • 我在展示时能大声而清晰地演讲	

所需学习资源	1. 利用图书馆、网络等查阅钱币及博物馆知识 2. 了解施工所需材料

（七）钱币博物馆课程的评价

锦官城小学馆校博物馆课程是博物馆场所与学校课堂资源相结合的课程形式，课程开发与实施的过程中始终关注课程的综合性以及实践性。传统的、常规的评价方式难以测评学生在小学馆校博物馆课程中的学习情况。因此，结合博物馆课程实施过程中对学习目标、学生学习状态、心理变化、学习效果等因素的观察与整合，将多种要素共同纳入审核范围，从评价主体、评价内容、评价方式三个方面，采用多元化、立体化的测评方式，建立起适合小学馆校博物馆课程的多元化评价体系，综合评定学生在课程中展示的整体素质与能力。锦官城小学开发了教师评价量表（如表7-6所示）小学馆校博物馆课程观察记录表（如表7-7所示）、学生自评与同伴互评表（如表7-8所示），以及研究性学习评价表（如表7-9所示）。

表 7-6　锦官城小学钱币博物馆课程教师评价量表

一级指标	二级指标	评价细目	等级
教学准备	教学目标	对课程涉及的知识的掌握情况	
		结合课程内容要求，将博物馆资源与学科课程整合，教学设计全面、具体，符合小学生学习的特点	
	内容设计	是否经过科学的方式进行观察、提出问题、安排计划，能够通过规范合适的方法进行测量与搜集，并得出逻辑合理的结论	
		是否对历史、人文、社会、科学、环境等相互关系有一定的了解，能否形成文化自信、珍爱生命等社会责任感	
教学方法	课程实施前	教学方法灵活多样，有利于小学生进行自主学习、探究性学习和合作性学习，注重学生学习能力和创新意识的培养	
		学校教师和博物馆引导人员是否对博物馆资源和学科课程的结合进行了细致合理的分析和研究	
		制订了切实可行的教学计划	
	课程实施中	教师指导到位，师生互动良好，学习范围和谐	
		学生积极参与，勤于动脑，积极探索	
		教学氛围民主，能够有意识地进行学生创新意识的培养，激发学生学习兴趣、学习习惯等非智力因素的培养	
		教学过程中注重先进信息化手段与技术的使用	
	课程实施后	评价及时、多样、到位，积极引导学生开展自评与同伴互评	
		及时总结学生的学习情况，对课程进行反思。	
		及时总结学生的学习情况，分享交流学习成果	
活动效果		实现预定的课程活动目标，完成教学任务	
		学生活动有实效，有收获，有展示	

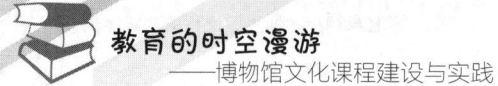

表 7-7 锦官城小学馆校博物馆课程观察记录表

观察班级		观察对象	
观察时间		观察记录者	
观察活动内容			
观察记录			
原因分析			
教育措施			
获得效果			

表 7-8 锦官城小学钱币博物馆课程学生自评与同伴互评表

一级指标	二级指标	具体细目	自评	互评
人文素养	自我表达	1. 有发表自己见解的意识，勇于表达 2. 表达清晰，具有一定的艺术性		
	珍爱生命	1. 具有自我保护能力 2. 掌握适合自身的方法和技能，养成健康文明的行为习惯和生活方式		
	健全人格	1. 能对自己的情况进行正确的评估 2. 积极乐观，充满活力 3. 有自制力和抗挫折能力		

续表7-8

一级指标	二级指标	具体细目	自评	互评
信息素养	信息意识	1. 准确判断信息，主动搜集信息，全面描述信息 2. 能批判地分析得到的信息资源 3. 对信息资源科学分类整理、储存		
	信息整合	1. 评估信息成果对决策问题的支持是否足够 2. 将信息成果以适当的形式组织到原始问题环境中，有效地解决原始问题		
学习能力	乐学善学	1. 有主动学习的渴望，学习态度积极 2. 合理分配学习时间，培养科学的学习习惯和有效的学习方式		
	勤于反思	1. 善于和老师互动沟通，善于对自己的学习经验进行总结 2. 能根据不同的客观情况选择合适的学习策略		
协作能力	团队意识	1. 明确自己的职责，按时完成任务 2. 能与小组成员相互合作，及时沟通 3. 能主动协助别人解决困难，有服务精神		
	责任担当	有同理心，有责任感；有承担一切后果的勇气		
	创新思维	想问题敢于打破常识，有发散思维、逆向思维意识		
	创新实践	能将创新想法付诸实践		

表7-9　锦官城小学钱币博物馆课程研究性学习评价表

评价内容	水平1	水平2	水平3
调查目的	目的阐述不清楚、不明确	目的阐述较为清楚、明确	目的阐述较清楚、明确
调查方法	选择的调查方法不恰当，或者采用的方法没有达到调查的目的	选择的调查方法不全面，或者采用的方法不能完全达到调查目的	选择的调查方法全面，或者采用的调查方法能够完全达到调查目的
调查过程	调查情况阐述缺乏条理性，没有个人的分析	调查情况阐述有基本的条理性，有一些个人的分析	调查情况阐述具备较强的合理性，且有自己的看法
调查结果	调查的结果阐述不清楚	对调查的结果进行了简单的阐述	调查的结果阐述清晰明了

续表7-9

评价内容	水平1	水平2	水平3
提出建议	没有提出有建设性的建议	提出了相关建议,但建议的可操作性有待考量	能根据问题提出有建设性的建议
成果固化	成果固化格式不规范	成果固化格式较为规范	成果固化格式相对规范

钱币文化是人类文明发展史中一颗璀璨的明珠,它既是社会生产和科学技术融合的产物,又是社会意识形态的凝结,集知识性、教育性、审美性等诸多功能于一体。一钱观照千秋景,小小钱币,千姿百态,绚丽多彩,透过它,可以看到五彩缤纷的大千世界。利用博物馆资源开发校本课程,可以拓宽学生的视野,增强学生的文化自信,培养学生的核心素养。同时,学生是课堂的主体,老师将会更多地立足学生视角,逐步引发学生的思考并培养其探索精神,将会让学生逐步吸收钱币文化,真正从课程中获益。

第二节 小学拓片博物馆课程的开发与实践

拓片是以湿纸覆在碑帖或金石文物上用墨拓其文字或图形的印刷品。拓片是一种特殊的文献形式。拓片是众多记录中华民族文化的文献载体之一,是源远流长的中华文明历史中极具中华特色和传统文化意义的物品。它蕴含了历史、政治、军事、建筑、书法、文史学的奥秘,具有较高的科学育人价值。锦官城小学在校内建设拓片博物馆,将拓片学习与国家课程相融合,开发小学拓片博物馆课程。学生在课程学习的过程中,逐步增强探究意识,提升探究能力,增强文化自信,弘扬科学精神,提升核心素养,增强对传统文化的认同感,传承与发扬中华民族的优秀文化。

一、拓片的主要特征及分类

(一)拓片的主要特征

1. 区域性

拓片因受地理范围的约束,具有地方文献的根本属性——区域性,金石拓片记录的内容大都是当地的文化。通过分析拓片,可以研究探索那一特定区域的历史。

2. 历史真实性

金石拓片是从物体表面拓印下来的，因此其大小形状和原物一致，能真实地再现器物的原貌。比如，宋代苏东坡所刻的《表忠观碑》，前人评价此碑笔法方整俊伟。杭州钱王庙的重建，就是根据这些拓片，对标关中碑刻碑廊进行重建，使历史得以真实还原。

3. 多样性

金石拓片分布十分广泛，记录的内容繁杂丰富，反映了各个区域不同社会的方方面面，从经济、交通，到诗词、歌舞，再到政治、文化、军事等方面都有涉猎。

（二）拓片的主要分类

1. 全形拓

拓印的主要内容有青铜器、兵器、甲骨陶器、玉器等。清代马起凤发明全形拓，经柳州陈介棋、吴大徵、周希丁等人进一步发展，技法日趋成熟。全形拓的艺术创新，让原本的二维平面传输有了立体的影像效果，甚至有了多维度的动态影视特效。全形拓是墨拓艺术中最晚出现的，擅长全形拓的人并不多，这也是它受人推崇的原因之一。

2. 石刻铭文

拓印的主要内容有石刻、碑刻、墓志铭、塔铭、经书等。中国的石刻铭文具有重要的历史价值和艺术价值，从碑帖上拓印下来的通常都是艺术品，受到文人墨客、书法家、收藏家的青睐。

3. 造像（高浮雕立体拓）

拓印的主要内容有佛像、石窟、壁画等。

4. 汉画

拓印的主要内容有汉画像砖、汉画像石。汉砖上的图通常可分为三类：现实生活故事、历史故事和神话故事。内容形式多种多样，涉及骑马、歌舞、宴请、辟邪、打猎、烹饪、杂技等，全面地反映中国的文化、社会和经济，具有艺术价值、考古价值和文化研究价值。

二、拓片的教育价值

拓片课程的育人价值主要体现在，既可以使学生掌握拓印的技能，又可以

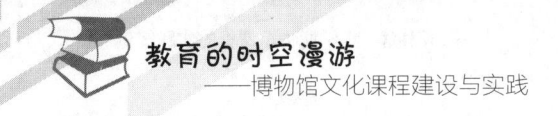

通过拓片信息对学生进行道德感化，还可以开阔学生的学习视野，最后可以促进学生综合性的跨学科学习。

（一）拓片文化帮助学生提高探究意识与探究能力

拓片作为记载了中华民族文化的物品，通过墨把固体的石头或器物上的文字、图案，根据气候、环境等特征，将其拓印在纸上的一种作品。小学科学课堂主要以拓片为载体，将钱币拓片和碑文拓片作为主要教学内容。例如，在小学低段，拓片有助于培养学生的观察能力，让学生通过眼、手、耳、鼻等感觉器官观察，以客观事实为依据，通过比较的方法，描述这两者的轻重、厚薄、颜色、形状和表面粗糙程度。在高段则可以培养学生的探究意识，例如"为什么古代人会选择青铜和石头作为记录的载体呢？""这与青铜和石头的特性有什么关系？"学生能够借助仪器测量拓片的质量、体积、长度等，并且使用恰当的计量工具进行记录。

（二）拓片文化增强学生文化自信

2016年7月1日，在庆祝中国共产党成立95周年的大会上，习近平总书记提出："文化自信，是更基础、更广泛、更深厚的自信。在5000多年文明发展中孕育的中华优秀传统文化，在党和人民伟大斗争中孕育的革命文化和社会主义先进文化，积淀着中华民族最深层的精神追求，代表着中华民族独特的精神标识。"[①] 将传统文化——拓片纳入到课堂当中，能够让学生在学习活动中发现拓片的魅力，从而引导学生弘扬优秀传统文化，用文化武装头脑，在文化的传承中开阔视野，提高认识，增强文化自信、民族自信。在小学低段，主要培养学生对拓片的认识和理解，对学生进行启蒙，通过拓片培养小学生对中华优秀传统文化的热爱。小学高段的重要目标是提高学生对拓片的感受力，引导学生理解拓片的制作工艺，体会传统技艺的精妙。

（三）拓片文化利于弘扬传统文化

在旧石器时代，古代的先祖就学会了选择质地坚硬的石料来制作工具，发明了弓箭和箭头。到了新石器时代，磨光石器和陶器出现了。新石器晚期，人们开始使用金属，进入了金石并用的时代。中国古代的科学技术在人类文明发展史中占有非常重要的地位。拓印技术的出现，为印刷术的发明提供了在纸上

---

① 习近平：《在庆祝中国共产党成立95周年大会上的讲话》，人民出版社，2016年，第13页。

印刷的复制方法，它作为雕版印刷的雏形，在古代文化的保存传播过程中，起着非常重要的作用，直至现在，拓印技艺仍然在工艺、美术、考古等领域运用。作为非物质文化遗产之一，拓片的制作不同于电子技术操控的大规模复制，前者担任着传承古代文化的重任，后者仅是工业化时代的需求。开展拓片文化教育，能够弘扬传统文化。

（四）拓片文化利于保护和传承家乡文化

保护自己家乡的文化，有利于增强对本地艺术文化的情感。学生通过对家乡文化的学习，了解自己家乡的文化特色，有利于增强民族自信心与自豪感。四川人杰地灵，拥有众多的拓片文化遗址和拓片教育资源，记载了古代四川地区的繁荣历史，作为四川人，不能丢弃自己的地域文化以及家乡的历史。

习近平总书记指出：在绵延5000多年的文明发展进程中，中华民族创造了闻名于世的科技成果。我们的先人在农、医、天、算等方面形成了系统化的知识体系，取得了以四大发明为代表的一大批发明创造。[①] 如今，我们踏着前人的步伐，也在不断尝试创新创造。例如四川当地的拓片技艺代表性传承人——王永俊，为了让涪城拓片这一具有鲜明地方特色的传统技艺得以保存和传承，结合了当代发展的需要，通过创新带动技艺传承，以传统工艺和现代科技融合创造了3D拓印技术。为了让拓片更容易保存，他又在浆水中加入天然元素。王永俊所做的这些都是为了让拓片更符合当下人们的需求而得以不断得到传承。在课堂上学生通过实际的操作，能更加直观地感受到拓印的魅力，感受到传统手工艺的魅力。拓片作为一种载体，不仅让民族文化得以传播，更让民族文化在深层积淀的基础上得到创新与再生产。

（五）拓片文化可以实现技能育人

将拓片技能带进美术课堂，模拟拓片技术在拓片周围题跋、钤印这种传统的表现形式，有利于培养学生的动手能力。拓片课程以汉画像砖拓制为主要内容，学生不仅了解到课堂中的画像砖文化，还能学习并初步了解、掌握传统拓印技术，丰富学习经验。

（六）拓片文化可以实现道德育人

拓片课程中汉画像砖课程具有道德教育价值的部分，例如这些拓片中包含

---

① 《习近平讲故事：科技兴则民族兴 科技强则国家强》，人民网－人民日报海外版，cpc.people.com.cn/n1/2018/0821/c64094－30240077.html。

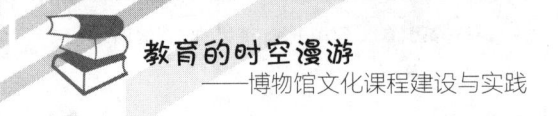

孝亲、尊师等道德故事的内容。学生在欣赏拓片时，还可以了解拓片中所蕴含的道德小故事，这些道德小故事可以对学生进行有目的的思想品德教育。

（七）拓片文化可以开阔学习视野

现在的学生除了在书本上学习知识以外，课外学习的主要方式便是通过网络进行学习。美术课堂的学习本身就是开阔学生的学习视野，活跃课堂学习氛围，增强学生学习兴趣。如果学生单一地学习课本知识就会限制自身的思维发展，导致无法满足他们自身学习的需要。南阳汉画像石属于古代艺术形式，网上的有关内容较少，把汉画像石作为课堂内容去学习，增加了课堂新意。

（八）拓片文化可以促进综合性跨学科学习

为了使学生能够德智体美劳协同发展，教育工作者应该积极探索不同学科间的相似点，并运用这些相似点进行学科融合，以促进中小学生德智体美劳全方位协调的发展。南阳汉画像石（砖）艺术的独特性就是它不单单蕴含了美术课程的内容，还涉及音乐、舞蹈、历史、数学甚至是体育方面的内容。开发拓片课程，进行合理的课程整合可以引导学生学会学习，促进学生德智体美劳全方位发展。

三、拓片博物馆课程的开发

（一）课程开发的背景

锦官城小学地处成都市城区，学校广博大气，建筑呈西蜀园林风格，环境优美而雅致。目前，学校已配备美术室、音乐室、计算机室、图书馆、室内运动馆等一应俱全的专用教室，为实施课程建设提供了良好的硬件保障。同时，学校已建立了金石拓片博物馆、名家书画博物馆以及师生书画馆场等，并创设了羊子山书院文化讲堂。学校确立了"博物致知，文以化成"的办学理念，并在此理念引领下确定了"睿智堂正君子，健康渊博栋梁"的育人目标，力求以博物馆为特色，建设"一所坐落在博物馆里的学校"。学校课程建设，在办学理念"博物致知，文以化成"的引领下，力求契合学校文化"博睿"特质，构建多向多维度的课程内容和实施路径，为实现学校的育人目标提供强有力的课程支持。

学校确立了"让每个生命如花绽放"的课程建设目标。学校虽小，却是传播文化的平台，锦官城小学期望每个师生在这个平台上成为文化的接受者、传播者；体验课程文化之美，认识自我，提高自身的修养；创造传播课程文化的机遇，使其互助共进，共同成长；培养传播文化的优良品质，使其内涵发展，和谐相处。让教师和学生都能沉浸在幽雅的校园中，做睿智的学生、博雅的教师，并拥有和雅的家长，让每个孩子在这片乐土中快乐成长。在此理念基础上，锦官城小学确立了学校的课程主题："博睿"，即"睿智、渊博"。

拓片，指将碑文石刻、青铜器等文物的形状及其上面的文字、图案拓下来的纸片。这是我国一项古老的传统技艺，是使用宣纸和墨汁，将碑文、器皿上的文字或图案，清晰地拷贝出来的一种技艺。它是记录中华民族文化的重要载体之一。古代金石学者和收藏家将拓片作为其文化和学术生活的一个重要组成部分，他们借助拓片，研读铭文，以考订经史，鉴定古物，编纂谱录。拓片连缀起中国的文献史、文字史、建筑史、宗教史，甚至还有书法、音乐、舞蹈等艺术的历史。拓片携带着文明的基因和密码，承载着丰富的文化信息，浓缩着抽象的文物价值，留下了深远的想象空间，永远值得我们驻足凝神，俯下身去体会其中蕴含的翰墨情怀。基于此，锦官城小学以金石拓片馆为依托，挖掘其育人内涵，从而增强学生的民族自豪感，传承中华文化，并在课程实施中培养学生核心素养。

（二）课程目标

本课程围绕儿童核心素养构建，如图7—5所示。
人文底蕴：人文积淀　审美情趣
学会学习：乐学善学　勤于反思
实践创新：问题解决　技术运用
责任担当：社会责任　国家认同
具体来说，本课程的目标设置为：
（1）探究金石拓片的前世今生及来世（技术运用和创新），初步培养学生对于拓片艺术的鉴赏能力。
（2）通过拓片，引导学生翻阅查看有关史料，增强民族自豪感。
（3）引导学生品味艺术欣赏之美，掌握金石拓片的方法。
（4）学生能够用丰富多样的形式向大家介绍金石拓片艺术，能够创造性地解决问题。

- 会欣赏
- 能表达

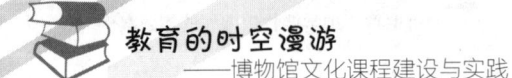

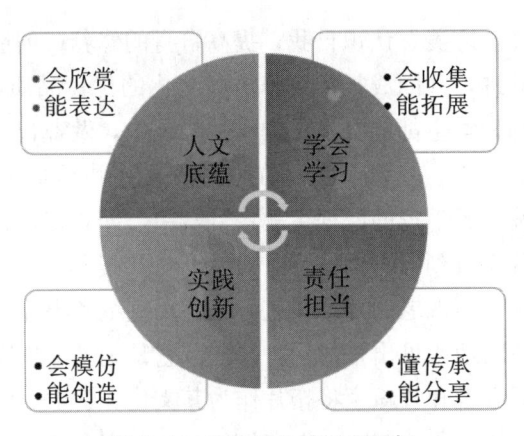

人文底蕴

- 会收集
- 能拓展

学会学习

实践创新

责任担当

- 会模仿
- 能创造

- 懂传承
- 能分享

图 7-5　拓片博物馆课程目标

（三）课程内容

结合社会主义核心价值观和新时代学生核心素养发展的需要，锦官城小学的金石拓片课程的内容主要包括拓片的前世今生、拓片的未来、制作的技巧、布展和介绍。具体如图 7-6 所示。

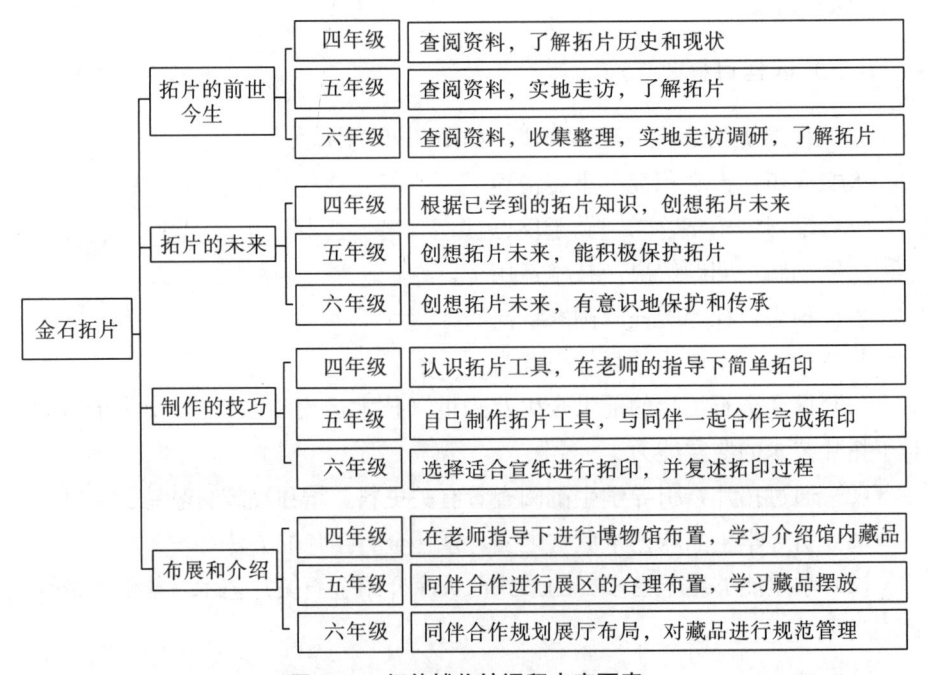

金石拓片

- 拓片的前世今生
  - 四年级：查阅资料，了解拓片历史和现状
  - 五年级：查阅资料，实地走访，了解拓片
  - 六年级：查阅资料，收集整理，实地走访调研，了解拓片

- 拓片的未来
  - 四年级：根据已学到的拓片知识，创想拓片未来
  - 五年级：创想拓片未来，能积极保护拓片
  - 六年级：创想拓片未来，有意识地保护和传承

- 制作的技巧
  - 四年级：认识拓片工具，在老师的指导下简单拓印
  - 五年级：自己制作拓片工具，与同伴一起合作完成拓印
  - 六年级：选择适合宣纸进行拓印，并复述拓印过程

- 布展和介绍
  - 四年级：在老师指导下进行博物馆布置，学习介绍馆内藏品
  - 五年级：同伴合作进行展区的合理布置，学习藏品摆放
  - 六年级：同伴合作规划展厅布局，对藏品进行规范管理

图 7-6　拓片博物馆课程内容要素

(四)课程实施手段

1. 建设线下拓片博物馆与线上VR博物馆，促进学生具身认知

文化的血脉里流淌着强大的民族基因，锦官城小学将博物馆文化与校园文化对接，将本地文化与民族文化交融，将文化咀嚼到骨子里，将诗情画意搬到讲台上。被誉为一所坐落在博物馆里的小学，建成了邓乃斌不羁巢艺术馆、余政作品书画馆、天府名人班级文化馆、师生书画作品馆、王映晖拓片文化艺术展馆以及钱币博物馆。2018年，学校举行了"金石拓片中的文字与文化艺术展"。活动中，文博专家现场演示拓片制作全部过程，家长和孩子也一同在文博专家的指导下亲身体验拓片的制作过程，现场的家长、孩子近距离感受到拓片技艺的魅力。锦官城小学基于博物馆文化建设，把更多课本之外的资源引进教育，搭建更多的平台，创造更多的条件，以拓展教育的时空，拓展教育的视野，把师生放到更大的教育时空中去浸润、去滋养，让孩子到更广阔的领域里去探索去体验、去积淀，以求更好地激发孩子的潜能，实现全面发展、多元发展的教育追求。除此之外，学校还开发了线上VR博物馆嵌入到学校的微信公众号中，在线上全景展现学校的拓片博物馆，学生可在家中、在周末与节假日浏览学校微信公众号上的拓片博物馆，极大地拓展学生的学习时空。如图7-7和图7-8所示。

图7-7 锦官城小学拓片博物馆

图 7-8 锦官城小学 VR 线上博物馆

2. 将拓片博物馆课程融入学科教育，构建学科育人矩阵

（1）将拓片博物馆课程融入语文学科。

在语文课堂中渗透拓片教育。拓片的内容大多是以文字或是图案的方式呈现的。拓片中的文字资源完全可以结合语文学科的特点，将拓片引入语文课堂。如分析不同时期的拓片上的汉字变化，赏析汉字的美，了解汉字的演变，让学生对汉字的构字规律、演变历程有一定的了解。例如在部编版小学语文二年级下册《贝的故事》一文的学习过程中，可以结合拓片的教学资源。在《贝的故事》中主要向学生展示了汉字"贝"的由来、演变以及所蕴含的含义。而不同时期的拓片中也包含了许多汉字在不同时期的形态。教师在教学时，可以展示不同时期的拓片，让学生看到更多的汉字演变过程，激发学生的识字兴趣。

通过书法活动进行的课程实施。众所周知，语文的学习是紧紧围绕听、说、读、写这四个方面展开的。将拓片资源引入语文课程还可以利用好书法教学这个路径。许多著名书法家的作品都是在石碑上以碑文的形式呈现，在书法教学的过程中一定要利用好石碑拓印的拓本进行教学。如书法家黄庭坚作品《松风阁》拓印，颜真卿的楷书作品和欧阳询的作品。

通过语文课外实践活动进行的课程实施。拓片课程与语文学科的结合开展不仅仅在课堂上、在校园内，还可以拓展到课外。比如在书法课堂上出示杜甫草堂中的石碑拓印作品，带着学生了解书法之美，通过石碑内容了解杜甫草堂、了解诗圣杜甫。与此同时还可以积极开展语文课外实践活动，如到杜甫草堂游学，让学生身临其境地去寻找石碑，仔细观察拓印的原型，了解诗圣杜甫的生平事迹。这既可以有效地将拓印资源与语文学科联系起来，又可以实现学

校教育和社会教育的有效联动。

（2）将拓片博物馆课程融入数学学科。

选择合适的拓片进行教学，既能让教师高效地进行课程设计，对学生也更有教育意义。因此，教师在选择拓片的时候要多方面、多维度考虑。金石拓片的艺术语言之所以独特就在于它特殊的材质以及它的艺术种类，它是集绘画艺术与雕刻艺术于一体的艺术。而金石拓片的题材丰富，表现的艺术语言丰富多样。金石拓片中刻画的主题形象都是简洁的，用线流畅干脆，它刻画的形象通常用线条来表现人物的性格及动态。此外，金石拓片的构图也是值得我们学习的，它的构图讲究饱满对称，画面的空白处多数用云纹来填充，增加了画面的节奏感和韵律感。汉画像石就是艺术殿堂的一座巨大宝库，它的造型奔放大气且又秀丽优雅，这种图片在教学中可以转化成很好的教学题材。比如图案的学习与设计，拓印的手工学习，甚至可以扩展到剪纸的学习。结合拓片的图案之美等特点，也可将拓片资源引入数学课堂，通过分析拓片图案的特点，学习长方形、正方形、三角形等图形，发展学生的动手能力和空间想象力（如图7-9所示）。例如，在教学北师大版一年级下册第四单元"认识图形"一课时，可以适当增加拓片教学资源。本课需要认识学习长方形、正方形等图形。知道这些平面图形是从立体图形的面上取出来的，而拓片正是从金石上拓印下来，也体现了"面从体来"的思想。教学时可以引导学生观察拓片，或通过观看微课了解拓印的过程；也可以让学生操作体会拓印的过程，从而让他们产生深切的体会，这对发展学生的空间观念有很大帮助。

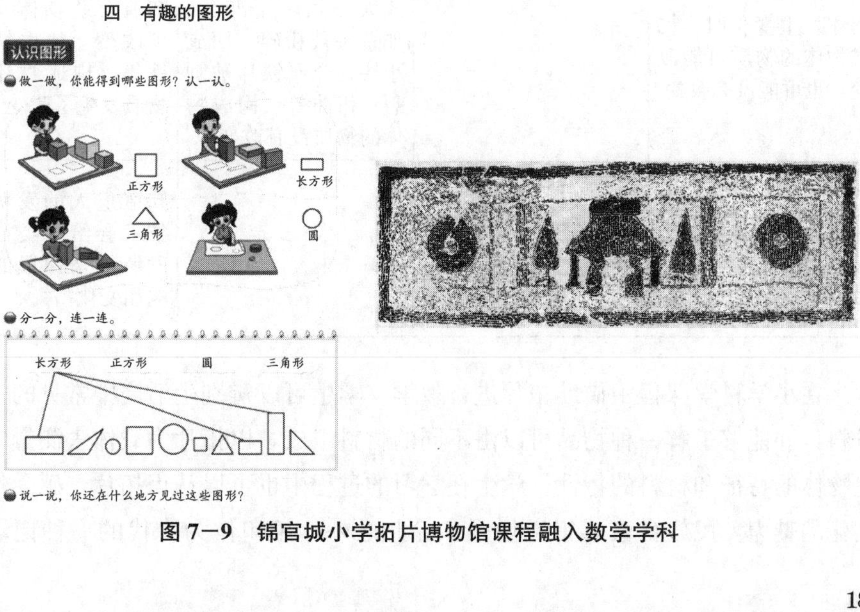

图7-9 锦官城小学拓片博物馆课程融入数学学科

(3) 将拓片博物馆课程融入科学学科。

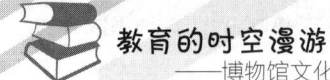

学校根据小学科学课程内容中提到的物质科学领域和技术与工程领域的教学目标，再结合拓片的相关特点，设定了将拓片教育融入科学教育的目标。（如表7-10所示）。

表7-10 锦官城小学科学学科拓片课程目标

学习内容	学习目标		
	1~2年级	3~4年级	5~6年级
物体具有质量、体积等特点	通过观察，描述拓片的轻重、厚薄、颜色、形状、表面的粗糙程度等特征；根据拓片的外部特征对拓片进行简单的分类	能够使用简单的仪器测量拓片的质量、体积、长度等常见的特点，用恰当的计量单位进行记录	
材料具有一定的性能	识别日常生活的中的常见材料	借助拓片描述金属、石头等材料的透明程度、导电性等性能，能够说出它们的主要用途	观察常见材料的漂浮性能、导热性能等，说出它们的主要用途
利用物体的特点或材料的性质，把混合在一起的物体分开		依据物体的特点或材料的性质将两种混合在一起的物体分离开，如石屑和铁屑	
物体发生变化时，构成物体的物质可能改变，也可能没有改变		知道有些物体的形状或大小发生了变化，如石头被粉碎、切成小块，金属铁片被割裂、扭曲等，构成物体的物质没有改变	知道有些物体发生了改变，如生锈的铁等，构成物体的物质发生了改变
工程和技术改变了人们的生产和生活	体会生活中的科技产品给人们带来的便利、舒适和快捷，如当今的复印与古代的"复印"的异同		知道重大的发明和技术会给人类社会发展带来深远的影响和变化

在小学科学课程中借助拓片进行教学，学生可以辨别生活当中常见的一些材料，并能够了解一种物品可以由不同的材料组成，以拓片为载体去测量、描述物体的特征和材料的特性。学生在学习的过程中也可以认识拓片，感受传统文化的魅力，民族自豪感得以增强。除此之外，拓印作为古代的一种记录方

法，它并不是凭空而来的，而是为了让人们的生产生活更加便利、舒适而产生。学生通过读书活动可以了解一些知名的发明家和工程师，比如鲁班、毕升等，通过搜索和查阅资料，可以探究发明家和工程师的研究过程，如探究毕升发明活字印刷术的艰辛历程，体会发明家的探究精神、创新的勇气还有坚持不懈的努力。

在小学科学学习的过程中，搜集信息是经常用到的一项技能，搜集信息的能力也是培养学生科学探究能力的一项重要指标。搜集信息包括直接观察所得和间接学习前人的经验。小学高段的学生有一定的自我学习能力，就可以在课前布置学习任务：什么是拓片？如何制作拓片？学生将搜集到的资料先在小组内进行阅读，然后全班进行交流。通过观看拓印器物的视频可以发现虽然不同材质的器物有不同的拓印方法，但是万变不离其宗。让学生分小组讨论交流，教师引导学生归纳出拓印的工艺流程。这既能强化学生的信息意识，培养学生信息处理能力，又为学生的学习和发展提供适宜的教育环境和有力的学习工具。在课上，教师如果讲一些艰涩难懂的理论，学生就很难理解，学习如同走马观花。实践性的教学，是让学生在科学实践活动中通过动手动脑在自己的思维中形成自己的科学价值观。例如，小学实践性科学的学习，是为了让小学生的学习氛围更加轻松、更加灵活，因为对于小学生来说，其先天兴趣是玩而不是学。通过拓片这一载体，学生可以了解古人的智慧，故在当时的条件下为了让文字、图片得以保留并进行传播，拓印这一技艺应运而生。而拓印又为后面的雕版印刷术的产生提供了参考，从而进一步推动了印刷术的发展。学生了解、学习拓印的方法，不仅仅认识了拓片，还在认识植物的课程内容当中，把拓印作为一种非常好的记录方法，通过拓印复制叶子表面的纹理，在活动中认识植物的根茎叶等部位。

图 7-10　拓片课堂教学

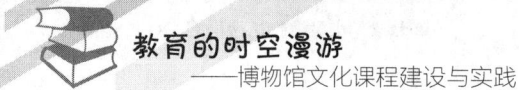

(4) 将拓片课程融入美术学科（如表 7-11 所示）。

金石拓片简单而又生动的艺术表现形式具有独特性。它是石头上的艺术，用石头作为绘画的载体别出心裁，趣味性强。金石拓片的汉文化丰富，学生可以在学习艺术语言的同时学习汉文化。它的艺术形式还被引用到现代设计中，学生通过学习可以拓展思维，提高审美水平。金石拓片的题材多数讲的是汉文化与楚文化，学生在学习的同时不会觉得枯燥，既可以学习美术方面的知识又可以学习文化方面的知识。

表 7-11　锦官城小学拓片课程融入美术学科

学科：美术		年级：4~6 年级	
案例名称：金石拓片课程			
前期分析			
课程标准要求（涉及学科的课程标准）	提高对自然美、美术作品和美术现象的兴趣，形成健康的审美情趣，崇尚文明，珍视优秀的民族、民间美术与文化遗产，增强民族自豪感，养成尊重世界多元文化的态度		
学情分析（本课程教学对象的已有知识、经验，现有能力、身心特征等）	作为四、五、六年级学生，在思维方面，逐步学会分辨概念中的本质与非本质、主要与次要的内容，学会掌握初步的科学定义，学会独立进行逻辑论证，但他们的思维活动仍然具有很大成分的具体形象色彩。在想象方面，学生想象的有意性迅速增长并逐渐符合客观现实，同时创造性成分日益增多		
场馆	名称：金石拓片博物馆		地点：锦官城小学
^	可用资源分析		
^	1. 馆内藏品可供学生参观学习 2. 部分瓦当可供学生现场拓印		
^	馆校合作模式介绍		
^	学校自己建馆，供学生随时学习		
课程设计			
课程性质：	√学科拓展课程□　　跨学科综合实践课程□　　其他：□		
课程目标	1. 初步培养学生对于拓片艺术的鉴赏能力。 2. 通过拓片，引导学生翻阅查看有关史料，增强民族自豪感。 3. 品味艺术欣赏之美，掌握金石拓片的方法。 4. 能够用丰富的形式向大家介绍金石拓片艺术，能够创造性地解决问题		

续表7-11

学科：美术		年级：4～6年级
课程实施 （时间、过程、方式等）	1. 学科融合实施 与学校美术课结合，利用正常美术课时，按年级自然班级、班级课表课时上课，每班学生在规定时间内进行实践，完成作品。 2. 重构拓片博物馆 根据拓片课程重构学校金石拓片博物馆，完善展区布置，留出学习实践空间，便于学生动手实践。 3. 开展主题活动 利用学校金石拓片博物馆，开展"认识拓片工具""介绍拓片技术""鉴赏拓片质量""拓片作品巡展""拓片作品比赛"等主题活动，提升学生拓印技术	
课程评价设计	1. 拓片博物馆课程实施效果评价 针对拓片博物馆课程设计与实施的全过程，建立相关课程评价体系，包括课程目标的设置是否符合学生的学习条件，关注学生的发展。从学生接受程度、教学内容设计是否准确、内容是否丰富、能否激发学生兴趣等方面对教学内容进行评价。从课程教学过程、教学方法应用、课程创新程度、教学重点体现、教学难点解决等方面对课程的教学过程进行评价。实施效果体现在教学目标的保证、教学信息传递的准确性、课程是否达到教学目标、教学效果如何、是否体现了课程的价值、是否拓宽了拓片教育教学的深度等方面。评价内容丰富，便于对课程进行全面评价。 2. 教师教学质量评价 教师评价有助于教师客观地看待课程的发展和课程实施过程，发现课程的价值及其不足。教师教学评价主要包括对学科选择、教学理念、教学语言表达和教学效果的评价。从教学设计到具体实施和实施结果，通过自我评价和学校教师评价的双重方式，客观分析对课程的把握，为及时反思和总结课程及教学设计奠定基础。 3. 学生学习成绩的评价 在课程实施过程中，教师评估学生的课堂过程和实践作品完成情况，对学生的学习形成直观印象。书面评估和制定相应的评估标准，可以使评估更加具体、合理和有效。对于这门课程，在每个课时为学生的学习设置相应的评估表，并从知识技能、方法和过程、情感态度和价值观三个方面设置相应的评价标准。在知识技能方面，评估学生对拓片相关艺术知识和技能的学习、拓片欣赏方法，以及不同拓印方法的使用。在方法和过程方面，重点评估学生的学习过程，他们是否积极参与和愿意参与拓片博物馆课程，是否能够制作自己喜欢的拓印作品，是否愿意表达自己，是否参与合作学习和集体学习。在情感态度和价值观方面，注重对学生学习态度和学习兴趣的评估。	

3. 开展拓片博物馆课程项目式学习，提升学生探究能力

学校以金石拓片博物馆为例，设计了"拓吧拓吧"项目式学习，这种学习

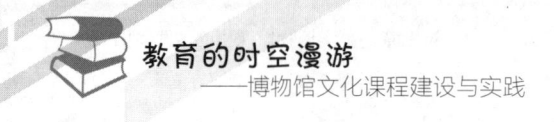

方式经历了三次递变。

第一次：讲解—参观—感受

刚开始，学校采用的是先讲解后参观再感受的方式。教师在课堂上对金石拓片的相关知识进行讲解，再带着学生进入博物馆，参观其中的展品，最后拿了一片瓦当让他们感受拓印技术。教师从这个过程中认识到：这种参观方式的博物馆课程的学习，学生呈现出"浅层化""表面化"的特点；学生的学习主动性没有被调动起来，只是在被动地接受知识，至于为什么要学习这个知识，学生更是一无所知，博物馆课程的价值没有很好地发挥出来。为了寻找一条能够真正发挥博物馆价值的路径，教师们再次聚集到一起。经过思考与讨论，决定用项目式学习方式来解决学生学习的参与性与深度化问题，于是教师们开始了"拓吧拓吧"项目式学习的设计与实践。

第二次：问题—任务—展示

教师提出问题"如何才能体现金石拓片博物馆的育人价值？""进入金石拓片博物馆，我们到底能让学生学习什么？"围绕这些问题教师们开始了第一次设计（如表7-12所示）。

表7-12 "拓吧拓吧"项目式学习第一次设计

驱动型问题：在金石拓片博物馆里，我们到底可以学什么？ 任务与结果： 参观金石拓片馆。 查阅金石拓片的相关资料。 小组成员合作，讨论如何进行传拓。 每个小组用小报、文创作品等形式把所学知识展示出来。

这一次的实践探索后，教师们发现，这次虽然具备了项目式学习的形式，从问题出发、小组讨论、协作完成、结果展示……但在这个项目中，大家没有找到项目式学习的精髓。此项目将"了解金石拓片和如何拓印"当作目的，学生在整个过程中，对问题情境没有进行分析、判断，而过早地定在了"了解金石拓片和如何拓印"的结果上，整个过程从问题到结果的探究早早地便被切断了。为了让课程学习更深入，教师对项目式学习设计做了这样的改进，也就是第三次的实践。

第三次：驱动问题的真实—任务的挑战—成果的丰富

要做真正的项目式学习，驱动性问题就要真实并具有挑战性，在整个过程中还要有针对性地培养学生的核心素养。经过教师们的不断尝试与讨论，加之学生结合所参观的博物馆进行自主设计，师生共同努力，最终课题组有了如下方案（如表7-13所示）。

表7-13 锦官城小学"拓吧拓吧"项目式学习第二次设计

驱动性问题："作为金石拓片博物馆的新入职人员，领导要求你对大众开放金石拓片馆并进行宣讲，你如何才能让前来参观的一个或多个来宾对本馆感兴趣" 为了增加趣味性，你可以让来宾体验传拓方法，但由于馆内陈列的都是真实文物，为防止文物受损或遗失，不能取出陈列的文物进行传拓体验，聪明如，一定能想出方法来让来宾亲身体验吧 任务与结果：围绕驱动性问题完成任务 参观金石拓片馆 学习金石拓片的相关知识 小组合作，寻找或制作可用来进行传拓的工具 制定可让来宾感兴趣的若干方案 修订成果：宣传海报、门票、导游讲解稿、小报、文创作品等 展示成果

学生在这个真实问题的引导下，开始了真实的探索，展开了激烈的讨论，培养了学生解决复杂问题的能力、沟通协作的能力、批判性思维等，提升了他们的创造力，形成了丰富的成果。博物馆的价值就在这整个活动中体现了出来。锦官城小学课题组优化了项目式学习内容，并做了拓片项目式学习案例，如表7-14所示。

表7-14 锦官城小学拓片项目式学习案例

项目时长	3周	年级	五、六年级
项目简介	背景：学校金石拓片博物馆建成后，出于对文物的保护，公开展出较少，大家对金石拓片不了解 动因：由于审美及文化等各方面因素，被称为"黑老虎"的金石拓片提不起大家的兴趣 概述："如何才能让1个或多个来宾对金石拓片感兴趣？"围绕这个驱动性问题，引领学生开展协作式学习、探究式学习。在解决复杂问题的同时，学习拓片知识，建立学科联系，培养社交情感等技能			
学情分析	作为五、六年级学生，在思维方面，逐步学会分辨概念中本质与非本质、主要与次要的内容，学会掌握初步的科学定义，学会独立进行逻辑论证，但他们的思维活动仍然具有很大成分的具体形象色彩。在想象方面，学生想象的有意性迅速增长并逐渐符合客观现实，同时创造性成分日益增多			

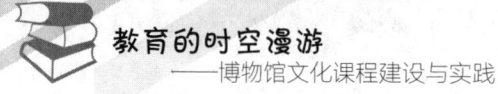

续表7-14

项目时长		3周	年级	五、六年级
项目目标		目标维度	学习目标	表现与评价
	学科目标	学科知识与能力	语文： 知道作为小导游如何进行口头表达 学会撰写地方简介 了解文字的演变 美术： 能用创新手法对作品进行美化，制作门票和海报 了解传拓技艺	1. 与人交流时尊重和理解对方 2. 乐于参与讨论，敢于发表自己的意见 3. 根据对象和场合发言
		学科核心素养	创造性实践 审美性实践	为解决问题，利用图书馆、网络等信息渠道收集获取资料
	通用素养目标	高阶认知	问题解决　学会学习	找到特别的方式来获取信息，仔细分析，形成经验
		个人成长	自我认识	创作的东西有用，有价值，体现自我价值
		社会性发展	沟通与合作	会问一些新的问题并思考如何改进，利用他人反馈来修改
问题任务成果		问题	任务	成果	
		驱动性问题	核心任务	个人	小组
		作为金石拓片博物馆的新入职人员，领导要求你对大众开放金石拓片馆并进行宣讲，你如何才能让前来参观的一个或多个来宾对本馆感兴趣	子任务1：查找金石拓片相关知识 子任务2：联系学校金石拓片博物馆，设计参观活动方案 子任务3：撰写博物馆讲解词，设计门票、导览图等 子任务4：成果展示	门票、博物馆简介、拓片作品、博物馆导览图、小报	宣传海报、文创作品、微视频

续表7-14

项目时长		3周	年级	五、六年级
	流程	项目活动		管理、评价与反思
项目实施	入项活动	全体学生以小组为单位，参观学校金石拓片博物馆		建立项目时间表
	建立团队	1. 分小组了解拓片 2. 寻找适合拓印的材料 3. 学习传拓技术		头脑风暴 文字记录
	学情调研	1. 了解学生目前掌握的相关拓片知识情况 2. 通过调查，设置下一步需要完成的任务		1. 关于拓片知识，有哪些内容是你们已经知道的 2. 你还想了解拓片博物馆的哪些知识
	项目学习	1. 全体学生以小组为单位，参观学校金石拓片博物馆 2. 了解拓片博物馆文物，设计参观路线 3. 学习拓片传拓技艺 • 教师示范传拓技艺 • 学生分小组寻找或制作可用来进行传拓的工具 • 总结传拓技艺 4. 如何才能让来宾对金石拓片感兴趣，提出可行方案 • 通过对金石拓片相关知识的了解，小组讨论提出若干种可行方案 • 对每种方案的可行性进行分析和决策 5. 修订成果 6. 公开展 7. 反思和迁移		1. 第一节课带领学生分组，进入金石拓片博物馆 2. 接下来的一周，查阅拓片相关知识并进行记录 3. 第二周，学习拓片技艺，设计参观方案、参观路线、讲解稿、门票等。 4. 第三周，整理拓片。知道拓片是中华民族一张独有的文化名片，拓片既保存了中华传统历史文化，凝结了社会意识，又是社会生产和科学技术的产物，作为材料来讲，拓片也具有很高的科学教育价值，透过拓片可以激发学生的探究意识，提升学生的探究能力。构建系统化的拓片课程，将拓片融入学校科学教育中能引发儿童的思考并培养其研究精神，从中华优秀传统文化中真正获得成长
项目实施	成果发布	1. 修订成果 学生在规定时间内完成相关作品 成果1：门票、宣传海报 成果2：导游讲解稿 成果3：文创等作品 2. 公开开展 拓片作品展示。在公开成果展示中记录他人意见和观点		1. 产品是全新的，很有创意 2. 在真实情境中有用 3. 能思路清晰地进行介绍 4. 能从不同来源收集信息并整理

续表7-14

项目时长		3周	年级	五、六年级
评价反思	项目评价	通过小报等记录整个过程并进行反思 我学会了什么 我曾经认为什么？现在如何认识		
	复盘反思	我的尝试是否成功 是否还有其他的解决策略		
所需资源		1. 图书馆、网络等资料查阅 2. 拓印所需材料包		

（五）课程评价

1. 评价原则

（1）激励性评价：拓片博物馆课程的结果，更要重视学生参与和探索的过程。通过评价增强学生参与拓片博物馆课程的学习情感，激发学生的学习热情，学生在本课程的学习过程中不断获得成功的体验和学习的快乐。

（2）过程性原则：强调学生的参与、对话的积极性，因此必须注重过程性评价，关注学生在过程中的体验与感受。

（3）主体性原则：把学生作为评价的主体，这与评价以激励为主、注重学生在活动中的体验原则是一致的。

（4）差异性原则：评价承认学生发展的差异性，尊重学生发展的不均衡性，从多元化的视角来客观评价学生发展的差异性，满足不同学生的发展需求。

2. 评价的工具与方法

促进学生素养全面提升的评价体系决定于评价的工具与方法的多元化和多样化。一方面，锦官城小学采用多元评价方式，注重量化评价与质化评价相结合，不再将考试作为唯一的评价手段，关注学习过程。评价包括行为观察、情境测试、学习日记或成长记录等，把过程性评价、发展性评价和终结性评价进行有机结合。另一方面，锦官城小学实行多元主体的评价，即学生本人、同伴、教师、家长、学校和社会都是评价的主体，更加注重学生的自我评价。

（1）观察记录法：教师观察学生的各种表现，主要是在自然的生活背景下留心观察，也可以根据需要创设具体的情境进行有意识的观察，并及时记录。教师的记录方式需多样，可以记录全体学生的基本情况，也可以选择不同的观察内容作为重点专项记录。

（2）调查分析法：教师可以根据需要设计问卷，了解学生关于拓片的生活经验和学习经验，问卷的使用对象可以是学生，也可以是教师或者家长。教师还可以开展访谈，提供机会让学生表述自己的感受与经验，教师从中判断学生具有的经验和态度。

（3）测试法或知识竞赛法：根据需要对学生的拓片拓印的知识能力发展进行定期的测试或开展知识竞赛，以了解学生群体以及个体学习的现状以及变化趋势，并结合生活中的各项情况，分析出现这种现状的原因。

（4）作品展示法：学生在拓片博物馆课程活动中完成各种作品后，学校可举办学生作品展，以此提高学生参与学习的积极性。

（5）学生参与度评价法：为了提高学生参与拓片博物馆课程的积极性和主动性，教师可以根据活动设置情况，设计活动参与记录表来统计学生相关数据情况。

（6）学生档案袋评价法：有意识地将学生的作品及其数据收集起来，通过合理的分析与评价，反映学生在学习和发展过程中的优势与不足，反映学生在课程实施中的发展情况。档案袋记录的基本内容是学生在活动中制作的原始作品，教师、同伴对学生的评价以及学生的自我评价等内容。

拓片是中华民族一张独有的文化名片，拓片既保存了中华传统历史文化，凝结了社会意识，又是社会生产和科学技术的体现，作为材料来讲拓片也具有很高的科学教育价值，透过拓片可以激发学生的探究意识，提升学生的探究能力。构建系统化的拓片课程，将拓片融入学校科学教育中能引发学生的思考并培养其研究精神，从中华优秀传统文化中真正获得成长。

第三节　开展天府文化进校园活动

成都是一座历史文化名城，锦官城小学博物馆式的学校将自身建造成为一座天府名人博物馆。学校以贤为鉴，以文化人，把天府历史文化名人请进每一间教室（如图7-11所示）。2018年5月25日，锦官城小学"以贤为鉴、以文化人"，开展了一场天府名人班级文化建设展示活动。成华区教育局相关领导、锦官城小学校长彭学明、学校部分教师及家长代表、兄弟学校老师代表等参加了此次活动。此次活动旨在展示通过深挖、弘扬历史文化名人优秀品质、营造

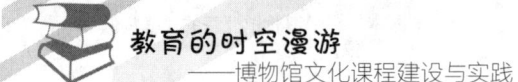

教育的时空漫游
——博物馆文化课程建设与实践

浓厚的班级文化氛围、树立学生正确的人生价值观、培养学生健全人格品质和热爱祖国文化的情感。以贤为鉴、以文化人，天府历史文化名人走进每一个班级。展示活动现场，锦官城小学校长彭学明为在场嘉宾介绍了学校的"天府名人"班级文化建设活动。四川历史悠久、名人辈出，天府文化独有的气质风韵，成为四川发展的宝贵资源和突出优势，传承和弘扬天府历史名人文化、重拾文化记忆，对于提升四川文化软实力具有重要的意义。而锦官城小学，作为一所坐落在博物馆里的学校，在传承、弘扬天府文化上有着特殊的意义。从2017年开始，学校便开始探索形成以"天府名人"为主题的班级文化。在全体师生、家长的共同努力之下，短短一年时间，全校21个班，构建起了独属于自己班级的天府名人主题文化。

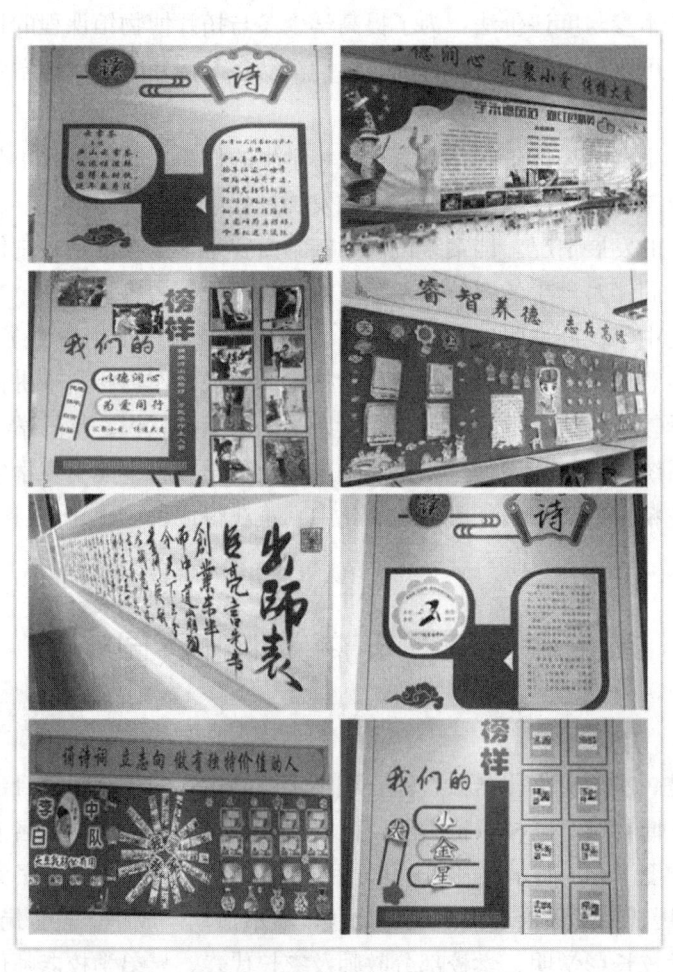

图 7-11 天府文化进校园

天府名人班级文化建设作为锦官城小学博物馆文化课程的分支，不仅是响应省委省政府关于历史文化名人传承、创新课程的号召，也是学校"以贤为鉴、以文化人、以德育人"的创新尝试。在接下来的时间里，学校将以校本课程的形式，让天府名人走进每一个班级，让名人在学生的身边"活"起来，让名人的优秀品质在学生的生活中闪烁。深挖历史、弘扬名人优秀品质，名人班级文化建设让天府历史文化名人"活"了起来，"大千世界、如花似锦"，活动现场带来了一堂张大千中队主题队会展示，集合、整队、报数、出旗、奏乐、唱少先队队歌……秩序井然、歌声嘹亮，张大千中队的学生们展现出了锦官城小学少先队员最动人的一面（如图7-12所示）。

图7-12 天府文化进校园

展示中，学生通过"我眼中的张大千""大千献画""梦回故里""致敬大千"四个环节，将一代大师张大千的生平娓娓道来。展示尾声，邓乃斌老师还亲自为班级题字，鼓励学生学习张大千的优秀品质，将名人身上的闪光点弘扬和传承下去。紧接着，李白中队的喻凤霞老师带来了名人班级文化解读，朱德中队的毛静老师展示了治班策略，孔明中队的毛俊梅老师展示了治班成果。

三个班级的展示，让活动现场的人进一步看到了天府名人班级文化建设取得的成绩：以名人为榜样，以名人的文化润泽学生的心灵，这一建设性的实践切切实实地提升了学校的文化品位，丰富了学校博物馆文化建设的内涵。天府名人进驻锦官城，博物馆文化建设羽丰翼满。成华区教科院德育教研员邹玉琴老师对此次展示做了一个中肯的点评：通过今天的展示，看到了天府名人文化渗透在了锦官城小学的方方面面。

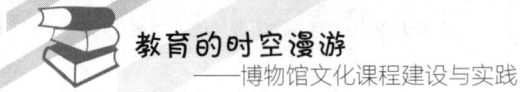

在天府文化进校园中，锦官城小学通过建立班级"天府名人"班活动为抓手，创立以"天府名人"作为名称的班级，学生收集阅读各自班级的名人逸事、相关的著作和诗词等，了解这些名人故事，学习这些名人品质，成为名副其实的名人班级。同时结合名人的特点，将名人的人格特质、精神价值等优秀品质，融入班级文化建设中，形成本班的价值追求。每一个班级就是一间名人展室，学生生活在"名人"的世界里。无论是班服、班徽的设计，还是班级微电影的制作，都是天府历史文化名人在锦官城小学的生命延伸，"传承巴蜀文明，发展天府文化"，让成都的历史文脉精髓在天府娃娃的身上得到传承，让天府名人成为孩子们的人生榜样，以名人的文化来浸润孩子们的心灵。这也是学校"以贤为鉴、以文化人、以德育人"的创新尝试，也为建设天府名人博物馆探索出了经验。

书画馆、博物馆、班级文化建设，在锦官城小学里，我们看到天府名人真的"活"了起来。不管是班服、班徽的设计还是班级微电影的制作，都是师生共同向名人学习的过程，天府历史文化名人在锦官城小学的延伸，激发了学生去了解名人、走进名人，向名人学习的激情。学校的天府名人校本课程建设，进一步让天府名人成为学生的人生榜样，以名人的文化来达到浸润学生心灵的效果。一直以来，锦官城小学以文化育人为途径，以文化浸润教育来建立学生的文化自信，丰富学生的精神面貌。"天府名人"班级文化的建设实践，让学校的博物馆文化更加充实和丰满，让学生真正从校园中、从名人中汲取到成长的精神力量。

| 第八章

小学博物馆课程的成效及影响

　　锦官城小学开展的小学博物馆课程的开发与实践对师生及学校发展产生了深远的影响。从博物馆建设到课程建设与实施，学生的学习方式改变了，学校的样貌改变了，教师从学科领导力到课程领导力得到发展，学生从知识学习到能力提升、核心素养发展的转变，也打造了一张闪亮的学校特色名片。

一、从博物馆建设到博物馆课程建设

学校的主题博物馆建设给学校空间建设提供了可行的课程建设体系，让博物馆成为博物馆教育，影响和改变了学生的学习方式。学生更多机会进行非正式的学习，学习无时无刻不在发生。从博物馆（空间）的建设，到博物馆课程的开发，一个博物馆学校最终形成。这样一个过程构建起小学博物馆建设的体系，促进学校教育的不断发展。

二、从传统学校到"坐落在博物馆里"的学校

锦官城小学的博物馆课程建设，促使学校逐步由传统学校转型为一所拥有丰富内涵、深厚文化底蕴、教育形式多样的"坐落在博物馆里"的学校。

其一，博物馆课程的建设促进了学校的内涵发展，打造了学校的文化名片。锦官城小学坐落在羊子山古祭台遗址之上，与驷马古桥为邻，坐拥丰富的本土文化资源。通过精心打造独特的博物馆文化，积极创造"润物无声"的育人环境，锦官城小学被誉为"中国第一所博物馆式的学校"。通过博物馆式的学校建设，学校的内涵得到丰富，办学质量得以提升，2019年，学校获评成都市新优质学校。在此之前，学校的博物馆教育就被多家媒体宣传报道，学校的博物馆教育也产生了良好的辐射效益（如图8-1所示）。2018年6月15日，广东省珠海市香州区夏湾小学、高新区唐国安纪念学校和高新区礼和小学教育代表团一行11人，来到了锦官城小学参观交流（如图8-2所示）。来宾们对锦官城小学的教育教学工作、课程建设、校园环境等各个方面有了全面的认识。来宾们纷纷表示，锦官城小学是个美丽而雅致的校园，在办学理念、价值观教育、文化育人及传统文化教育等方面都有许多创新之处。

图 8-1　学校博物馆教育被媒体报道

图 8-2　教育代表团来锦官城小学参观博物馆教育

其二，开发学校的博物馆课程，丰富了学校的教育形式。锦官城小学博物馆的建设以及博物馆课程的开发，使学生在真实的场景中体验到书本以外的知识。他们不再只是在教室里获取知识，他们可以在学习任务单的指导下，随时到博物馆内开展学习，或是进行学科拓展学习，或是跨学科地开展体验式学习、探究式学习、项目式学习，学习随时随地的真实发生着。这些课程，有利于丰富学校的教育形式，从而提高学生的学习积极性，拓宽学生的视野，提升学生的素养。

其三，博物馆课程的建设发挥了文化的育人功能，增强了学校的凝聚力。众所周知，学校的管理不仅仅靠规章制度的约束，还需要人心的凝聚。在"博物致知，文以化成"的办学理念下，学校师生都浸润在有深度有温度的博物馆文化中，人文素养得以提升，对学校也多了一份认同感和归属感，从而增强了学校的凝聚力，推动了学校的发展。

三、从学科教学力到课程领导力

作为一名教师，学科教学力是必备能力。而作为一名投身于博物馆课程建设中的教师，课程领导力也是不可或缺的。在诸多博物馆课程建设探索实践中，教师也发生了积极的改变。

首先，转变教学观念，增强了博物馆课程意识。教师是课程的建设者和开发者，学校博物馆课程的开发需要教师转变教学观念，能够有意识地去进行课程的开发和建设。在学校博物馆课程建设之前，教师的关注点还在如何提升学生的学科成绩上，但是通过一次次的培训，通过一次次的实践，教师的观念得以转变，逐渐有了博物馆课程开发的责任感和使命感，博物馆课程意识得以增强。

其次，突破教材限制，开发了博物馆课程资源。教材作为学科知识的载体，其重要性不言而喻。但若囿于教材，只知"教教材"，那学生的发展也会受限。在学校博物馆课程建设中，教师勇于突破教材限制，带领学生走出课本，走进博物馆，开发了许多博物馆课程资源。在开阔学生眼界的同时，教师的课程资源开发能力也在逐步提升。

最后，立足学生学情，开展了博物馆课程教学。教师也是课程实施的"执行者"，虽然教师参与学校的课程规划、课程体系建设、课程资源开发等都是"课程领导力"的表现，但是其核心仍然体现在课堂上，体现在与学生思维的碰撞中，体现在对学生灵魂的唤醒中。那么，如何才能给学生带来积极的影响呢？教师通过不断的探索实践，立足学生学情，确定合适的目标和内容，给学生带来合适的、有趣的、多彩的课程体验，便能给学生带来积极的影响，促进学生的发展。从"教书"到"育人"，从"学科教学力"到"课程领导力"，教师的专业能力在悄然进步。

四、从知识学习到能力提升

课程无论怎么变革，最终指向的都是学生。锦官城小学的博物馆课程区别于基础课程的最大特征便是以发现和体验为核心，让学生在博物馆中自由地学习、自由地思考。学生主动发现问题，主动探究、解决问题，课程环节丰富多样，教师的创意也源源不断。这些课程并不仅仅局限在教授学生知识，更多地提升了学生发现、探究、解决问题的能力。

一是丰富有趣的课程内容更易激发学生兴趣，培养学生的思维能力。小学生正处于具象思维、抽象思维的发展和形成阶段，思维方式的发展在一定程度上决定了学生思考世界的方式。思维的锻炼则有助于学生更好地形成世界观、人生观、价值观。锦官城小学的博物馆课程，以学科课程标准为中心，基于学科中的核心知识，立足学生学情，呈现丰富有趣的内容，激发学生的学习兴趣。学生有了兴趣，便有了探索的意愿。由此，学生在课程中逐步去发现、去探索，养成善于观察、勤于思辨的思维习惯，并用此习惯去解决现实世界中的一些问题。

> 我发现学生通过博物馆的学习，他们的思维能力有了一些进步，他们开始学着动手创造一些作品，并且学着进行作品的调整、改进。我觉得这是一个好的开端。（毛老师）

二是在发现、探究、解决问题的过程中，促进学生关键能力的形成。博物馆课程所发展的能力是多样化的，学生在课程学习中，发现问题、解决问题的能力是首先具备的；其次是沟通能力、团队协作能力、创新能力、动手能力等。这些能力的培养贯穿于课程学习的全过程。

> 锦官城小学的课程设计，都是有小组合作的，组内有任务分配，也有评价机制，孩子们在博物馆的学习中，有很大的自由空间，然而，也面临很大的挑战。（陈老师）

> 在博物馆的学习中，我们发现学生的纪律意识有所加强，他们会刻意控制自己的行为，有意识地管理自己的言行，这是他们的进步。（刘老师）

三是在课程的设计及实施过程中，提升学生的学习迁移能力。在博物馆课程设计中，教师会提前利用课程的天然优势，培养学生发现问题、解决问题的能力，进一步提升学生学以致用、活学活用的能力。在学生结束博物馆课程后，这些能力也能帮助他们在今后更好地适应其他学科或课程的学习。同时为了让学生更好地认识世界，发现世界的美，教师在课程设计中还注意培养学生人文素养、审美能力，这样的学习，便能实现学习的正迁移，有利于学生在各种情景中进行学习。

参考文献

一、普通图书

[1] 吕达，刘立德，邹海燕. 杜威教育文集：第 5 卷 [M]. 北京：人民教育出版社，2008.

[2] 妮娜·西蒙. 参与式博物馆：迈入博物馆 2.0 时代 [M]. 喻翔，译. 杭州：浙江大学出版社，2018.

[3] 怀特海. 教育的目的 [M]. 徐汝舟，译. 北京：生活·读书·新知三联书店，2002.

[4] 王宏钧. 中国博物馆学基础（修订本）[M]. 上海：上海古籍出版社，2001.

[5] 段勇. 当代美国博物馆 [M]. 北京：科学出版社，2003.

[6] 威廉 F. 派纳，威廉 M. 雷诺兹，帕特里克·斯莱特里，等. 理解课程：历史与当代课程话语研究导论 [M]. 张华，译. 北京：教育科学出版社，2003.

[7] 施良方. 课程理论：课程的基础、原理与问题 [M]. 北京：教育科学出版社，1996.

[8] 联合国教科文组织国际教育发展委员会. 学会生存：教育世界的今天和明天 [M]. 华东师范大学比较教育研究所，译. 北京：教育科学出版社，1996.

[9] RAMSEY G F . Educational work in museums of the United States: development, methods and trends [M]. New York: H W Wilson Company, 1938.

[10] BUTCHER-YOUNGHANS S. Historic house museums: a practical handbook for their care, preservation, and management [M]. Oxford : Oxford University Press, 1993.

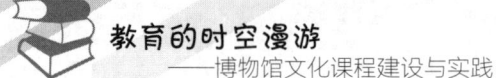

［11］GILMAN B I. Museum ideals of purpose and method［M］. Boston：Riverside Press，1918.

［12］DANA J C. A plan for a new museum, the kind of museum it will profit a city to maintain［M］. North Yorkshire：Elm Tree Press，1920.

［13］ANDERSON D. A common wealth：museums and learning in the United Kingdom：a report to the department of national heritage［M］. London：Department of National Heritage，1997.

［14］HEIN G E. Learning in the museum［M］. London：Routledge. 2002.

二、期刊

［1］李志河，师芳. 非正式学习环境下的场馆学习环境设计与构建［J］. 远程教育杂志，2016（6）：95－102.

［2］成尚荣. 学校文化呼唤"深度建构"［J］. 人民教育，2011（20）：8－11.

［3］董志强，邢晓霖. 博物馆教育与学校教育［J］. 青海师专学报，2001（4）：110－112.

［4］邹慧玲. 论博物馆教育与学校教育的关系［J］. 南昌高专学报，2001（2）：29－31.

［5］陈卫平. 建构主义与博物馆教育［J］. 中国博物馆，2003（2）：23－28.

［6］兰国英. 从观众的需求浅析博物馆教育服务功能的提升［J］. 中国科技信息，2005（5）：111.

［7］刘卫华. 博物馆教育的特点初探［J］. 文物春秋，1997（3）：68－69.

［8］宋向光. 博物馆教育性展览的特点及相关问题［J］. 中国博物馆，1999（1）：43－49.

［9］蒋琳. 有声语言在博物馆教育中的运用［J］. 东方博物，2004（3）：110－112.

［10］李元彪，雷松美，马磊. 自然博物馆与青少年创新教育之探讨［J］. 东方博物，2007（2）：117－120.

［11］王乐，涂艳国. 馆校协同教学：馆校合作教学模式的理论探索［J］. 开放学习研究，2017（5）：14－19＋32.

［12］王牧华，付积. 论基于馆校合作的场馆课程资源开发策略［J］全球教育展望，2018（4）：42－53.

［13］刘雅竹，顾洁燕. 博物馆展览资源与学校基础课程内容相结合——上海自然博物馆基于课程标准的教育活动开发思路［J］. 自然科学博物馆研

究，2017（3）：23-32.

[14] 钟樱，周刚，赵德钊．基于博物馆教育资源的校本课程开发研究［J］．教育科学论坛，2016（13）：37-40.

[15] 饶琳莉，于蓬泽．上海自然博物馆校本课程的开发与实施［J］．科学教育与博物馆，2018（4）：270-273.

[16] 马立伟．博物馆历史教育课程化模式新探［J］．中学历史教学，2019（2）：11-13.

[17] 张利娟．博物馆课程资源的开发与利用——以中学历史学科为例［J］．教学与管理，2014（16）：64-66.

[18] 李妍．博物馆与青少年教育的第二课堂——以西汉南越王博物馆为例［J］．企业导报，2013（12）：170-171.

[19] 杨丽敏．营造乡村中小学生的"第二课堂"为新农村建设增添正能量［J］．中国校外教育，2014（28）：12-13.

[20] 许亚锋，尹晗，张际平．学习空间：概念内涵、研究现状与实践进展［J］．现代远程教育研究，2015（3）：82-94+112.

[21] 余胜泉，毛芳．非正式学习——e-Learning研究与实践的新领域［J］．电化教育研究，2005（10）：18-23.

[22] 伍新春，谢娟，尚修芹，等．建构主义视角下的科技场馆学习［J］．教育研究与实验，2009（6）：60-64.

[23] 夏正江．论课程观的转型及其对新课改的影响［J］．课程·教材·教法，2005（3）：8-14.

[24] 宋向光．知识生产者，抑或遗产守护者？——博物馆藏品的内涵及定义［J］．博物院，2018（4）：50-53.

[25] 王乐，刘春香．论综合实践活动课程资源开发的博物馆场域［J］．天津师范大学学报（基础教育版），2014，15（3）：40-44.

[26] 郑旭东，王婷．家庭行为、身份认知与经验建构：场馆学习理论的解读与启示［J］．开放教育研究，2015（4）：52-59.

[27] 柏安茹，王楠，马婷婷，等．我国博物馆教育课程设计现状及发展趋势［J］．电化教育研究，2017，38（4）：86-93.

[28] 王金科，吴杏全．谈拓片资料的整理与研究［J］．文物春秋，1991（1）：75-80.

[29] CONN S. An epistemology for empire：The Philadelphia Commercial Museum，1893-1926［J］．Diplomatic History，1998，22（4）：533-563.

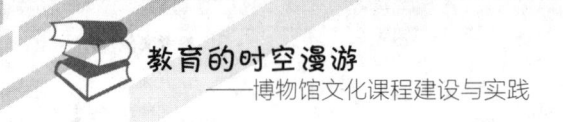

[30] SCRIVEN C G. Exhibit evaluation—a goal-referenced approach [J]. Curotor: The Museun Journal, 19 (4), 1976: 271-290.

[31] DUFRESNE - TASSE C, LEFEBVRE A. The museum in adult education: a psychological study of visitor reactions [J]. International review of education, 1994, 40 (6): 469-484.

[32] LACHAPELLE R, MURRAY D, NEIM S. Aesthetic understanding as informed experience: the role of knowledge in our art viewing experiences [J]. Journal of Aesthetic Education, 2003, 37 (3): 78-98.

[33] ANDERSON D, LUCAS K B. The effectiveness of orienting students to the physical features of a science museum prior to visitation [J]. Research in Science Education, 1997, 27 (4): 485-495.

[34] BAMBERGER Y, TALI T. Learning in a personal context: levels of choice in a free choice learning environment in science and natural history museums [J]. Science Education, 2007, 91 (1): 75-95.

[35] GRIFFIN J, SYMINGTON D. Moving from task-oriented to learning-oriented strategies on school excursions to museums [J]. Science Education, 1997, 81 (6): 763-779.

[36] ANDERSON D. Visitors' long-term memories of world expositions [J]. Curator: The Museum Journal, 2003, 46 (4): 401-420.

[37] PALMQUIST S, CROWLEY K. From teachers to testers: how parents talk to novice and expert children in a natural history museum [J]. Science Education, 2007, 91 (5): 783-804.

[38] MICHIE M. Evaluating teachers' perceptions of programs at a field study centre [J]. Science Teachers Association of the Northern Territory Journal, 1995 (15): 82-92.

[39] KISIEL J F. Teachers, museums and worksheets: a closer look at a learning experience [J]. Journal of Science Teacher Education, 2003, 14 (1): 3-21.

[40] SICCAMA C J, Penna S. Enhancing validity of a qualitative dissertation research study by using NVivo [J]. Qualitative Research Journal, 2008, 8 (2): 91-103.

[41] ROSE J. Shared journeys curriculum theory and museum education [J].

Journal of Museum Education,2006,31(2):81-93.

[42] VALLANCE E. Museum education as curriculum: four models, leading to a fifth [J]. Studies in Art Education,2004,45(4):343-358.

三、学位论文

[1] 宋娴. 中国博物馆与学校的合作机制研究 [D]. 上海:华东师范大学,2014.

[2] 武冰星. 博物馆教育中的非正式学习环境模型构建研究 [D]. 太原:山西师范大学,2015.

[3] 张曦. 英国博物馆教育的初步研究 [D]. 长春:吉林大学,2008.

[4] 刘嵩萍. 科技馆物理课程资源开发利用研究 [D]. 重庆:西南大学,2014.

[5] 王晶. 中学历史课程开发利用博物馆资源研究 [D]. 苏州:苏州大学,2018.

[6] 顾祝群. 小学语文课程资源的利用与研究 [D]. 苏州:苏州大学,2009.

[7] RYDELL R W. World fairs and museums//MACDONALD S. A companion to museum studies [D]. Oxford:Wiley-Blackwell,2006.

[8] BARTOLONE S. How embedded cultural visits affect perception of student learning, teacher practice and school climate in a public high school [D]. New York:Columbia University Teachers College,2005.

[9] ANDERSON D. The development of science concepts emergent from science museum and post-visit activity experiences: students' construction of knowledge [D]. Brisbane:Queensland University of Tecnology,1999.

四、报告类

[1] AMERICAN ASSOCIATION OF MUSEUMS. Topics in museums and science education [R]. American Association of Museums,1992.

[2] BLOOM J N. Museums for a new century [R]. American Association of Museums,1984.

[3] AMERICAN ASSOCIATION OF MUSEUMS. Excellence and equity: education and the public dimension of museums, a report from the American Association of Museums [R]. American Association of Museums,1992.

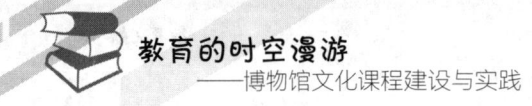

五、报纸类

[1] 邱磊. 站高望远才能活用博物馆资源 [N]. 中国教育报，2018－08－17 (2).

[2] 博物馆馆长谈：博物馆的教育功能和创新 [N]. 中国文物报，2004－08－06 (7).

后　　记

我国是一个博物馆大国，但并非博物馆教育的强国。时代在发展，博物馆的功能也在不断演进。博物馆不仅承担着珍藏文物的职能，还承担着重要的教育功能。博物馆以其馆藏资源为核心，提供教育服务，并通过与学校之间的合作实现其教育功能。学校是专业的育人机构，应该更主动地承担起为学生打造更开放的学习时空和丰富的学习资源的责任，将博物馆教育同学校的学科教学相结合、相补充，通过跨学科与项目式的学习帮助学生发展核心素养。博物馆教育能让学生的知识学习不再局限于抽象的教材与书本，而是将人类历史文明发展过程中留下来的鲜活文物与学生所学的知识相互印证，加深学生对所学知识的认识和理解。

博物馆教育的开展形式不应局限于学校组织大批学生前往博物馆实地参观。学校可以组织多学科教师依据本校的实际情况开发有特色的博物馆课程，将博物馆课程融入学科教学和学科活动之中。学校可以通过对空间的优化利用为学生打造博物馆式的学校，为学生的学习营造良好的环境。

随着"双减"的大力推行，学校还可以积极与博物馆联动，利用课后服务时间邀请博物馆的专家及工作人员到学校为学生开设课程，让博物馆真正走进学校，走近学生……

本书在编写的过程中得到了许多专家、学者和领导的悉心指导与大力支持，在此，向他们致以诚挚的感谢。锦官城小学历经几年的探索，虽初步形成了博物馆教育体系，但依然存在诸多不足。由于时间仓促，资料欠缺，加之作者水平有限，本书难免存在疏漏，敬请广大读者批评指正。